摒弃虚饰，过滤浮躁，朴实、扎实与
真实是我的教学追求。

——张玉新

· 教育家成长丛书 ·

张玉新
与"原生态"语文教学

ZHANGYUXIN YU YUANSHENGTAI YUWEN JIAOXUE

中国教育报刊社·人民教育家研究院 组编

张玉新 著

北京师范大学出版集团
BEIJING NORMAL UNIVERSITY PUBLISHING GROUP
北京师范大学出版社

图书在版编目（CIP）数据

张玉新与"原生态"语文教学/张玉新著；中国教育报刊社人民教育家研究院组编. —北京：北京师范大学出版社，2022.9
　（教育家成长丛书）
　ISBN 978-7-303-27946-3

　Ⅰ.①张… Ⅱ.①张… ②中… Ⅲ.①语文教学－教学研究
Ⅳ.①H19

中国版本图书馆 CIP 数据核字（2022）第 112593 号

图 书 意 见 反 馈	gaozhifk@bnupg.com　010-58805079
营 销 中 心 电 话	010-58802135　010-58802786
北师大出版社教师教育分社微信公众号	京师教师教育

出版发行：北京师范大学出版社　www.bnupg.com
　　　　　北京市西城区新街口外大街 12-3 号
　　　　　邮政编码：100088
印　　刷：唐山玺诚印务有限公司
经　　销：全国新华书店
开　　本：787 mm×1092 mm　1/16
印　　张：21.75
字　　数：374 千字
版　　次：2022 年 9 月第 1 版
印　　次：2022 年 9 月第 1 次印刷
定　　价：70.00 元

策划编辑：伊师孟	责任编辑：马力敏　梁民华
美术编辑：焦 丽	装帧设计：焦 丽
责任校对：陈 荟	责任印制：马 洁

教育家成长丛书

编委会名单

总　顾　问：柳　斌　顾明远

顾　　　问：叶　澜　田慧生　林崇德　陈玉琨

编委会主任：杨春茂

编　　　委：（按姓氏笔画为序）

于　漪　王瑜琨　方展画　田慧生

成尚荣　任　勇　刘可钦　齐林泉

孙双金　李吉林　杨九俊　杨春茂

吴正宪　汪瑞林　张志勇　张新洲

陈雨亭　郑国民　施久铭　徐启建

唐江澎　陶继新　龚春燕　程红兵

赖配根　鲍东明　窦桂梅　魏书生

主　　　编：张新洲

副　主　编：赖配根　王瑜琨　汪瑞林

总　序

　　教育是国家发展的基石，教师是基石的奠基者。古人云："国将兴，必贵师而重傅。"兴国必先强教，强教必先重师。党中央、国务院高度重视教师队伍建设。2013 年教师节，习近平总书记在给全国广大教师的慰问信中指出："百年大计，教育为本。教师是立教之本、兴教之源，承担着让每个孩子健康成长、办好人民满意教育的重任。"2014 年，在第 30 个教师节前夕，习总书记到北京师范大学视察并发表重要讲话，指出："一个人遇到好老师是人生的幸运，一个学校拥有好老师是学校的光荣，一个民族源源不断涌现出一批又一批好老师则是民族的希望。"《国家中长期教育改革和发展规划纲要（2010—2020 年）》也明确提出，"有好的教师，才有好的教育"，要"努力造就一支师德高尚、业务精湛、结构合理、充满活力的高素质专业化教师队伍"。"倡导教育家办学"，要创造有利条件，鼓励教师和校长在实践中大胆探索，创新教育思想、教育模式和教育方法，形成教学特色和办学风格，造就一批教育家。"两个一百年"奋斗目标的实现、中华民族伟大复兴中国梦的实现，归根结底要靠人才、靠教育，而支撑起教育光荣梦想的，是千百万的教师。

　　时代呼唤好老师。有一流的教师，才有一流的教育；有一流的教育，才有一流的国家。出名师、育英才、成伟业，是时代赋予我们教育战线的神圣使命。"所谓大学者，非谓有大楼之谓也，有大师之谓也。"好学校、好教育的最重要标准，就是要有好老师。一所学校、一个地区，乃至一个国家，如果教师有理想、有爱心、有学识、有高超的教育艺术，那么即使硬件设施有些简陋，家长、学生也会心向往之。教师是中国梦的奠基者。教师的重要使命，就是为每个孩子播种梦想、点燃梦想，并帮助他们实现梦想。每一间平凡的教室，每一节朴实的课，都不仅是知识的传递，而且是人类文明精神的接续、人生梦想的起航。正是有亿万个孩子梦想的放飞、绽放，中国梦才更加光彩夺目。如果说中国梦最坚实的土壤是学校，那么教师就是最伟大的"筑梦师"，他们用默默无闻、孜孜不倦的智慧劳动，让每一颗年轻的心灵都与中国梦激情相拥。

倡导教育家办学，造就一批好老师，首先要尊重、珍惜我们的本土智慧、本土创造。教育家不是凭空产生的，而是扎根于自己的民族文化土壤，同时吸收人类文明成果，从而创造出独特而生动的教育实践、教育智慧和教育文明。五千年源远流长的中华文明，不但形成了有我们民族特色的教育理论体系，而且涌现出了千千万万优秀的教育家，有被推崇为"大成至圣先师""万世师表"的孔子，有"匹夫而为百世师，一言而为天下法"的韩愈，有"捧着一颗心来，不带半根草去"的人民教育家陶行知，等等。改革开放 40 年来，随着教育改革的不断深入，教育战线涌现出了一大批杰出教师。他们痴情于教育事业，坚守理想信念和教育良知，在三尺讲台上默默耕耘、刻苦钻研，同时以敢为天下先的精神大胆创新，不断进取、不断超越，形成了各具特色的教育思想和教学风格。正是他们的成功探索和实践，创造了具有中国风格的教育经验，丰富了具有中国特色的教育理论宝库。原由教育部师范教育司组织编写，现由中国教育报刊社人民教育家研究院组织编写的"教育家成长丛书"，就是要向这些宝贵的本土创造性的教育经验致敬。

当前，教育领域综合改革正在深入推进，考试招生制度改革的大幕已经拉开，立德树人、培育和践行社会主义核心价值观成为大中小学教育的头等任务。可以预见，中国教育将发生深刻的变革，将从"中国制造"向"中国创造"转变。"没有革命的理论，就没有革命的运动。"没有适合中国土壤、具有中国智慧的教育理论，就不可能为未来的中国教育改革提供有效的指导。我们的教育要向"中国创造"飞跃，必然要首先创造属于我们自己的教育理论，而不是"言必称希腊"或者老是贩卖欧美的教育理论。170 多年前，美国思想家、诗人爱默生发表了著名演说《美国学者》，号召美国知识界："我们依赖旁人的日子，我们师从他国的长期学徒期时代即将结束。在我们周围，有成百上千万的青年正在走向生活，他们不能老是依赖外国学识的残余来获得营养。"由此，美国迈入精神立国阶段。

如今，我们也面临与爱默生同样的情形。随着我国 GDP 已从世界第二向第一迈进，我们要自觉养成强烈的"中国意识"，独立的中国文化品格，并由此去环视世界，去改造本土实践，去创造属于我们自己的精神养料——这在教育界显得尤为紧迫。"教育家成长丛书"，旨在把我们本土教育实践中蕴含的中国智慧提炼出来，从而形成具有时代意义的中国特色的教育话语体系，再以此去观照、引领、改造中国的教育实践，为伟大的教育改革提供经验、理论支持，也为未来的教育家提供丰富、可资借鉴的精神养料。

让我们为中国教育的伟大未来一起努力吧！

2018 年 3 月 9 日

前　言

　　见证着中国基础教育半个世纪的春华秋实，代表着中国基础教育教学成果的最高成就——"首届基础教育国家级教学成果奖"，闪耀着李吉林、窦桂梅、吴正宪、张思明、洪宗礼、唐江澎、邱学华、于永正、孙双金、薄俊生、龚春燕等一大批优秀教师的名字。而上述这些教师杰出代表恰恰都是《人民教育》"名师人生"栏目中最受读者喜爱的名师，都是"教育家成长丛书"的作者。

　　"教育家成长丛书"（以下简称"丛书"），是在第20个教师节前夕，为了研究、总结、宣传和推广我国众多优秀中小学教师的先进教育思想和鲜活宝贵的教育教学经验，培养造就一大批德才兼备的优秀教师和杰出的教育家，促进教师队伍整体素质的提高，根据教育部党组安排，由师范教育司组织编写的一套凝聚着一大批教育家成长智慧的大型教育丛书。

　　"丛书"自2006年问世以来，不但得到国务院和教育部领导同志的高度重视，而且先后印刷多次尚不能满足广大读者的需求。这其中的奥秘何在？

　　当你翻开"丛书"，每一部著作都讲述着一位教育家成长的故事。这些著作主要从"成长历程""思想概述""课堂实录"和"社会反响"等方面全景式反映其教育思想、教育智慧、专业精神和专业人格的形成过程与教学实践过程。这是教育家成长的基本素质所在。

　　当你沿着教育家成长的足迹走近他们的时候，你会融入这些带有"草根色彩"、扎根中华教育实践大地、充满田野芳香的真实感人的教育故事中。

当你从"丛书"中，从这些当年和自己一样的普通教师，成长为今天受人尊敬的教育家的成长过程中受到启迪，当你触摸着自己的心，把学生的成长和祖国的未来紧紧连在一起的时候，你会真切地感受到教育家离我们并不遥远。

当你用整个身心蘸着自己的生活积累去品味"丛书"中的每一部著作的"成长历程"时，在一位位名师不断学习、不断超越自我、不断超越学科教学的求索足迹中，你会读懂"教育是事业，其意义在于奉献"的丰富内涵。

当你研读"丛书"中的每一部著作的"思想概述"，和每一位名师展开心灵对话的时候，都会深深地感受到，一名教师对教育独立的理解与执着的追求有多么重要。从一名普通的教师成长为受人尊敬的教育家的过程中，你会读懂"教育是科学，其价值在于求真"的深刻含义。透过"丛书"，你会看到一代代教师用爱与智慧塑造民族未来的教育理想。

随着我们从"知识核心时代"走向"核心素养时代"，教师教育教学活动的视野已拓展到人的生存与发展的方方面面。教师要结合自己的教学实践去感悟"教育理念是指导教育行为的思想观念和精神追求"，应该把爱化为自己的教育行为，让爱充盈课堂，触摸到一个个灵动的生命，让爱产生智慧，让爱与智慧在学生心中留下岁月抹不去的美好回忆，让教育者和受教育者都感受到教育的幸福。这是"丛书"给我们的启示，也是每位教师应有的胸怀和视野。

时代呼唤教育家。为了进一步把我们本土教育实践中蕴含的中国智慧提炼出来，从而形成具有时代意义的中国特色的教育话语体系，以此去观照、引领、创新中国的教育实践并在更大范围加以推广，"丛书"将由中国教育报刊社人民教育家研究院继续组织编写，希望能够在更广大教师的心田中播种教育家成长的智慧，从而出更多的名师，育更多的英才，成就中华民族复兴的伟业。这是时代赋予广大教育工作者的神圣使命。如果广大教师能在每位教育家成长、探索教育智慧的过程中受到启迪，形成自己的教育智慧，则实现了我们编辑这套"丛书"的初衷。

"教育家成长丛书"

编委会

2018 年 3 月

代　序

家常课里尽"真"味

张新洲主编的"教育家成长丛书"收录了国内许多优秀教育家的成长案例，清晰地呈现了他们在事业上的发展轨迹，对广大教育工作者，尤其是一线教师具有很大的原型启发作用。教育部基础教育课程中心普通高中语文学科吉林教研基地主持人、吉林省教育学院教授张玉新便是其中的一位佼佼者。

成为教育家有三条标准：一是长期从事教育工作，热爱教育，热爱学生，一辈子献身于教育事业，把教育当作毕生的事业；二是在教育教学工作中潜心钻研，勇于创新，形成自己的理论见解和思想体系；三是工作专注，经验丰富，有自己的教育风格，在教育界有一定影响，为广大教师所公认。这三条张玉新老师不仅做到了，而且做得很扎实、很出色。

对己，张玉新老师成功的"诀窍"主要有三：一是坚持以生为本，用学生熟悉的、生活化的语言教学；二是教给学生的自己要先学会；三是努力成为语文教学的多面手。他着眼于让语文教学返璞归真，提出了"原生态"语文教学观：教学上的立意是，方便学生学习的教学，而不是方便教师教学的学习；教学艺术上的立意是，摒弃雕饰与浮躁，讲求朴实、扎实、真实；学习上的立意是，以生为本，回归到学生真实的生活世界，尊重学生的自然本性，以学生的现实水平为基础，使其在教师的指导下得到普遍提高；课堂氛围上的立意是，学生真实参与的，没有虚饰的，富有诗意、灵性、激情、浪漫、朦胧、神秘、美感的，自然真实的课堂教学状态；学习方式上的立意是，学生在自主、自由的学习中，体会到学习的快乐，激发学习的热情、内在的潜能，能主动地探究、发展，并形成良好的学习习惯；课堂教学魅力上的立意是，学生在语文学习过程中，经常产生高峰体验，即使人有豁然开朗、幸福快乐、欣喜若狂的体验，常处于自我发现的状态。①

对人，张玉新老师评价教师有三个维度。第一个维度是看其专业发展所处阶段，从模仿教学阶段到独立教学阶段再到独创教学阶段，他处于什么阶段。第二个维度是看其教学境界的层次，从"技"的境界到"术"的境界再到"道"的境界，他处于什么境界。第三个维度是看其教学目标关注什么，是单纯地关注教学效果、注重教学效率还是关注教学整体效益，他的教学质量观是什么。我认为，这三个维度既是他带教新秀、培养人才、指导教学的经验总结，也是他对自身走过的教师专业发展之路的自省和反思。教学阶段论、境界层次论和教学质量观构成了他动态评价、参与性评价的三大支柱。这是非常辩证的实践智慧。

这一智慧同样适用于评价张老师。他从师范大学毕业走上中学教育岗位，又从中学辗转教研机构。虽然不同教育岗位的角色有异，但他身上所具有的人民教师的精神和品质没变。"铁打的营盘流水的兵"，学校的教师需要"新陈代谢"，流水的教师却需要铁打的教师精神，铁打的教育也在呼唤铁打的教师精神。那么，这样的教师精神是什么呢？在我看来，脱离现实教育教学环境的许多"高大上"的教师精神是不接地气的，鼓舞不了教师士气，也不能为教师克服教育教学的现实困难提供精神支撑。我们需要从教育一线优秀教师的发展过程和典型案例中寻找答案。这样的教师精神也完全可以从张老师由一名普通教师蝶变到教育家的过程中淬炼和提取。我们只要阅读、品味、体会他的《怎样上出魅力家常课》一书就可以得到启悟。家常课里尽"真"味。这个"真"味，归根结底就是我们需要的教师精神。我认为，张老师在教书育人的整个教师生涯中坚持、坚守、坚定的教师精神具有三个层次，即职业精神、专业精神、事业精神。

一般来说，教师的职业精神是每一位教师为完成教育任务、实现教育目标而在

---

① 张玉新：《怎样上出魅力家常课》，序言 5 页，上海，华东师范大学出版社，2019。

教育教学过程中秉持的工作态度、工作理念及展现出的工作精神风貌。教师的专业精神是指不甘于平庸的教师在日复一日的平凡工作中不断对自己的教育提出更高的要求，并不断提升自我、完善自我、超越自我，追求卓越，争做更好的自己，从而表现出自己的工作热情、工作境界、工作习惯及精神面貌。教师的事业精神即教育事业精神——教育家能在平凡岗位上做出不平凡的业绩所体现出的理想信念、价值追求、人生境界及其整体的精神风貌。

那么，教师的职业精神、专业精神、事业精神这三者之间是什么关系呢？

从主体关系上看，职业精神和事业精神是整体和部分的关系。教师职业精神的主体应该是教师职业的全部从业人员，即所有教师；具有教育事业精神的主体大多是教育家群体，他们是广大教师群体中的佼佼者和杰出代表，是教师群体的一部分，是广大教师学习的榜样和楷模。教师职业精神是做一名合格教师应该有的精神，教育事业精神是成为教育家必须有的精神。做教师不合格，就不可能做教育家。教师如果没有职业精神，那么很难具有教育事业精神。所以，职业精神应该成为所有教师都必须拥有的精神。事业精神也是所有教育家都应该秉持的精神。二者也是方向和基础的关系：事业精神是方向，职业精神是基础。没有基础，所谓事业只是空中楼阁；偏离了方向，所谓职业也仅是谋生手段。

职业精神和专业精神是共性和个性的关系。职业精神是每一位教师都应该具备的精神。专业精神体现了不甘于平庸的教师的个性，具有专业精神是成为优秀教师的必要条件，也是提高核心竞争力的基础。这种个性品质彰显了勇于超越自我的教师在工作中的个人优势及其精神状态。换句话讲，一个只有职业精神，而没有或缺乏专业精神的教师，很难取得出色的教育教学成果和骄人的工作业绩。我们应该看到，精益求精、追求卓越是践行专业精神的核心，也是成就优秀教师的精神动力。当一位教师在专业精神引领下的专业表现不仅大大超越了过去的自己，也大大超越了同行，并在一定的区域乃至全国产生了广泛的影响，那么，他就会成为广大教师学习的榜样和楷模，成为教育家。

事业精神和专业精神的关系是外力和内力的关系。教育事业精神是所有教师都应该学习的精神，是影响和引领每一位教师从平凡走向不平凡的外力。事业精神从外部影响每一位教师学先进、做先进。专业精神是每一位教师都应该努力具有的精神，是激发和激励每一位教师不断挑战自我、超越自我的内驱力。事业精神是超越别人的精神。教育家因具有较强的事业精神，超越了其他同行才脱颖而出。专业精神点亮了教师自己的生命，从内部唤醒每一位教师不断成为更好的自己。

　　总之，职业精神、专业精神、事业精神之间是逐步递进的关系，通过普通教师—专业能手—教育家的发展历程，揭示了教师不断成长背后的动力因素，反映了教育人才培养的普遍规律，也为师资培养、教师发展提供了参考。今天，我们呼唤教师的职业精神、专业精神和事业精神，目的就在于让每一位教师都具有爱岗敬业的职业精神，努力恪守专业精神，发扬奉献精神，做一位守本分、有追求、担使命、有境界的教师，为党和人民的教育事业奋斗终生。

（杭州师范大学博士生导师　倪文锦）

自 序

不断定位专业发展的坐标

从语文教师到语文教研员，我的职业生涯就这么简单。然而，简单中蕴含着丰富、快乐、成就感。回顾走过的路，勤奋与幸运是坐标轴的横轴与纵轴。勤奋贯穿职业生涯，幸运与勤奋相伴而生，这就画出了我专业发展的轨迹。

我的职业生涯从 1985 年开始，至今已经走过三十多个年头。我经历了多次教学改革，对教学产生了一些个性化的认识，并将这些认识凝结为个体实践性知识。个体只能存在于历史的框架之内，每一位语文教师都行走在语文课程与教学改革的历史空间，我的专业发展轨迹也是在历次教学改革的更迭中逐渐清晰的。回顾历史，更能准确描绘专业发展的轨迹。

学者对 1949 年以来的基础教育课程改革的划分不尽相同。从颁布的文件类型看，基础教育课程改革可以简略地分为教学大纲时代和课程标准时代。

我经历了 1986 年《全日制中学语文教学大纲》，1990 年《全日制中学语文教学大纲(修订本)》，1996 年《全日制普通高级中学语文教学大纲(供试验用)》，2000 年《全日制普通高级中学语文教学大纲(试验修订版)》。大纲时代的终点到 2000 年。1997 年全国语文大讨论促使最后的大纲把语文课程性质确定为工具性与人文性的统一。

1953—1957 年的基础教育改革对语文教学影响巨大：一方面

是强调"双基"，语文学科的基础知识结构被概括为"字、词、句、章、语、修、逻、文"八个字，基本能力构成被概括为"听、说、读、写"四个字；另一方面学习苏联凯洛夫的《教育学》，阅读教学被定型为背景介绍、划分段落、归纳段意、概括中心思想、分析写作特色五环节。我将基础知识与能力结构、五环节教学模式称为"双基—五环节"导向。其滥觞使阅读教学走进了僵化、刻板的死胡同，严重背离了语文学习之道。尤其是文言文教学，坠入了以讲解古汉语知识为主要内容的怪圈，即便有一些观点、章法分析之类的探讨，也是验证性阅读，文本不过是验证教师从教参得来的观点的例子而已。

课程标准时代的起点是 2001 年。普通高中语文课程标准时代可分为两个阶段：一个是实验阶段，《普通高中语文课程标准（实验）》提出"三维目标"，倡导自主、合作、探究的学习方式，我将这个阶段简称为"三维目标"导向阶段；另一个是正式实施阶段，《普通高中语文课程标准》（2017 年版，2020 年修订）提出"四个核心素养"，18 个学习任务群，我将这个阶段简称为"核心素养"导向阶段。随着 2017 年新课程标准的颁布，学科"四个核心素养"覆盖了"三维目标"，任务群成为语文教学新的组织形式。但并非新课程标准一颁布，新教材就能严丝合缝地落实新课程标准；更不是新教材一出版，马上就能改变多年来的语文教学习惯。"双基—五环节"导向仍有一定的影响，渗透在日常教学中。

每一次教学改革都要求教师相应地有所改变，在"规定"动作之外，寻求"自选"动作的最大化。我的"原生态"语文教学观的形成，是从对语文教学现状的不满开始的。我因不满转而开始对语文教育传统进行梳理，始终把自己作为一名语文学习者，以自身的语文学习感悟为个案，验证传统的语文教育中可以生成现实价值的精华。在这个过程中，自身语文学习的个案验证了传统语文教育中可以在现代语文教育中生成新的价值的东西，也使自身语文学习的个案得以丰富。可以说，这是一个以自身为例验证、阐释语文教育传统的过程，又是使自身的语文学习经验提升为"形上之思"的过程。

张翼健等语文名家提出语文教育民族化的主张，"于我心有戚戚焉"。我针对长期以来的偏态教学行为进行归因，提出矫正偏态教学行为的建议，形成了"原生态"语文教学观，凝练出了"原生态"教学的四个基本范畴，在实践中验证与矫正，并加以推广。这个过程充满迷茫、失望、无助，同时伴生着喜悦、幸福、自得。简单地说，这个过程历经三个阶段。

第一，"独善其身"的教学实践。源头是我在东北师范大学附属中学从教 20 年的经历。那里生源好，教师只专注于研究教学，我初步形成了快节奏、大容量、灵活多变的教学风格。虽然生源好，但我始终关注学生的学习起点，关注学生的心理需求，尊重学生的学习现状。不过，在一线形成的教学风格还只是个体的，缺少普遍性。

第二，"推己及人"的岗位变化。走上教研员岗位是很关键的一步，尤其是成立"张玉新导师工作室"以来。在教研活动中，我上课，学员评课，大家把我的课称为"原生态"的课。大家更关注的是对我教学风格的个性化描绘，以及自己从中学到的教学技艺。这是一个少数优秀教师主动学习我的教学技艺的过程，他们也在构建自己的教学规范。

第三，基于矫正偏态教学行为的"治疗"。更广泛的教学研究活动，促进了我对"原生态"教学观的归纳与对"原生态"教学观指导下的教学操作范式的总结。作为省教研员，我的教研活动自然是省本性质的，工作范围涉及全省。在听课、评课、教学观察中，我发现了许多偏态教学行为。在矫正这些行为的基础上，我将"原生态"教学观以及教学操作范式结合起来，为教师提供了一个基本的、有效的范式，供大家参考。

"原生态"这个文化名词在各种媒体上广泛流传，我只是借用它来总结自己关于语文教学的一种主张。我的"原生态"语文教学观着眼于让语文教学"返璞归真"。

"原生态"语文教学就是以生为本，让语文学习回归其内在规律，在语文学习中启迪灵性，追求语文学习之道。

"原生态"教学模式是在"原生态"教学观的指导下建立起来的较为稳定的教学活动结构框架和活动程序，主要包括阅读、作文教学两个方面四个基本操作范式。

范式一，诗歌教学"九字诀"：懂事儿—知趣儿—品味儿。此范式是针对诗歌作品或短篇幅文本的操作程序。"懂事儿"关注核心内容，"知趣儿"关注章法、技巧，"品味儿"关注风格流派。

范式二，文言文教学"一指禅"：充分研究章法，深刻剖析结构脉络，抓住"肯綮"之处，"四两拨千斤"，既注重趣味性，又注重效率与美感，让文言文学习生动有趣，不仅引导学生学习古人锤炼语言之精妙、文章脉络之严谨，而且将文言文经典文本作为重要的审美对象去鉴赏。

范式三，阅读教学"三部曲"：宏观阅读—微观阅读—比较或归纳阅读。此范式是针对长篇文本或节选文本的操作程序。宏观阅读关注"写什么"，微观阅读关注"怎么写"，比较或归纳阅读关注"为何这么写"。

范式四，作文教学"两阶段"：如水附形——装水入瓶。此范式是针对作文教学无效甚至负效的现状提出的操作程序。"如水附形"指教师先要有写作经验——"水"，才能根据学生作文的现状给予相应的指导——"附形"；"装水入瓶"指学生具备了一定的写作能力——"水"，教师根据其特点，打造其个性化的风格——"装瓶"。

"原生态"教学模式从宏观上把握了教学活动整体及各要素之间的关系和功能，其活动程序突出了有序性和可操作性。诗歌教学"九字诀"也适用于其他文体的短文本；文言文教学"一指禅"也适用于诗歌等短文本；阅读教学"三部曲"虽然是就长文本而言的，但也可用于短文本。从 2014 年 3 月开始，"原生态"教学模式在实验学校进行实验，取得了较好的成绩，并开始在全省推广。

"原生态"教学观是对我的教学实践的总结，"原生态"教学的四个基本操作范式是对我的课堂教学特点的归纳。但是，我始终强调一点：并非我的东西是最好的，而是当下我只做到了这种程度。"原生态"教学由于源自个人实践，因此既有被别人吸纳的可能，也有不适应的可能。可能吸纳的，则化为己有，要经过转化，不能全盘接受；不能吸纳的，则从中吸取教训。总之，学习一种方法、理论，不应照搬，而要扬弃。感兴趣的教师可以借鉴我如何从实践中归纳出"原生态"教学观，而不必完全照搬我的具体做法。

具体说来，"原生态"教学模式对教师提出了这样的要求：立足于方便学生学习，目标定位准确，重视学生先拥有知识，主问题突出，重视朗读、板书技能，创设情境，具有教学机智与教学魅力，作业有效。

采百花之粉，酿独特之蜜，如杜甫所说："别裁伪体亲风雅，转益多师是汝师。"教师们应努力成为语文教学界的"这一个"，而非"某某第二"。

我从来不认为一个人根据自己的文化背景、生活经历和职业成长画出的一条未必规则的轨迹值得被人接受甚至赞许，也不回避别人尤其是同行对我的轨迹做出肯定或否定的判断。我坚决反对效仿别人，尤其是反对做那种"平原也要修梯田"似的亦步亦趋、邯郸学步的人。学习别人是"法其所以为法"，而不是学习其具体的做法。

优秀教师将自己的教学实践升华为个体性、实践性知识，对教育事业的发展是有价值的，是对教学百花园的丰富。我要强调的是，"原生态"教学观及其操作范式不在于建立流派，更不是建立所谓"门派"。"原生态"教学观是生本的，这与新课程改革是一致的。改革是对不理想现状的修正，因此十分必要。我的教学观也是对不良现状的矫正，只不过从个性化的角度进行。由于"原生态"教学观直接指向对语文教师偏态教学行为的矫正，对教师的教学素养、教学技艺、教学策略的针对性很强，因此有可能在较大范围推广，通过提高教师的教学水平而提高学生的学习效率。

我把自己的"形下之作"与"形上之思"呈现给语文同人，恳望得到批评指正。

张玉新

2021 年 5 月

目 录
CONTENTS
张玉新与"原生态"语文教学

走进课堂

["原生态"教学的社会反响]

[附录·研究成果索引]

我的成长之路

　　从本科到硕士研究生再到博士研究生，这是我接受高等教育的经历。从中学高级教师到中学特级教师，从教授四级岗位到教授二级岗位，这是我职称、荣誉称号的变化情况。从语文教员到语文教研员，这是我的职业轨迹。能教能研，既能当"运动员"，又能当"教练员"，这是我追求的特色。

　　个体是渺小的，渺小的个体也是历史的产物。在历史的大背景下，无论有幸还是不幸，都得毫无选择地飘荡在历史的长河。我就这样飘荡着。1963年，我出生；1971年，我读小学；1976年，我念中学；1981年，我上大学。在职业生涯中，我走出了一条歪歪扭扭的路。我肯于描述自己的路，一则因为这毕竟是真实的成长之路，二则因为我想为还在走路的年轻同人提供可资借鉴的例子、批评的靶子。

　　我的成长就像一条野生草根鱼的原生态成长。所谓"野生"，即家里只能提供最基本的生存条件，性情没有受到约束，放任自流地成长在社会中。所谓"草根鱼"，这是东北对草鱼的叫法，它以独特的食性和觅食手段被当作拓荒者而移植至世界各地，可见它适应环境能力之强。它耐缺氧的能力也比鲤鱼、鲫鱼强，是典型的草食性鱼类。

图 1-1　初登讲台

懵懂中圆了四个梦

第一个梦：寻求人生价值

1980 年，我从通化市第一中学考入通化市第三中学，由理科改学文科。这一年我 17 周岁。

我惴惴地问正在做木匠活儿的父亲，学文还是学理。他一边干着手中的活儿一边"恶狠狠"地说："你爱学什么学什么！"我知道，我现在所经历的，是他从来不曾经历过的。于是我毅然决定"弃理学文"，而且断定，学理科充其量考个中专（初中没学过化学，外语又因客观原因落下），学文科肯定能考上大学。果然在 1981 年，我考上了四平师范学院（现吉林师范大学）中文系。这就是我人生第一个梦的开始——通过升学来改变命运，自食其力。尽快脱离贫困的家庭，过上更好的日子，是我寻求人生价值的原动力。

我没有止步于对基于生存的人生价值的追求。孙中山的梦是人生以服务为目的；经亨颐的梦是"给儿孙做牛马是天性，给社会做牛马是天职"；黄炎培、晏阳初、陶行知等人的梦都是教育救国。这些都是伟大的梦。在教育生涯中，我的价值观也在逐渐提升，让人生的第一个梦渐入佳境，从自利到利他，从功利趋向功德，从独善走上兼善。至今，这个梦仍然在延续，并最终趋于最大值。

第二个梦：寻求一位良师益友

秦观当年十分仰慕做知州的苏轼。他在一首诗中写道："我独不愿万户侯，惟愿一识苏徐州。"（《别子瞻学士》）这就是对自己的人生楷模的崇拜。青年人要有自己的人生楷模，但是楷模未必是一个具体的、活生生的人。楷模可以是一本书，或者一些书，一些让你痴迷的书。

少年时代因条件限制，我无书可读，学不如人。入中文系的时候，我几乎是文学盲。大学一年级的文学理论课最令我感到尴尬，老师讲的内容我听不懂，因为所提到的文学作品及其中的人物我都没听说过。同学中很多人都比我阅读面宽广，与他们交谈时我感到自卑。

我这条"草根鱼"适应环境的能力超强，很快就把自卑变成了动力。我发现绝大多数同学都喜欢现当代文学作品和外国文学作品，很少有人喜欢古代汉语、古典文学。我就打了一个时间差：大学几乎没有读过现当代文学作品和外国文学作品，把功夫全下在古典文学和古汉语上了。我成了班级公认的"铁人"，早起晚睡中午不休息，在图书馆里从早待到晚。学生书库不过瘾，就蹭到教师阅览室，读一些学生书库没有的书。古典文学每学完一个段落，我就强迫自己完成一篇"论文"——通过读书摘抄写一篇自我命题的小文章；选择重点篇章"练手"——自主分析、鉴赏；完成了《孔雀东南飞》集注、《离骚》《天问》的翻译，背诵了很多古典文学名篇。

一番"恶补"后，起初因底子薄而自卑的我，终于在大学二年级走出了自卑，有了自己的职业规划：做一名研究古代文学的学者。先前的努力为我做好一名中学语文教师奠定了基础。

我所寻求到的良师益友，就是书籍，古典文学、古汉语书籍。这个梦还在延续着。后来我的师父李光琦、人生导师张翼健都对我的成长起到了不可估量的作用。大学毕业后，我被东北师范大学附属中学（以下简称"附中"）选中，成了第一个从四平师范学院走入这所中学的毕业生。母校希望我能"创牌子"。在毕业生都在等待分配派遣时，附中派车来接我。这一天，是1985年7月5日。

已作古的两位先生都是我职场与人生中的良师益友。在我工作之初，李光琦就对我很好，很热情、仗义。恰好赶上第一个教师节，学校在新老教师间结对子，我就自然而然地和李光琦结成了对子，他成了我的师父。他传授给我的"六字真诀"是"长能耐，立规矩"。张翼健曾是附中语文组长，后来做了教研员，附中有大型公开课都来听课，很关注我的成长，在我的职业生涯中给了我莫大的鼓励与支持。他讷于言而敏于行，对我的教诲是不言之教。

图 1-2　师徒同行(左一为作者，中间为李光琦，右一为宋如郊)

第三个梦：爱的寻求

附中是吉林省最著名的学校之一。当时小学升初中要考试，初中升高中也要考试，即"双择优"。一个年级 180 人，四个班。高二时分出一个文科班，原来的两个语文教师不够用，我被分配到高二年级，教两个班的语文课。原先的两位教师一人给我一个班，其中有年富力强的李光琦教的新成立的文科班。我一下子接高二两个班，学生又那么优秀，以致工作很是繁忙。尤其我师父教过的班，接班难度很大。他社会经历丰富，与学生相处融洽，学识广博。我住的是学生宿舍，与学生年龄相差四五岁，所以与学生相处也很融洽。但我学识不如人家，只好使出浑身解数钻研文本，备课时把课文抄写在白纸上，自己在上面批注，形成自己的见解；课堂上请学生看我备课的过程性资料，既营造课堂氛围，又展示自己的功底。若干年后，这个班的学生见到我，还谈到我的课给他们留下的深刻印象。我不仅把要求学生背诵的课文都背下来，而且一些长篇课文，如《林教头风雪山神庙》《狂人日记》《鸿门宴》《赤壁之战》等，也都可以背着讲。

在工作岗位站稳了脚跟后，我有了寻找爱情的心思。初到省城，没有时间，熟人不多，几乎没有社交活动，想谈恋爱也苦于没有机会。李光琦经常在年级组办公室里说："这小青年忙得连搞对象的时间都没有。"

然而，爱神对我很眷顾。工作的第三年，经人介绍，我第一次谈恋爱，并且"闪婚"，这是工作之初的最大收获——现在知道了，也是我人生的最大收获——我们顺理成章地结出了爱情的果实。

我的一位大学老师在八十多岁时出版了一本书，回顾了人生经历。他概括的自己人生几大失误的第一条就是"娶错了老婆"。要是也写这样一本书，我总结的人生收获的第一条将是"娶对了老婆"。人生没有爱情是不可思议的，很可能导致心理、情感出现问题；爱情没有变成婚姻，也是不可思议的，从某种意义上说，婚姻使爱情得以延续。家庭这个港湾，在你疲惫时、失意时，都可以让你停泊、休憩。

我太太里里外外都是一把好手，她不到三十岁就做了全省最好的医院的妇产科护士长，又把家庭的细事全包了。我没有需要分心的事情，便把精力都用到工作上。如果说我在职业上乃至事业上能做出一点成绩，那么毫无疑问"娶对了老婆"是至关重要的。

图 1-3　燕尔新婚

第四个梦：寻求终身的职业或事业

终身的职业或事业，不是一次选择就可以确定的。我的幸运在于，有求精的专业精神，有自发的职业精神，又自觉地把职业精神升华为事业精神，从中感受到了成功的喜悦。

从"想说爱你不容易"起步

不轻信、不服气是我的禀赋。宿命地说，我与语文有缘，我的一切运气都与语文有关。通过读书我悟到：不管喜欢哪个门类、专业，总得认真读过一本书，总得从一本精读的书中琢磨出一点道道儿，要不怎么算读书人，又怎么教书？要是能把这一点传授给学生，不就教会学生学习了吗？

大学"恶补"后获得的那点积累，给了我底气，让我尝到了甜头，这是我求精的专业精神的由来。我以教材为核心，先自己研究，再围绕教材积累资料，从核心到外围。教材中鲁迅的作品多，我就通读《鲁迅全集》，着重读与教材有关的小说、散文、杂文；古文中《史记》选篇最多，我就通读《史记》，着重读与课文有关的本纪、世家、列传。我还利用学校和东北师范大学的图书资源收集与课文相关的资料。这些做法也源自对许多同行的考察。他们绝大多数都先读教学参考书，从教材的外围着手备课，每教一轮都重新备课，教案写了很厚一摞。尽管我刚毕业，但我相信自己不是这里最差的。我不信名校的教师都是名师。我通过观察那些比我年长的教师给自己定位，掂量自己到了他们那样的年龄教学水平能否超过他们。尽管我的教龄最短，但我坚信我能在教学上走出一条自己的路。

回过头来看，当时我只是在职业层面认真对待这个岗位，靠着年轻人的锐气走路，对做教师还处于"想说爱你不容易"的阶段。

步入"爱你没商量"的历程

由于一工作就被分配到了高二年级，与同年级的语文教师尤其是我师父李光琦平行排课，客观上没有时间听课，因此我直接进入了独立教学阶段。

关起教室的门，自己就是"国王"，怎么讲，讲什么，自己说了算。不轻信的禀赋警醒我，不要轻信教科书、教学参考书；若是文学作品，一定要依着文学作品的本然去解读。反思与批判在我的课堂随处可见。记得讲《阿Q正传》时，我借助电教设备给学生放电影《阿Q正传》；讲《祝福》时，给学生放电影《祝福》。我引导学生把课文文本与电影进行对比：电影中，阿Q从土谷祠被当成贼抓走时，土谷祠的老头急匆匆地追赶上去，送给阿Q一个包裹；电影中，祥林嫂在捐了门槛后，四婶仍然不许她参与祭祀的准备工作，她气愤地挥动菜刀砍自己捐给庙里的门槛……电影中这些改动，是否符合鲁迅的本意？学生经过分析得出一致的意见，这些都违背鲁迅的原意。小说《阿Q正传》里的阿Q是没人理会的、孤独的流氓无产者，土谷祠老头不会为了所谓"阶级情谊"去关心他；小说《祝福》里的祥林嫂是深受封建礼教和迷信思想毒害的底层劳动妇女，她至死都不会反抗束缚她的礼教和迷信思想。经过这样的引导，学生写出了很不错的文学小评论，我深深体会到了"读写结合"的好处。

1991年我又教高二，再上附中"百花奖"公开课。那时刚好期中考试结束，作文题目是"道是无情却有情"。批卷时我发现很多学生跑题了，于是我决定"百花奖"公开课就讲评作文。没有机会试讲，我就在课堂上分析学生作文的情况。一名文科学生朗读非常好，她读一篇学生作文，把听课的老师读哭了。我却宣布，这篇文章跑题了。这种跑题还具有普遍性。所谓"道是无情却有情"，其主体是相同的，即我或你，对待某人或某事，表面上看似无情，内里却是有情。而大部分作文都写成了"灾难无情人有情"，主体不一致，不符合题意。当年5月开始，太湖洪水，淮河洪水，松花江洪水，抗洪救险中发生了很多感人的故事，学生便产生"灾难无情人有情"的联想。东北三省加上内蒙古自治区来了500多人听课。听了我的分析，大家既吃惊又无奈。下课后很多同行围着我交谈，他们很认可我的教学机智。

上如此大型的公开课却不试讲，这是我"原生态"教学意识的早期萌动。

后来到初中教学，正赶上中央电视台在黄金时段播放电视连续剧《水浒传》。我专门开了一次家长会，请家长每晚陪伴孩子看电视连续剧。那时很多家长为了使孩子学习不受干扰，把电视封存了起来，全家都不看电视。听了我的要求，家长都很诧异。我告诉家长，这是关乎孩子语文学习的重要举措，语文学习与生活的关联极为密切，在生活中随处可以学习语文。每天看完一集《水浒传》，学生都要写200字左右的故事梗概，这样看完电视连续剧，学生就会写故事了。写故事梗概，可使学生的概括能力得到提高。可是，一旦光顾着看电视连续剧，没记住故事梗概怎么办？这才是我的目的所在：记不住故事梗概，就去阅读原著，从原著中归纳。这就从看热播电视连续剧转移到了读文学原著。这还不是最终目标。学生从原著中没有办法完成写电视连续剧梗概的任务时，就开始质疑电视连续剧了。有的学生写出了《一身虚膘的鲁智深》《潘金莲用洗那么多回澡吗》等小文章，质疑电视连续剧在改编上的问题。我还引导学生将林冲扮演者的长相与原著中的肖像描写进行对比，又与《三国演义》中张飞的肖像描写进行对比。学生大吃一惊：原来林冲与张飞长相相似，连使用的兵器都完全相同——丈八蛇矛。反观电视连续剧中的林冲，居然是一个文弱书生。仅仅一项看热播电视连续剧的任务，就引出了名著对比阅读。八年级的学生，居然把对比阅读的结果写成了文学小评论。

除了特别关注在生活中学语文，在语文学习中培养批判性思维外，我还十分重视自身在教学辅助手段使用方面的创造性。那时没有电脑，没有电子屏幕，也没有现在流行的课件。最常用的电化设备就是投影，幻灯片需要自己制作，把内容写在玻璃板上，用的时候一片一片地换。这就出现了一个问题，一张幻灯片的内容一下子就呈现出来了，一览无余。我就琢磨如何按顺序依次展现内容。经过反复演练，我把幻灯片上的内容用纸条遮起来，纸条上写上被遮盖部分的内容，需要展示什么，就把遮挡的纸条翻开，学生就看到了上面的内容。这种做法类似于现在的 PPT，排好顺序按回车键就能播放。只不过我不是用电脑，而是用人脑；不是按回车键播放，而是用手翻动。这种做法受到听课老师的赞扬，他们都说我脑子灵，手又巧。可是我却发现这样操作的问题所在：幻灯片已经预设了全部内容，只不过在播放方法上有新鲜感而已，很有"朝三暮四"之嫌。由此我认识到，完全预设的教学是封闭的教学，没有灵动性。我要追求在大致预设的前提下尽量生成。我为此写过这样一段话：

几个瓶子里装着不同的豆子，有黄豆、黑豆、红豆、绿豆等，老师将每瓶豆子向学生简单介绍之后，都倒在地上，然后请学生根据自己的想法把豆子拾起来，按照自己的想法装到不同的容器里。捡豆子的任务是预设的，但是每名学生捡起的豆子各不相同，各有说法，这是难以预测的，这就是生成。

1996 年，我破格晋升为中学高级教师，这一年我 33 周岁。我当年把这一标志性的事件当成自己的一个新里程碑。

图 1-4　认真备课

把命运转化提升为使命

20 世纪末，语文界人士对中华人民共和国成立 50 年，尤其是改革开放 20 年语文教育的得失进行了全方位的反思，外界人士也对语文教育有诸多批评。得益于那场大讨论，我对语文教育的诸多问题进行了梳理、总结，并形成了自己的观点。比如，小学与初中、初中与高中的衔接问题，语文教学与思维培养的关系问题，基础知识与基本能力的关系问题，语文教育民族化问题等。

我带领附中语文组全体开展"语文教育民族化方向的理论思考与实践探索"的课题研究。从此，语文组成了吉林省语文教育界的一面旗帜。2000 年，我为来自全国的参加"跨世纪园丁工程"首届骨干教师国家级培训的 40 名优秀教师作了有关语文教育走民族化之路的报告，后来又为参加第二期骨干教师国家级培训的学员作了相关内容的报告。

2004 年，我从附中调入吉林省教育学院高中部，语文教育民族化的研究得以在全省推行，并立项为吉林省教育科学"十一五"规划课题。我认为民族化之路是语文教育的根本出路，也是构建中国特色语文教育体系的路径。

从此，我摆脱了狭隘的职业观，语文教育教学的职业命运开始向使命转化。

人生有缺莫求全

刚过而立之年不久，我就破格被评上了高级教师。一个非名校毕业的语文教员，在这样一所著名的重点中学工作，该满足了吧？观察周边的各色人等，有德高望重的，有才华横溢的，有著作等身的，有官运亨通的，有甘居下寮的，有默默无闻的，没有一个人是完美无缺的，或于德有亏，或于才不足，或疾病缠身，或寿命不长。我顿时心生惊悚，悟得不可求全，人生恰如太极图，阴阳互为消长，此消彼长，逢多必少，逢长必短，遂以"存缺"名书斋。从此我便以有缺为常，不苛责于己，不艳羡于人，走自己的自足之路。我知道自身天资有限，也没有苛责孩子的权利，便以放养为法，放手发展，让女儿从小尝试走自己的路。

渐至不惑之年，我写了《存阙斋铭》以勉励自己。

图1-5 奇文共赏

人生之概，乃常数也；此消彼长，量有恒也。十全之下，必有缺也；与其求全，何存缺也。自以为全，正其缺也；知必有缺，存之可也。

这是一种"原生态"的人生哲学，凡事不可强求，不可硬性改变，依乎天理，顺乎人情。从此我的人生境界大为提升。

且把宿命变使命

自从做了语文组副组长，我便自觉地以学校、教研组的发展为己任，尽量减少上公开课的机会，让更多的青年教师得到锻炼，以这种形式"兼济天下"。

2001年，我被评为新世纪吉林省第一批特级教师，这一年我38岁。我这样鞭策自己和全组的教师：

站在山峰上，并不说明自己是巨人；考量个人的分量，必须减掉学校品牌赋予的附加值。就教师个人功底学识而言，横向看，我们或许是高峰；但纵向看，我们可能在低谷。

如果说这时期我"兼济"的还只是附中语文组，视野还不够开阔的话，那么调入吉林省教育学院则是这种"兼济"的大跨越。

2004年11月，刚过不惑之年的我，离开了魂牵梦绕的学校，离开了留下青春与激情的学校，来到了充满美好憧憬的吉林省教育学院。从此，我从语文教员转身成为语文教研员。一字之别，却表明工作重点从以往的以"教"为主变为以"研"为主。因为有20年从事"形下之作"的积淀，我较快完成了角色转变。

从此，我成了吉林省高中语文组的大组长，得到我指导的青年教师日渐增多，我的教

图1-6　金沙留影

研辐射能力更强，辐射面更广阔。2012年3月，学院成立了"张玉新导师工作室"（以下简称"导师工作室"），这更令我使命感陡增，"舍我其谁"的自信心油然而生。

爱下去，因为这是我的使命——这是我转岗以来的工作座右铭。

以"逃之夭夭"解放自己

我以离开教学一线的行动告诉同人，世界很大，不能偏安一隅，不能做井底之蛙。我甚至觉得当年离开教学一线有点传奇色彩。我始终感谢我的同事和领导，这话绝非矫情，因为他们总能宽容地对待我这匹"噘嘴骡子"——我总炮蹶子。

我在附中教了20年书，历经"三朝"。由语文组最年轻的教师，成长为语文组历史上最年轻的特级教师，做了我有生以来最大的"官"——语文组组长。我离开教学一线的直接诱因是参加中国教育学会中学语文教学专业委员会主办的"特级教师西部行"活动。2004年5月，我到贵州义务讲课。当时从贵阳不能直飞长春，我的一位同事到昆明开辟了"战场"——办了一所学校，让我去看看，想把我留住。这一去不要紧，我的心活了，我突然感到要换一种活法。

回到长春，我就坐不住了，找校长谈话，说我要走。校长很吃惊地问我："是我们对你不好吗？"我说："不是，主要是我玩腻了，想换一种玩法。"当时，我作为学校历史上最年轻的特级教师，在大家认为正是所谓如日中天的时候，在很多人都想进入这所学校当教师的时候，我却想离开，对此很多人都很不解。我太太就认为我很傻，我都走了两年了还不好意思和别人说我离开了附中。

校长说，这事情要开班子会研究，特级教师不是说走就能走的。

在别人眼里，我既是尖又是刺，但我讲理。我总和领导辩论，有好心人提醒我："你总这样，不怕领导心里记恨你？"我说："不怕，要是我不说，我憋得慌。"

那时我觉得自己颇有点张翼德的威风，跨马挥动丈八蛇矛对着曹营喊："战又不战，降又不降，是何道理？"心里还想着京剧韵白。张翼健曾多次说我有匪气，大概就是指我的"战斗精神"。我还真是经历了多场"战斗"，都是和比我年长许多的老教师争执知识上的事情。当然，总以我的胜利结束，有时也会结下怨恨。

22岁毕业被选到这里，33岁被评上高级教师，38岁被评上特级教师，41岁调走，我在这所学校够显眼了。我感谢同事和领导对我的宽容。我那时就有一个原则：做事一定要自利利他，绝不损人利己，更不损人不利己，有时稍损己但多利人也认了。

我是个闲不住的人，做教研员的几年里写的文章几乎是前20年的总和，专著也出版了几本。最主要的转变是由当年的"大侠教师"（同事的评语）变成了"散仙教研员"（我自己的感觉）。但是我"形散神不散"，在帮助同行上，也比从前的力度大多了。我的视野更开阔，可以盘活的资源更丰富，可以给同行提供的帮助自然就更大。比如，帮助语文教师推荐、发表文章，帮助青年教师备课等，而且范围超出吉林省，面向全国。这也算是"灼灼其华"吧。

我离开教学一线，可以给同行一个启示：不断给自己重新定位，让人生价值最大化，从而更好地服务社会。人们经常会有惰性，总在自己经验的舒适区转悠。走出单位的圈子才知道世界很大，在圈子里总是觉得圈子就是全世界。

以帮助别人快乐自己

教研工作的重心在于为一线教师提供帮助。帮助固然可以"锦上添花"，自然也可以"雪中送炭"，更不能缺少"当头棒喝"。

2011年我主编"名师成长丛书"第一辑，2014年出版第二辑，共收入12位特级教师的作品，他们大多是我的同龄人。为大家做点事情我很高兴，虽然出这套丛书对名师们充其量是"锦上添花"。

近几年，我帮助青年教师修改、发表文章50多篇，指导青年教师获奖10多次。其中多名教师因此成为学科骨干，晋升职称，走上领导岗位。对于渴望成长的青年教师而言，这或许算是"雪中送炭"。

扫码即可获取
该网友文章

我也有帮倒忙的时候。一位不曾谋面的网友因为听过我的讲座，在中华语文网上请我指导公开课，结果出人意料！兹录于此。

这是一次失败的指导，对目前群体无意识的语文教学尤其是麻木的管理者而言；

这也是一次成功的指导，对主体意识觉醒的教师而言。这个案例的价值不可被低估，我以为这是一次棒喝，对象不是这位教师，而是这所学校，更是应试教育。

以性情率真保鲜自己

说真话是我的一贯表现，是我稳定的性格特征。在各种场合，我宁说错误的真话，也不说假话、套话。这或许算是对别人"当头棒喝"似的帮助吧。

名校的教师未必都是名师

说名校的教师未必都是名师，肯定有人反感。我是出自名校的语文教师，我工作了 20 年的那所中学在东北三省乃至全国都有名气，可谓名师辈出。单就语文组而言，20 世纪 80 年代，在全国从事自主学习研究并且编了教材的颜振遥，就是从这所学校走出去的，也是在这所学校成为吉林省首届特级教师的；中国教育学会中学语文教学专业委员会原副理事长张翼健，1978 年就在这所学校搞教学改革，成立中国教育学会中学语文教学专业委员会的最初动机是在全国语文同人到附中参加语文教学研讨会时产生的。从吉林省第一届特级教师开始，到我这儿，语文组共有 8 位特级教师。第一届全省有 30 多位特级教师，附中就有 9 位，其中语文组 3 位；第四届语文组有 2 位（其中一位是我师父李光琦）。

这难道还不能说明名校教师就是名师吗？不能。

首先要明确，"名师"这个概念是模糊的，特级教师不完全等于名师。还有非名校的很多教师，虽然不是某种意义上的"名师"，但是，其教学水准绝对不是一些特级教师所能及的。

活跃在教坛上的很多特级教师并不是出自名校，很多人是在十分普通的中小学一步一个脚印地、坚实地走出来的。正所谓"英雄不问出处"。

做教研员以来，面对全省的高中语文教师，面向全国的语文同人，我对名校名师的感触越来越深。尤其在搞一些活动的时候，往往一个地方最好的中学是不把教研员看在眼里的，这也固然反映了教研员队伍的情况——你是教研员，你的水平没有人家名校的名师高，凭什么要理你？我也这样认为。何时才和你联系呢？也就是有什么评比的时候，他们都想要学科的第一名，才摆出势在必得的架势，自然也在态度上表现出一点谦恭来，我很理解这种复杂的情感。你真是这样的高人，我服气。问题是并非每个人都是这样的高人。

有人跟我说，现在重点中学的名师、准名师、伪名师都纷纷外出讲课，以至于因为开自己的"小片荒"而耽误了"责任田"；有的名气不小的教师在学校不回答学生的问题，却要求学生去他的课外班上课；还有的教师在课外班的教室门口放一个纸箱子，进来的学生都要往里面放钱；更有甚者，一个假期办班补课收入十多万元。这些都是别人跟我说的，我也没有调查过。果真那样的话，我是不赞同的。我反对你把自己当成"教仆"，把学生当成你的摇钱树。还有人为了证明自己的补课卓有成效，不惜给学生透题以提高考试分数，还有补完课成绩不仅没有提高反而下降的……

我最担心的就是那些本来可以成为优秀教师的、成为更优秀的教师的，因此透支了未来的优秀。不冲破这个瓶颈，名校的教师怎么都能成为名师？

之所以拿名校的教师开刀，是因为一方面名校毕竟生源状况比一般学校好，教师有成为名师的可能，但需要拒绝一些诱惑；另一方面在于不管你在大学时候多么优秀，到了名校之后，在优秀的群体中最优秀的也就是百分之二十，你应该努力进入这百分之二十（自然不能谁都是这百分之二十中的，你有心就有可能，这是动态的），尽管你在一般学校可能不费力气就能进入这百分之二十。

我希望名校的教师都能成为名师，这虽然不可能，但也不要糟蹋自己。

搞几轮复习就是吃几回"夹生饭"

我曾接到工作通知，要求调查全省学科复习情况。通知明确规定了两个问题：

①第一轮复习是否完成；

②如果没完成，还需要多少时间。

我当即提出异议，重申语文学科根本就不存在几轮复习。一调查，有的地区第一轮已经复习完，有的地区马上复习完。还真存在这个问题。在全省的高考复习会议上我每年都讲，千万不要搞几轮复习，在教师没有充分准备好的前提下，在学生不曾认真思考语文问题的时候，尤其是在我们从来没有帮助学生形成语文学习习惯的前提下，搞所谓几轮复习是在糟蹋时间和"吃夹生饭"。当然很多老师同意我的观点，但是没法向学校交代，便只好听任学校安排搞几轮复习。

我因为这个问题曾和一位校长争论过，我强调不要搞所谓题海战术，要培养学生的语文学习习惯，引导学生多读书、少做题。校长当即反问我："如果像你那样做，一旦失败了谁来负责？"我也当即反驳："你这么说压根就不想负责。"

我也理解校长的苦衷，一旦考不好没法交代。可是搞几轮复习就一定能考好吗？我们姑且分析一下几轮的内容，不外乎按照高考试卷的考点进行复习，说白了就是老师稍微讲一点所谓知识，然后就大肆训练——做题。再来看那些题，当年我刚出的题，转回来成了某个地方的模考题了。我单独命一套原创题，至少需要一个月时间，还不敢保证有很高的水平。轻易就能买到的那么多的试题，质量有保障吗？我还有一个偏见，语文老师一旦陷进题海，就毁了。你没办法在短时间内判别试题的水平，至于答案就更成问题了。很多答案简直是干扰学生的正常思维，老师讲完答案，学生不服气，老师说："没办法，标准答案就是这样的。"有时，因为题太多，老师连自己做一遍题的时间都没有。这样的复习有何用？多一轮就多一轮受罪，多吃一次"夹生饭"。

语文学科不能像理科那样搞题海战术。比如，数学针对一个知识点，可以做很多类型的题，差不多能够穷尽知识点，做到了才会。语文不行，举成语的例子，一道题四个选项，就是四个成语，练了一百道题是四百个成语；练完了重新组合一套题，错的照错，原因何在？学生不知道成语的意思，这不是应试技巧能够解决的问题。还有语音的考题也是如此。至于阅读题就更糟糕了，你做一百套题，可能是一百个人出的，每个人的想法不同，命题路子也不同，还有一些专门搞偏怪的。你做一百套题是强化一百次考点吗？不见得。作文也是如此，这回写吃饭的题目，没写好，下回写逛街的题目还是没写好。吃饭和逛街之间有多大联系？所以练得再多也不是重现，每次练习都是又一个第一次。

再说试题的质量。我敢说，绝大多数的练习题、模拟题、仿真题的水平都在真题之下，那么在大量低水平的试题训练中，能产生高水平的应试技巧吗？

搞几轮复习就是吃几回"夹生饭"。

以友道唯淡警示自己

过了天命之年的人生，恰如夕阳西下。人生的下半晌不能在俗务中消磨。人生需要做一次减法，我首先想到了友道。

《论语》有言："无友不如己者。"据有关研究，这个"如"是"类似"的意思。也就是说，不要和自己不同类的人交朋友。这是先哲的洞见。物以类聚，人以群分，说的大概就是这个意思。有时外在气质相同、性格接近的人，是可以暂时成为朋友的。可是随着交往的加深，双方渐渐在无意间露出了本性，原来许多方面并不相同。

但是，这个"如"通常被解释为"及"，"不如"就是"赶不上"。于是在现实交友中，夫子此言被理解为"不要和赶不上自己的人交朋友"，也就是交朋友一定要高攀，高攀那些比自己强的人。高攀自然是为了"好风凭借力"，非功利而何？问题是，大家都这样高攀，谁来垫底呢？于是真正的朋友就不存在了。这是一条唯上的射线，怎么能有真正的朋友？

不是也有"管鲍之交"吗？在利益面前不计较，多理解，是谓义交，可以长久。可是，你有这样的"义"吗？你肯唯义而小利或忘利吗？所以"管鲍之交"不是交友的常态，那是一种理想的高标。你不是管仲，所以没有权利要求你的朋友是鲍叔牙。

不是还有俞伯牙和钟子期高山流水般的情谊吗？那是神交，需要灵魂的共鸣，审美的默契。你不是俞伯牙，同样没有权利要求你的朋友是钟子期。

无论是义交还是神交，因为与利远离，所以才能长久，以至于成为绝响。这正应了那句"君子之交淡如水"了。

由淡而浓，只需要加点佐料；由浓而淡，却只好注水了。而注水是不必刻意去做的，随着时间的流逝，自然就进水了。交友的起点，最好还是淡如水。若能长期保持淡，无疑已趋于君子之交了；若能逐渐变浓，或可终成莫逆。要是由至浓而转淡，则再难回到当初的淡了，其实就等于宣告友情解体了。小人之交甜若醴就是这样的。甜酒固好，哪能总那么甜？以甜为起点，就要越来越甜，这怎么可能？所以只能是短期的。

真正的友谊不必去刻意经营，把精力放在精神追求——事业上，或许是最划算的人生加法或乘法。最有效的，无过于把自己获得的那点成绩拿来无私分享，让更多的人从中受益。

这算是贴心贴肺的"当头棒喝"吧。

以薪薪相继定格自己

春秋时晋国师旷苦于不能集中精力，苦于外面世界诱惑太多，便自刺双目，以专于琴艺。后来果然技艺大进，成为天下闻名的乐师。现在比师旷时代的诱惑多得多，无论天资多好，若耽于诱惑，想在岗位上取得成绩，恐怕是痴心妄想。我给自己一个明确的定位：政治上没有野心，仕途上没有热心，业务上要有恒心。我决不把业务当"敲门砖"，而是当"金砖"。命运让我以教师职业为安身立命之本，但我并不满足，逐渐把命运转化为使命。于是在艰辛、忙碌中，我收获了巨大的幸福。而今，我要把这幸福分享给别人，让青年同行也能感受到我的幸福，从而找寻自己的幸福。

1923 年 12 月 21 日，孙中山在广州岭南大学的演说中提出："劝诸君立志，是要做大事，不要做大官。什么叫做大事呢？大概来说，无论哪一件事，只要从头至尾彻底做成功，便是大事。"我十分赞同把小事办成了就是做了大事。这样看来，我还真就做了大事。因为我工作以来的 30 多年，只做了一件事，而且有生之年还将继续做下去。

转岗一晃近 20 个年头，我可以自豪地说，我由一名优秀的语文教师转变成了一名优秀的语文教研员，但我没有忘记教师的本分。我累计到 50 多所学校听课、讲课、评课，指导青年教师参加全国比赛 20 多次，均取得了优异成绩。

尽管我教学的青春期已经消逝，但是我教研的青春期刚刚到来。

有了宽裕的时间梳理、总结自己的教学实践，我的成果开始"爆发式"呈现：2005 年 7 月，转岗仅半年，就完成了 29 万字的专著《高中语文教育评价》；2008 年出版《张玉新讲语文》；2011 年出版《在形下之作与形上之思间徜徉》；2019 年出版《怎样上出魅力家常课》。转岗以来，我在核心期刊发表文章 60 多篇。对于这些著述，我始终定位在同广大同人分享我的教学与教研感悟上，我也经常现身说法，鼓励青年教师走自己独特的教学、教研之路。

2007 年我晋升为教授。在中学评上特级教师，在高校晋升为教授，这是对我脱离一线时和校长提出的那个可笑理由——去一个能评教授的地方的回应。

更让我感到自豪的是业务上我又被委以重任。2012 年，吉林省教育学院成立"导师工作室"，目前这是学院唯一的"导师工作室"。工作室的活动是我目前教研价值的最高体现，我将尽我一切可能为青年教师的专业发展贡献所有心力。以课堂教学为切入点，打造"全能型"青年骨干教师是"导师工作室"的核心理念。在培养目标上，以教师专业发展为核心目标，以课堂教学为基本切入点，根据学员特点，为其量身定制培养方案和发展规划；瞄准教育教学全过程，知行统一，学思结合，不断提高其理论素养和操作能力，力争在三年内使每个学员都能对教学形成较系统的认识；打造个性化的教学风格，在实践中培养打造一批学科教学专家，从而影响和带动学科教师大幅度提高教学水平。

"导师工作室"开展了一系列研究：优质课堂教学研究，通过对课堂教学的观摩与研讨，促进学员对教学理论进行系统学习与研究，不断优化课堂教学模式，探索优质课堂教学的一般规律和特殊规律；语文学习策略研究，我主张优秀教师首先应该是优秀的学习者，通过反思自己的语文学习经历，归纳有效的语文学习方法，为语文教学提供生动、系统的案例；语文教师基本功研究，在教学实践中丰富和完善学员的教学技能，进而使学员形成不同的教学艺术风格；骨干教师成长规律研究，发挥骨干教师教学专长，提高其职业成熟度，关注学员教学行动策略研究，探索新手教师向成熟教师成长的规律。

以"导师工作室"为核心，以对工作室成员的培养为核心，但绝不局限在工作室。至 2020 年，工作室共招收了 9 批学员，而且对所有渴望得到发展的青年教师敞开大门，请他们以旁听的身份参与工作室的所有活动。

"导师工作室"为我赢得了更大的工作平台。2019 年，我有幸成为教育部课程发展中心、课程研究所遴选的"普通高中语文学科吉林教研基地"主持人，在全省开展教研活动，向全国直播整本书教学研讨会的实况，率先开展跨学科阅读《万历十五年》教学活动，在新课程改革中站好了最后一班岗。

回顾成长经历，我惊奇地发现，在赖以谋生的行业里，我总能得到高人指点、贵人相助。高人让我在专业路上少走弯路，走上正路；贵人在我跌跌撞撞甚至跌倒

图1-7 大学毕业（第二排左三为作者）

的时候拉一把，让我站稳身子。当把职业往事业上提升时，成长会越加茁壮。在未来的道路上，我也要努力做别人成长道路上的高人、贵人。为了薪薪相继，我要"一条道跑到黑"。

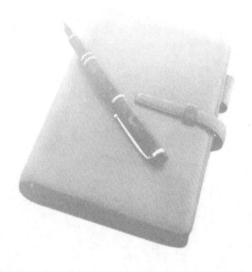

我的教学观

一种教学主张，往往是教学风格的抽象。无论是教学主张还是教学风格，其形成的直接原因必然同人生经历密切相关。

我的语文教学观就是我关于语文教学的价值观。回顾成长之路，梳理关于语文教学的实践以及在此基础上形成的一些思考，竟然也呈现出一个大致的轮廓。如果把这个大致的轮廓勾勒、描述出来，或许会对正在努力探索语文教学之路的人有所启发。对此，我渴望在同行的身上得到证明，也不怕证伪。这毕竟是一个真实的个案。

我的语文教学观的形成，是从对语文教学现状的不满开始的。我因不满转而开始对语文教学传统进行梳理，始终把自己作为一名语文学习者，以自身的语文学习感悟为个案，验证传统的语文教学中可以生成现实价值的精华。在这个过程中，自身语文学习的个案验证了传统语文教学中可以在现代语文教学中生成新的价值的东西，也使自身语文学习的个案得以丰富。可以说，这是一个以自身为例验证、阐释语文教学传统的过程，又是使自身的语文学习经验提升为"形上之思"的过程。

图 2-1　不惑之年

我在梳理出语文教学民族化的主张之后，又针对长期以来的偏态教学行为进行了归因，提出了矫正偏态教学行为的建议，形成了"原生态"语文教学观，凝练出了"原生态"教学模式的四个基本范畴，在实践中验证与矫正，并加以推广。

这个过程充满迷茫、失望、无助，同时伴生着喜悦、幸福、自得。

从不信到不服

我不相信父母做的事都是对的，我不相信领导说的话都是正确的，我不认为有些名师达到了"明师"水准，我不认为自己能怎么样，我一直走自己的路，即使头破血流也不回头。我非常喜欢北岛的《回答》：

告诉你吧，世界

我——不——相——信

我天生就有不轻信的习惯和不服气的禀赋，有主意。对同学的种种能力，我不服气，总以自己的方式证明我不比谁差。这也是禀赋中能够驱使我形成特色的要素。

因为家庭条件限制，上大学之前我没有读过什么书，有自卑感。上大学时，我由于对某些教师的教学水平不敢恭维，加上对教学内容不信任，因此开始对一些学科失去兴趣，不去听课。那时我就极有个性，不管是谁的课，听一堂感觉无聊就坚决逃课并不再来。因为古典文学学习时间最长，我就申请当古典文学课代表。每学完一个段落，我都强迫自己完成一篇所谓"论文"，其实就是通过读书摘抄完成一篇自我命题的作业（这点能耐在2001年全省开展研究性学习时用上了）。我还认真分析重点篇章，背了很多古典文学作品（这点能耐促成了我后来偏爱文言文）。一方面是缺乏知识营养，另一方面是精力过剩，我还背下了《说文》部首。当时我偏激地认为现当代无文学，故不读现当代作品；自己外语水平低，便不喜欢外国文学作品。我认为写作不是学问，因为讲的都是理论，并且讲写作的老师未必会写文章（这一点一直影响到我教写作时强调写"下水文"）。我写字写得慢，于是不记笔记，考试前坐在认真整理笔记的同学旁边，听他们背题，我在旁边记（这影响到我后来做教师而不写教案）。

工作后我对许多同行进行观察，了解了他们的知识水平和认识能力，坚信自己肯定不是最差的，尽管我刚毕业——这进一步表现出我不轻信，我不信名校的教师都是名师。我因为有了一定的积淀，所以暗暗地对许多同行不服气。尽管我的教龄最短，但我的优势恰恰是没有既定的框架，我可以走出属于我自己的路——这也进一步表现出我的不服气。为此我付出的代价是被认为不谦虚。

1985年到1995年是我教学生涯中十分辛苦的10年。我努力把大学所学转化为中学教学资源，虽然也想着怎样便于学生接受，但本质上以自我为中心。因为学生非常优秀，所以我基本上不用研究学生。我的问题就是怎样用他们能够接受的话语传递知识。

工作的前8年教高中，先是插到高二年级，然后从高一教起，高三结束后又插到高二，接着又从高一开始教了一轮。八年中有三年教高二，我对几篇课文产生了疑问。一篇课文论述李自成的失败，其观点是对于失败李自成不必负主要责任，应该由刘宗敏、牛金星负责；一篇课文谈《水浒传》的人物与结构，认为林冲、鲁智深等都是小资产阶级；一篇通讯写一次救援食物中毒务工人员的活动，大谈如何救人，只字不提为什么食物中毒。从 1993 年开始，我教了一轮初中，对一篇谈中国人有骨气的课文也产生了疑问。课文列举几个例子证明中国人是有骨气的，罗列的事实都是特称，证明的观点却是全称，其论证方式存在逻辑问题。对课文产生的疑问让我把对教材的仰视逐渐转为平视乃至俯视，不断通过自己钻研来破解这些疑问，在"不服"的道路上欣然迈进。

把偏好变成特长

在大学期间，我偏爱古典文学和古代汉语。教学后，我将这一喜好转化为对语文教材中古诗文知识点的梳理。在梳理过程中我发现，供初、高中学生使用的文言文翻译之类的参考书很多，这在一定程度上为中学生系统掌握文言文知识提供了方便。然而，此类书体例雷同，学生读起来烦琐费时。尤其对文言实词、虚词及语法的解释夹在对译文字之中，极容易分散学生阅读的注意力，更何况对于许多实词的意义、虚词的用法、语法学生本已掌握，这类书仍细加解释，浪费了宝贵的时间；一些难而生僻的字词只要一般性掌握就可以，这类书也细加解释，无形中增加了学生的负担，既不符合文言文学习的规律，也不符合当时语文教学大纲的要求。针对这种现状，我按照当时的语文教学大纲降低文言文的难度要求，借鉴许多专家、同行的有益经验，吸收许多新的教学科研成果，结合自己的教学实践，编写了初、高中《文言文学习手册》。学习文言文，要以教材为第一手材料，任何参考资料都不能代替教材。任何文言文翻译之类的参考书都不过是"参考"的资料，是辅助性的工具而已。这也是本套书的基本出发点。我不提倡以参考书取代教科书的做法，也反对教师讲课时学生把参考书放在书桌上"按图索骥"的做法。为了突出"聊以备查"的性质，我在体例安排上有意来了一个突破。

引语：介绍作者生平、课文的背景知识。

章法简析：段落划分、简述段意。

中心思想：概述课文的中心思想或中心论点。

写作特色：阐述本课主要的写作手法。

原文及对译：做了大胆的尝试，不再像有的书那样把实词、虚词、语法夹在对译中，仅将原文、译文以黑线为准对齐；对译原则上以直译为主，实在不能直译的才采用意译。

知识归纳：这部分也有一定的突破，分列出实词、虚词、语法。实词以课文（高中）附录部分列出的250多个文言实词为收词范围，释义、举例以本课为主兼及他篇（个别为了完整也有课外的）；虚词以本课中使用频率较高的为收词标准，各课之间不避重复；语法方面列举本课最有特点的。这部分又是将来总复习的知识提纲，也是一部符合大纲、课本要求的简明的文言文小词典。

疑难辨析：侧重培养学生借助工具书和有关资料独立解决问题的能力，使学生能在牢固掌握文言基础知识的前提下提高能力，以达到语文教学大纲提出的教学目的。学生可以根据自己的实际情况把握此部分。读，有助于丰富知识面；不读，也未尝不可。但这部分的内容对教师备课有较大的帮助，尤其对初涉教坛或资料匮乏的教师。

另外，本书还有一个试图实现而又恐力不能及的目标，那就是探索文言文教学的有效方法以及初、高中学生和广大社会青年自学文言文的方法。

本书的编著得到了许多语文教学界专家的关心和鼓励。国家教委中小学教材审定委员、中国教育学会语文教学法研究会学术委员会主任、东北师范大学中文系教授朱绍禹在古稀之年亲赐序文，中国教育学会中学语文教学研究会常务理事、吉林省教育学会副会长、吉林省中学语文教学研究会理事长、吉林省教育学院副院长张翼健欣然撰序。

朱绍禹的序，从一位资深的语文教育专家的视野对我做出了鼓励性评价。[1] 张翼健的序也肯定了我的努力。[2]

两本小册子完成之时，正当我工作的第10个年头，出版之年我幸运地成为吉林省首批破格晋升的青年中学高级教师，这"十年磨一剑"的成果是我专业发展的里程碑。

扫码即可获取
朱张的序

---

① 张玉新：《高中文言文学习手册》，序1~2页，长春，东北师范大学出版社，1996。

② 张玉新：《初中文言文学习手册》，序1~2页，长春，东北师范大学出版社，1996。

把提高教学境界作为追求①

"境界"一词本系佛教用语，指造诣。王国维治学三境界中的"境界"也有此意。我借用"境界"指青年教师在教学上的造诣，即层次。

教师要不断提高教学境界，尤其是有志于为民族教育事业做出贡献的青年教师，更当刻苦磨砺自己，尽快提高自己的教学境界。

在教学上有建树的青年教师，往往都要经历三个境界的磨砺。能否尽快上升到较高的教学境界，也是衡量一位青年教师教学水平高低的一把尺子。

青年教师成长必经的三个境界为：

第一境界——常规教学

第二境界——专项教研

第三境界——全面教改

三个境界一个比一个高，较高境界是建立在较低境界的基础之上的。譬如，要制成一挂精美的珍珠项链，选择成色好的珍珠尤为重要，这是制作项链的客观前提和起码的物质保障。要选出足够的成色好的珍珠，没有养殖场提供大量可供选择的珍珠也是枉然，这是最基本的条件。常规教学的境界如同珍珠养殖场养殖珍珠，专项教研的境界如同选择成色好的珍珠，全面教改的境界如同把成色好的珍珠用金线串起制成一挂精美的项链。当然，制成一挂精美的项链还必须将它以适当的价格售出，否则不能实现它的价值。一项教学改革的成果，也必须在相当范围内得到社会的承认，才能收到较好的社会效益。

常规教学的境界：求扎实、积功力，蓄灵机、养悟性

初步杏坛的青年教师只能算"门外汉"，对教学艺术殿堂的外观尚且不了解，更不知内中模样。殿堂之门紧锁，非有志者不能开启；徒有其志，没有相当实力也无

---

① 张玉新：《青年教师要不断提升教学境界》，载《中小学教师培训（中学版）》，1995(3)。

法开启。若有志进门并登堂入室，必先积功力。

许多青年教师的常规教学都是从备教材、读教参起步的。此路未必全通。要搞好教学，备教材是必由之路，而仅局限于读教参或为歧途。这样做，虽可完成部分教学任务，但难免误人子弟。在完全不知路径时，忠实教材、笃信教参无可厚非，但教材是人编的，教参是人写的，人非圣贤，孰能无过？因此，青年教师要从更高的哲学视角审视教材、教参，要善思辨、敢批判，这样才能尽快提高教学境界。

求扎实、积功力，就是一步一个脚印地走下去，扎扎实实地打好基础。基础坚实，建立的高楼大厦才能稳如泰山。

怎样才能求扎实、积功力呢？就语文而言，应以教材为中心，向外围扩宽，把教材中的知识放到语文知识的广阔大环境中，高屋建瓴地去认识、分析。教材中的课文能分成几类，各类有什么特点，教师要心中有数。课文内容纵横几千里、上下数千年，阅览就应广泛。单是文学作品，课文有《杨修之死》《群英会蒋干中计》《赤壁之战》，就要读《三国演义》《三国志》；课文有《廉颇蔺相如列传》《信陵君窃符救赵》《屈原列传》《鸿门宴》，就该读《史记》。乍看起来这样起步艰难，甚至有人认为是走弯路，但是走下去就知道，这是条捷径。能博，一篇课文的精深也就不在话下。肯下三四年功夫，才能求得扎实，积攒相当深厚的功力，否则可能终其一生还是在读教参上转圈子，按教参画圈子。

蓄灵机、养悟性，就是要在"实"的基础上注重学科意识的培养，训练自己把"一桶水"巧妙地注进"小瓶子"里的能力。教学不"实"万万不可，仅"实"又难免呆板。"实"的目的在于能"活"起来。教学要培养学生的灵性，教师不先有灵性，怎以"蒲柳之姿"授"桃李之教"？蓄灵机、养悟性，就在于把"死"的知识讲"活"，让学生在愉快的氛围中主动地、毫无负担地接受，在知识的熏陶中乐此不疲。这就要求教师注重教学的美育作用、教化作用。这样的教学艺术必须也只能源于学生的生活实际，在贴近学生的生活实际中不断提纯，以臻完善。

在常规教学境界中，把"实"与"活"有机结合起来，对教材的把握才能入乎其内、超乎其外。"入乎其内，故能写之。超乎其外，故能观之。"（《人间词话》）教材可"运于掌"，对教学内容的处理才能灵活有效、得心应手，才能在"常规"中恰当地反"常规"。

在第一个境界中磨炼出自己的常规教学特点，乃至初步形成自己的教学风格，可谓高起点，但也仅仅是开启了教学艺术殿堂的大门，说明你不再是门外汉，而是开始入门的有志者了。欲登堂入室，还要经过艰苦的磨砺。

专项教研的境界：独辟蹊径与独抒新见

有了常规教学扎实的基础以及对教材的灵活处理能力，才可能不断发现教材体系诸多不尽如人意的地方，才会抓住教材与学生实际相左的弊端，才可能主动采取灵活机动的教学手段补缺。

目前的常规教学模式中有许多老套子紧紧束缚着教师的手脚，也影响着学生的有效学习。

从习以为常处独辟蹊径，就是要力争扭转教学的庸俗化模式，尽己所能走出一条切合教学实际、合乎教学规律的新路子，这是侧重从实践上探索。

这个探索无疑也是以常规教学的坚实基础为前提的。只有切切实实地从常规教学的前沿阵地摸爬滚打，充分熟悉这块阵地的地形、环境，才能客观地指出不合"实战要求"的弊端，进而改正。仍以语文教学为例，九年义务教育教材初中语文第三册在单元设置上以说明文为主。这种实用性很强的文体无疑很重要，但因其侧重向读者传授某种知识，往往比较枯燥乏味。课不好讲，学生不爱学，作文训练也令学生望而却步。怎样处理教材与学生学习兴趣不合拍的矛盾呢？这就要求教师能颇富创造性地在学生与教材之间架起一座"桥梁"，让学生顺利地由此岸到彼岸。要贴近生活架这座"桥梁"，一是选取生活中广为学生熟知的事例，二是深入浅出地打比方，三是恰如其分地做比较和类比。大凡理都抽象，事都具体，用事说理易于使学生接受。打比方较为形象、生动，要说的道理在喻体中呈现出来，学生往往接受了喻体就接受了道理。做比较能比出孰优孰劣，比出个性，比出共性。做类比严密、科学。例如，《统筹方法》一文，尽管作者下定义说得很清楚，"统筹方法是安排工作进程的数学方法"，但是学生还是不甚了了。什么叫"工作进程"？什么叫"数学方法"？尽管作者列了图表，打了比方，列了数字，但这还不够，教师还得举学生生活中的例子，然后让学生理解统筹方法就比较直接了。但至此绝非万事大吉，教师还应进一步把形象化的东西还原到抽象事理中去。让学生抓住自己或他人在学习上合乎或违反统筹方法的事例加以说明，不仅加深了学生对统筹方法的理解，而且使学生能够通过实践、思考，运用统筹方法安排生活、学习。至于写说明文，最忌讳的莫过于不着边际地瞎命题，还得贴近生活。教师可以让学生亲手制作一架桥的模型，然后写出设计、制作的过程以及用料情况。学生设身处地当了一回"设计师"和"施工者"，有了真实感受，落笔就不难了。

道理何在？实践出真知。独辟蹊径，久而久之，终成大道。坚持下去，才可能走出作文教学的新路子。这样的专项教研有很强的操作性及实效性。

于人云亦云中独抒新见，就要从老生常谈中脱胎出来，运用求异思维，有创建性地提出合乎教育规律的新观点。众口一词的并非全是真理（当然也不乏真理）。语文教学能够培养学生的形象思维能力是不言而喻的，可是，语文教学对学生尤其是对初中起始年级学生的抽象思维能力的培养却少有提及。其实，语文教学在培养学生形象思维能力的同时，也应肩负起培养学生抽象思维能力的重任。1993 年，我对初中起始年级自然分布的一个班 57 名学生进行国际通行的瑞文智商测试，结果表明，十二三岁的学生的知觉辨别、想象能力平均得分为 11.421 分（满分为 12 分），有 41 人得了满分；抽象推理平均得分为 8 分（满分为 12 分），有 4 人得了满分。可见这个年龄段的学生形象思维能力较强，抽象思维能力较弱。教师可以从初中入学开始，通过语文教学对学生的抽象思维能力进行培养。因为形象思维是抽象思维发展的直接物质基础，学生可以在这个基础上发展更高层次的抽象思维。

这样的理论探讨在实践中得到了证实：语文教学担负起超前培养学生的抽象思维的重任是可行的。

从实践上、理论上探索新路子，阐释新观点，学科教学意识增强了，教学境界一定会提高。至此，可以说对于教学，教师已经开始"登堂"了，但想"入室"，尚需上升到更高的境界。

全面教改的境界：从学科教学向素质教育转变

教育体制尚有不完善的地方，教材也存在着这样或那样的不足，教师仅仅"补缺"不能解决教学的实质性问题，必须上升到更高的全面教改的境界。

实现从学科教学向素质教育的根本转变，是改变目前不尽如人意的应试教育的举措。教育要面向未来，面向现代化。培养跨世纪人才的基本条件就是培养人的基本素质。这种转变是由教育目的决定的，不转变就难以实现教育目的。因此，教师必须恰当地打破学科教学的界限，丰富学科教学的内涵，深入探索学科教学的基本规律和特殊规律，提高教学的艺术水平、科学水平，让学科教学能在社会生活尤其是社会主义物质文明和精神文明建设中发挥积极作用。语文特级教师李元昌在农村中学默默地从事语文素质教育，取得了优异成绩。他教的学生虽然有的并未考上大学，但许多人用所学为家乡的物质文明和精神文明建设做出了贡献。

张翼健曾指出，语文教学需要一场革命，其中涵盖了语文教学全面改革的深刻内涵。不唯语文如此，其他学科也面临着同样的挑战。青年教师在这样的挑战面前，应该做勇敢的"闯将"。

谁能尽早悟得全面教改境界的真谛，谁就有可能在教学上达到"登堂""入室"的境界，成为教学上的行家里手。

图 2-2　论道宜兴

从思辨到实证

1993 年是我从单纯的教学转向教育、由为学生做主转向引导学生自主学习的节点。从此，我一头扎到初中起始年级，从预备（小学念五年毕业，初中念四年）年级教起，一口气教到高三毕业，教了七年（从 1993 年到 2000 年）。在这七年中，我懂得了张翼健为什么批评我用教鞭指点学生。原来，这种行为表明教师潜意识里没有把学生当成独立的人看，没有把学生看成与教师有平等人格的个体。此后，我开始注重培养学生的语文学习习惯，注重对传统语文教育中经典做法的研究。直到 2000 年这批学生毕业，我为七名学生出版了个人作品专集。七年里，学生从少年长成青年，从中学跨入大学，我恰好从而立走向不惑。他们在享受着美好的青春，我在消逝着美好的青春，却也渐入教学生涯的青春期。我不断地通过他们的成长寻找和确定自己的坐标。

我认识到了小学语文识字教学不过关对将来语文学习的影响，开始巩固性识字教学，使用韵文进行集中识字。为了激发学生学习汉字的兴趣，我还在黑板上写甲骨文、小篆。这是我有意识地进行语文教学改革的开端，也是我后来认同、主张语文教育要走民族化之路的肇始。我在一节讲词义的公开课上集中表明了我当时的认识水平和教学追求。

1995 年暑期，我到泰安参会。我的论文得了三等奖，但时任《中学语文教学》主编的陈金明做报告时引用了我关于初中生形象思维的统计数据，阐述的是与我相反的观点。我开始通过调查了解学生的语文学习状况，以便有针对性地解决问题。

同年 9 月，我考入东北师范大学教育科学学院心理系，开始在职攻读教育心理学硕士研究生课程。我是怀着要否定自己的心态学习的，我甚至打算系统阅读心理学方面的书籍。导师周国韬告诉我，有十多年的学科教学经验，在职进修有许多优势，既然不打算改换门庭，目的不在于成为专业的心理学工作者，把心理学的知识拿来为教学服务就可以了。他还告诉我，人的知识结构有两种：一种是金字塔式的结构，另一种是高楼式的结构。我没有必要重建金字塔，那样费时又没有实效；要在已有的坚实的学科基础上建"高楼"，能建多高就建多高，这样既能为现实的教学服务，又有利于个体的知识构建。这一番话令我茅塞顿开。我开始有倾向性地选读对语文教育教学有益的心理学、教育学、社会学、哲学书籍，并努力在教学中应用。我的眼界开阔了，尝试在语文之外审视语文，注重在教学中定位教师角色。我认识到，现代社会中学生可以从多种媒体中获取知识，课堂教学仅仅是一条途径。语文学科的特点在于，课堂教学甚至不是学生获取语文知识的主要途径。以往，我把语文课堂当成学生获取知识的唯一途径，把课本当成学生学习语文的唯一资源，把语文教材与语文课程等同起来了。其实，语文知识的获取、能力的形成，并不直接来自课堂，教师能给予的知识是极其有限的，学习策略的传授才最为必要。带着对语文教学的诸多困惑，我尝试到学生中去调查研究。1998 年，我完成硕士论文《对长春市中学语文教育现状的调查研究》。在语文教育研究的方法上，我开始从思辨走向实证，这得益于导师周国韬的指引。在具备了相当的教学经验和一定的理论水平的基础上，我思考着语文教育的出路。

1996 年 7 月，我在东北三省十佳中青年语文教师的评选中，上了一堂《打渔杀家》。有人说我在课堂上率性而为，因为我没有分段、概括段意、归纳中心，兴之所至我还唱了起来，课堂气氛十分活跃。下课后，许多听课的同行还不愿离去。我很陶醉，尽管有人说我的课不是语文课，但我的目的本在于引起语文界的争论。在这一堂课上，我表现了自己，但出发点并不在于自我表现，而在于通过教师的投入，创造良好的课堂情境，以感染学生。

这是我探索语文学习规律和教育规律的自觉阶段：一方面通过在职进修吸纳相关学科的理论，将其转化为学科理论；另一方面通过反思、归纳、扬弃自己的教学实践，从感性认识上升到理性认识。

从字词教学探索小初衔接[①]

从小学升入初中，每个学生都面临着新的挑战。怎样搞好小学向初中过渡，是一个迫在眉睫的问题。

小学语文教学大纲规定，小学毕业识字量达到 2500 字，然而小学识字教学目前还存在不尽如人意的地方。据统计，一个完全按入学考试成绩平均分配的教学班，单从识字一项看，在正常的阅读中，大约仅有 40％的学生能达到识 2500 字，约 30％的学生识字在 2300 个，约 25％的学生达不到 2300 个，还有约 5％的学生识字量不足 20％。这表明近 60％的学生识字量在 2300 个以下，10％的学生只能写对

---

① 张玉新：《谈谈初中起始年级语文字词教学》，载《中小学教师培训(中学版)》，1995(5)。

2000 个以下的常用字。另外，几乎所有的学生在书写过程中都会写不同程度的错别字。很多学生在写姓名、地名等名称时写出的是些同音错别字，写动作称谓时生造字。有 20％的学生书写比较美观；40％的学生书写比较工整、清楚；40％的学生存在字体结构不合理，书写不规范，字迹难以辨认等问题。这种现象的存在和发展势必影响今后的语文学习，使语文扯其他学科的后腿。我觉得，根源在于教育体制、教材、教法有问题。仅就识字教学而言，本来应该是整个小学阶段的主要任务，可是教材本身没能从汉字的内在规律出发，教师未能充分认识到培养学生识字能力的重要性，高年级不着边际的课文分析、不切实际的作文在很大程度上剥夺了学习汉字的时间。汉字教学不得其法主要表现在：或不符合学生的识字规律，不重视学生的生理、心理发育特点；或轻视汉字的自身特点、内在规律；或两者兼而有之。加之有些教师轻视汉字教学，使汉字教学基本上在高耗低效中徘徊。这种不切实际的做法很容易造成学生对汉字学习产生厌烦情绪和畏惧感，甚至对学好汉字丧失信心。许多学生在小学阶段就开始掉队，有的落得很远。一跨进中学的门槛，还没来得及适应新的环境，一下子面临许多新的学科，学习方法也不能适应，在原来就已经掉队的情况下又面临着被落得更远的危险。一个十二三岁的孩子，由于种种因素在语文（可能还包括其他学科）学习上掉队是一种惨痛的现实。涉世未深就要经常体味失败的痛苦，而这样的痛苦还要继续下去。

基于这种认识，本着尊重学生的人格、帮助学生树立起自信心、培养学生的能力的出发点，教师应从初中起始年级开始，制定切实可行的措施，以汉字、词语教学为突破口，争取让每一个学生都能赶上队伍，让每一个学生都在学习和生活中经常感受到成功的喜悦。而且，就目前学生的汉字实际水平而言，已到了非抓不可的时候了。

语文学科是一门基础学科、工具学科，汉字、词语是语文学科的基础、工具。一般说来，一个学生的识字量大，那么他的词汇丰富，阅读能力强，写作水平高；反之，则词汇不丰富，阅读不通畅，作文词不达意。从发展的角度看，越早扫除文字障碍，越能为今后的语文学习乃至其他科学习打下坚实基础，况且汉字教学在儿童能接受的前提下越早进行效果越好。从汉字、词语教学入手搞好小学和初中的衔接，的确是切中肯綮之举。

识字、写字不达标是学生语文学习掉队的症结所在，扩大识字量、写字量是提高语文素养的突破口。汉字教学可操作性强，短期内收效大，教学方法得当容易引起学生的学习兴趣，使学生能在形象思维的基础上极大程度地发掘抽象思维的潜能。学生感受到成功的喜悦，就会树立起自信心，有了自信心就可能化被动为主动。初中起始年级语文教学的任务应该以汉字、词语教学为主，一方面巩固小学的识字成果，使掉队的尽快赶上；另一方面扩大汉字教学的成果，基本解决识字、写字的问题，在两学年内达到识 3500 个常用字的目标。

初中起始年级字词教学的原则，是从学生实际出发，从汉字特点出发，寻求快速、高效的教学方法，尽快实现以初中起始年级为起点，两学年内识 3500 个常用字的目标。以汉字、词语教学为突破口进行小学、初中语文的衔接，要重视学生的实际接受能力，还要重视汉字的自身特点。只有把两方面有机结合，才能快速、高效地进行汉字、词语教学。

先说学生的实际接受能力。从初中起始年级学生的生理发育上看，其左脑的发育已趋成熟，右脑的发育也已到相当程度。无论是右脑的整体模式识别能力，还是左脑的局部识别能力都有所提高。而且这个年龄的记忆力极强，理解能力也在不断提高。只要教法得当，其识字能力既优于先整体后局部的婴幼儿，也优于先理解后记忆、先局部后整体的成人，这个特点可以充分发挥作用。以上是有利方面。但是，这个年龄段的学生由于受社会、家庭、自身等因素的影响，心理承受力差，稍有挫折就退却，学习缺乏积极性，这是影响汉字学习的不利因素。

再说汉字的自身特点。汉字利用多重编码方式，语音、字形、语义编码兼用。汉字内部构造有着科学的组合规律，其体系中又充满理性的美感。汉字运用初级写意和高级写意两种字形写意的方式，因而每个汉字都是一个表意的"小精灵"，具有形象的美感。汉字充满浓郁的人文色彩，内在文化积淀深厚，贴近现实生活，有着较强的可释性。这些优点给教学、学习带来了一定的方便。当然汉字的单字数量多，独立性很强，为识字、写字带来了一定的困难。

基于以上认识，我从学生现状以及认识汉字的规律出发，根据汉语的特点，制定了以下措施。

第一，借鉴蒙学的长处，注重吸取识字初级阶段积累典范语言文字材料与识字高级阶段对典范语言文字材料的自悟，采取集中识字与分散识字相结合的方法，有计划、分阶段地给学生大量的文字材料，注重发挥记忆力强的长处，加快自悟的速度。传统蒙学利用汉字的物质外壳——四声的特点，采用歌诀的形式帮助儿童集中识字，如《百家姓》《千字文》《三字经》《声律启蒙》等韵文识字启蒙读本。借鉴这种生动的形式，自编系列富有时代感、知识性强、符合学生特点的新歌诀，并鼓励学生自编趣味识字歌诀，学以致用。

第二，从逻辑思维的高度做战略上的安排，进行理性的教学活动。汉字是形、音、义三位一体的方块字，自编3500个常用字的音序索引、形近字归类表、义近字归类表，从不同角度着眼，从不同侧面入手，反复归类，以期掌握汉字的内在规律，体现汉字固有的科学性和易学性。比如，汉字中仅与"手"有关的常用字、次常用字就有300多个。教学中教师以手示范，让学生写出相应的字，学生会非常踊跃，表现出对这种教学形式的极大兴趣。由此推而广之，对于脚的动作、身体的动作、事物的名称、人际关系称谓等，学生自觉查字典进行归类，还竞相赶超。为了使学生在轻松愉快中学好汉字，适当给学生写出一些字的甲骨文、金文、小篆的字形，把"源"展示给学生，使其对字的抽象意义有形象的理解；再相机讲解汉字字体发展、演变的历史，使学生对汉字字体的"源"有较直观的认识。当然，不能局限在传统小学的范畴内分析、讲解汉字，要充分重视汉字的可释性，不怕离经叛道，在贴近生活的前提下，只要能加深对汉字的理解，便于学生记忆，怎样分析都行。

第三，采用游戏、竞赛等形式，寓教于乐。采用猜谜语、走成语迷宫、成语过关竞赛等灵活多样的形式，在激发兴趣的基础上进行汉字、词语教学。在这些活动中，学生积极动脑，情感投入很深。汉字的单字数量大，孤立记忆较困难。但如果把汉字与词、成语教学以及阅读、写作相结合，就可以在阅读、写作中不断巩固汉字教学成果。例如，在课外阅读中坚持找自己不认识的字，作家庭财产分类登记，设计多种多样的成语迷宫、成语扑克，可以让学生把负担变为兴趣，化被动为积极。

第四，重视汉字字族的内部、外部联系，科学地进行偏旁组字和独体字组字训练、语素组词（正序、逆序）训练，不断加强对系列性汉字知识的讲授。在组合过程中不断查字典、词典，有助于形成自觉使用工具书的习惯，掌握更多的字词。例如，"日""月"组成"明"，"明"与"日""月"又分别组成"明日""明月"，与"日""月"有关的字词、成语有多少呢？3500个常用字又能组合成多少词语呢？这样，雪球越滚越大。更可贵的是"滚"就要动脑筋，还能培养兴趣，训练思维。

第五，借助电化教学进行辅助教学。电脑的普及为汉字、词语教学开拓了一片全新的领域，各种汉字、词语教学软件为语文教学的趣味性、高效性提供了物质保障。运用动画、幻灯、录音、录像等，使之有效地为汉字、词语教学服务，能取得可喜的成绩。

培育语文思维①

《九年义务教育全日制初级中学语文教学大纲(试用修订版)》在"教学目的"中明确提出，要提高学生的阅读、写作和口语交际能力，养成学习语文的良好习惯；在"教学要求""教学内容"中除了列出基础知识外，还围绕教学目的对读、写、听、说四项基本能力作了说明。语文教学所培养的四项基本能力均以显性的形式为载体，具体、实在。但四者之间是否有一种以隐性的形式存在的深层联系呢?《九年义务教育全日制初级中学语文教学大纲(试用修订版)》没有明说，但在"教学中要重视的问题"中着重指出，"指导学生运用比较、分析、归纳等方法，发展他们的观察、记忆、思考、联想和想象的能力"(着重号为作者所加)。由此可见，这种隐性的联系是存在的，即思维。具体来说，读、写、听、说的训练运用的比较、分析、归纳等方法，都是思维的方法，由此发展的观察力、记忆力、想象力等即智力的发展以思维的发展水平为标尺。因此，我们有理由下这样的结论：思维是读、写、听、说四项基本能力的核心，读、写、听、说四项基本能力是思维的四种表现形式。在语文教学中，思维的重要性不言而喻，然而思维又不只是语文教学的核心，也是数学、物理等学科教学的核心，故而是共性的。那么，语文教学就应该在认知一般思维规律的前提下，努力探索本学科所独有的特殊规律，这才是"养成学习语文的良好习惯"的真正内涵。

超前诱发抽象思维

语文教学要培养学生的形象思维。但是这里有个误解，即文学作品主要用形象

---

① 张玉新：《关于语文教学中思维训练的几点思考》，载《中学语文教学参考》，1996(7)。

思维，故语文也主要培养形象思维。实际上，人的每一个思维活动过程都不可能是单纯的一种思维在起作用，往往是几种思维先后交错起作用。为什么语文教学对学生抽象思维的培养少有提及呢？

在实践中我们发现，对于初中的数学、物理、化学等主要用抽象思维的学科，学生总有较长时期的不适应，因而造成了学习上的差异。语文教学在培养学生形象思维的同时肩负着培养抽象思维的重任，并且通过语文教学培养抽象思维有极大的可能性。

以思维形态为划分标准，心理学把思维分为：直观动作思维、具体形象思维、抽象逻辑思维。具体形象思维即通常所说的形象思维的一种初级形式，抽象逻辑思维即通常所说的抽象思维。思维的发生、发展都要经历直观行动思维—具体形象思维—抽象逻辑思维三个阶段，表现出一定的年龄特征。我在1993年10月对9月由五年级升入附中预备年级自然分布的一个班的57名学生进行国际通行的瑞文智商测试，学生平均年龄为12.51岁，各项满分均为12分，结果表明：想象能力平均得分为11.42分，有41人得满分，占72%；抽象推理能力平均得分为8.66分，只有4人得满分，占7%。可见，初中起始年级学生的形象思维水平较高，抽象思维水平较低。

形象思维以表象或形象为思维的重要材料，借助鲜明、生动的语言作为物质外壳，带有强烈的情绪色彩，它的主要心理成分有联想、表象、想象和情感。抽象思维是人类思维的核心形态，主要是以概念、判断和推理的形式表现出来的。初中起始年级学生的抽象思维发展水平不平衡，其抽象思维能力有待于将来理科课程的培养。但消极等待不是良法，完全可以通过语文教学对学生的抽象思维能力进行早期培养，这并不是盲目地加重语文教学的负担，而是语文学科基础工具性质的职能，也是语文教学优势的具体体现。

仅就初中起始年级而言，汉字、词语等语文基础知识教学是搞好初中与小学语文知识衔接的突破口。况且，识字量、词汇量也是学习其他语文知识的基础，可谓基础的基础，还是一个人整体语文水平乃至文化水平的重要标志。所以，仅就初中起始年级的汉字、词语的语文基础知识教学而言，可以超前诱发学生的抽象思维，理由如下。

第一，初中起始年级学生的形象思维水平较高，为抽象思维的发展提供了可能。形象思维是抽象思维的直接基础，因此完全可以在此之上发展更高层次的抽象思维，更何况许多学生的抽象思维已有一定程度的发展。

第二，汉字、汉语的特点也启示我们可以通过汉字、词语教学培养、发展学生的抽象思维。汉字是既用左脑又用右脑的复脑文字，既可以培养形象思维，也可以培养抽象思维。语词的独特性又把语言与思维更加紧密地联系起来。汉语中的词在一定意义上与汉字相符，一个汉字往往就是一个词。从逻辑上看，虽然词与概念是不同范畴的两个实体，但汉语的一个词往往就是一个概念，即表达思维内容的物质外壳——汉语中的词与思维的概念之间、形式与内容之间的关系极为密切，远非表音文字可比。因此，完全可以用词与概念、语言与思维的协调性培养学生的抽象逻辑思维。例如，词的多义性造成概念的复杂性，区别词义、选择词义也就是区别概念、选择概念。区别、选择的过程就是判断、推理的过程。"香"有五个义项，在不同的句子中是什么意思，必须对几个义项有所鉴别，并根据具体句子对号入座。①

第三，词语知识的质与量是培养学生抽象思维的物质条件。在词语教学中设计具有系列性、层次性的步骤，宏观上有战略意识，微观上有战术技巧，有助于扩大学生的词汇量，进而提高词汇知识的质。在教学实践中，我先根据课本中知识短文的要求粗浅地交代词义中的单义词、多义词、同义词、反义词等。但知识短文中的知识仅是蜻蜓点水，在实际应用中不甚顶用。因此在适当的时候，在学生的词汇量扩大、对事理的本质属性的认识不断加深的前提下讲授"词义（二）"。讲"词义（一）"时没有涉及本义、引申义，各种词义之间的关系更不曾谈及；但讲"词义（二）"时这些问题成了重点，并由单音词扩展到多音词之间、短语之间的关系。汉字的字体演变过程就是一个由形象到抽象的过程。汉字作为表意文字，其形体与意义之间的对应从甲骨文、金文、小篆的字形中可以看出，楷化的汉字对甲骨文、金文、小篆等形体而言，是具有划时代意义的抽象化的质的飞跃。甲骨文、金文、小篆等，对早期的图形"文字"而言，也是一次抽象化的质的飞跃。因此，对汉字形体演变知识的讲授，对汉字字形的辨析，有助于诱发学生的抽象思维。

第四，在汉字、词语教学中使用恰当的教法可以诱导学生的抽象思维，使之形成习惯。汉字、词语教学易引起学生的学习兴趣。甲骨文等字形的形象化线条，丰

---

① 张玉新：《谈谈初中起始年级语文字词教学》，载《中小学教师培训》，1995(5)。

富、生动的词义，都有利于学生生动形象地理解并记忆。教师一定要在汉语的社会、历史、文化的广阔背景下讲解，而不是孤立、片面地讲解。这是汉字、词语教学的总原则，在此基础上使用有效的逻辑方法（如归纳、类比等），使学生在大量形象的积累上形成一般性抽象认识，逐渐学会分析、综合、概括，以形成良好的抽象思维习惯。

总之，仅汉字、词语等基础知识的教学，对初中起始年级学生抽象思维的诱发就有如此大的作用，那么，诸如读、写、听、说的基本能力的训练，对抽象思维能力的培养作用更是不容低估，理应引起足够的重视。只有有意识地采取针对性强的措施，才能收到预期的效果。

适时培养创造性思维

从心理学上讲，根据已有信息，从不同角度、不同方向思考，从多方面寻求多样性答案的一种展开性思维方式，就是求异思维，又叫发散思维、辐散思维。求异思维作为创造性思维的重要形式，从自然科学角度看，可以发现新事物；从人文科学角度看，可以突破陈见，创立新理论。对中学生来说，自然科学上的创造发明并不容易，但在作文上培养创造性思维则并非不可能。

在求异思维中，根据已有信息寻求的多个答案里有一个与已有信息恰好相反或相对。在议论文的立意上，我称这些相反或相对的答案为逆向立意。从逻辑上分析，一个判断（或推理）的矛盾或对立的判断（或推理）就可能构成议论文立意上的逆向立意。

作为求异思维的一个特例——逆向立意，从文学创作上看，它可以化腐朽为神奇。这一点对中学生的议论文写作有着重要作用。

从思维方式上入手进行逆向立意训练，可弥补中学生认识水平上的不足，展现出一片新视野，使学生看到不曾发现的新天地，于熟视无睹的日常琐事中抓住闪光的东西。眼界打开了，文思才能如泉涌，流出清新的活水，甚至出现思维上、认识上的顿悟，闪现出灵感的火花。文思既如泉涌，于几许活水中定能觅得富有个性化的清流，使文思之泉充满灵机、灵秀之气。

除写作外，阅读、听话、说话训练也可本着逆向立意的方法培养创造性思维，这里为了集中说明问题，仅以议论文写作为例，并非认为只有议论文写作才能进行逆向立意训练。

但是，逆向立意的成立必须遵循一定的原则：不能违背客观规律，不能违背思维、认识规律，要有鲜明的现实意义。

伺机激发灵感思维

钱学森把思维分成三大类，即抽象思维、形象思维和灵感思维。他指出："科学技术工作决不能局限于抽象思维的归纳推理法，即所谓的'科学方法'，而必须兼用形象或直感思维，甚至要得助于灵感或顿悟思维。"[①]

在一堂课中，学生不断质疑问难，激发了教师的积极性，平时的积累在课堂这个特殊环境中达到了质的飞跃，课堂教学也因灵感火花的闪现而达到高潮，学生从中深深地领悟了知识的难点。我认为，课堂教学中的灵感就是教师在处理突发性事件时采取具有突变性的措施所取得的一种突破性的创造性认识活动。课堂教学中的灵感同科学发现、文学创作中的灵感现象具有共同性，即从认识的发生看，它是一种突发性的创造活动，来无踪去无影，难以人为寻觅，它的降临是突如其来的；从认识的过程看，它是一种突变性的创造活动，一旦触发，就会像突然加了催化剂一样，使感性认识迅速升华为理性认识；从认识的成果看，它又是一种突破性的创造活动，能打破人的常规思路，为人类创造性思维活动开辟一个全新的境界。

课堂教学中的灵感现象又有独特性：学生是灵感的发动者，经过教师的点拨，最终又是灵感的受益者。这就是语文课堂灵感现象的双向性。

偶然的机遇能激发灵感，内部的积淀也可以激发灵感。在课堂教学中，如果教师能注意课堂上的偶然现象，包括学生的动作、口语表达、师生交流乃至学生表现出的某种形象等，将它们同头脑中思考的教学问题联系起来，不断进行理性的、逻辑的比较、沟通、类推，就可能碰撞出灵感的火花。如果教师能在平时积累广博的知识，那么深层次的积淀也可能由无意的遐想产生灵感的火花。如果教师能使课堂教学经常迸发出灵感的火花，用灵感之火照亮每一个学生渴求智慧的心灵，使学生在顿悟中不断进步，那么语文教学的根本目的才可能达到。

---

① 钱学森：《关于思维科学》，23页，上海，上海出版社，1986。

还须指出的是，在此论及的培养灵感思维是以课堂教学为例的，并非指仅在课堂中才能激发灵感。

综上所述，我所提出的通过基础知识教学诱发抽象思维、通过写作教学培养创造性思维、通过课堂教学激发灵感思维，这三者之间不是孤立地、静止地存在的，而是相互渗透、交错作用的，也不是说语文教学中思维训练的全部内容为抽象思维、创造性思维和灵感思维。抽象思维与灵感思维尚可被视为并列关系的两种思维方式，创造性思维与它们之间分别是交叉关系。如果说语文课的核心内容是思维，语文所要培养的读、写、听、说四项基本能力是以思维水平为标尺的，那么，语文教学必须突出思维训练，甚至可以说语文教学要从思维训练入手，学生的语文学习也应从思维入手，这样才可能探索出语文教学的一般性规律，并在这个前提下帮助学生找到学习语文的特殊规律，使语文学习从根本上摆脱少、慢、差、费的困扰，取得事半功倍的效果。

养成语文学习习惯[①]

习惯包括广义的习惯、狭义的习惯，狭义的习惯包括语文学习习惯。

朱智贤把习惯解释为：人在一定情境中自动化地去进行某种动作的需要或特殊倾向。[②] 从语法上分析，句子的主干是人的需要或倾向；从逻辑上分析，主词"人"是全称，所以此为广义的解释。

《辞海》解释为：由于重复或练习而巩固下来的、变成需要的行动方式。同样从语法上分析，句子的主干是"行动方式"；从逻辑上分析，省略的主词"人"也是全称。所以这也是广义的解释。

以上两种解释的区别为：前者的核心是内隐的"需要"或"倾向"，后者是外显的"行动方式"。从习惯的养成看，前者强调在一定情境中自动化地去进行，关键在于"自动化"这个结果；后者强调重复练习而巩固下来、变成需要，关键在于"重复练

---

① 张玉新：《语文学习习惯说略》，载《中学语文教学》，2008(12)。

② 朱智贤：《心理学大词典》，728页，北京，北京师范大学出版社，1989。

习"这个过程。行为习惯不仅是一个人的外部表现，而且是其内在素质尤其是思想品德素质的外化。

　　既然主词是全称，那么以上两种解释虽然各有侧重，但都属于广义的习惯。

　　还有必要对习惯与熟练进行区分。习惯与熟练既有区别又有联系。习惯是一种特殊行为的熟练，但与熟练不同。熟练是通过有意识地反复练习形成的，习惯并不一定都是有意识练习的结果。许多习惯是无意识地多次重复的结果，有些习惯并未经过任何练习，只体验一次就巩固下来了。习惯形成后不去进行这种动作往往会使人感到不安。熟练是指人的一些巩固的、自动化的、完善的动作系统，人根据活动需要可以利用它，也可以不利用它。就生理机制来说，两者都是大脑皮层暂时联系系统的形成，即动力定型的形成。熟练是形成习惯的条件和基础，有益的习惯使人更快地达到熟练程度。习惯有好坏之分，因此对习惯的评价涉及道德问题。习惯鲜明地体现着一个人的性格。良好的习惯对人的个性品质的形成和发展，对人的学习和劳动活动，以及对集体和社会都会有积极的影响。习惯并非一成不变，人能在一定条件下有意识地养成某种良好的习惯，改变某种不良的习惯。

　　基于学校教育情境的习惯，属于相对狭义的习惯。

　　教育就是要培养学生良好的习惯。良好的习惯是人在神经系统中存放的道德资本，这个资本不断地增值，而人在其整个一生中享受着它的"利息"。

　　习惯具有道德性。良好习惯可以通过不自觉地、下意识地重复同一动作来形成，但主要是通过有意识地练习来形成的。所以，良好习惯的养成不仅需要坚持不懈地强化和训练，而且需要学生自我教育意识的觉醒和充分发挥。

语文学习习惯

　　语文学习习惯是学习习惯这个狭义习惯的学科细分，它与数学、外语等学科的学习习惯的综合就是学习习惯。

　　叶圣陶认为："语言文字的学习，就理解方面说，是得到一种知识；就运用方面说，是养成一种习惯。"这是比较公认的关于语文学习习惯的论述。"运用方面"属于技能层次。更本质地分析，语文技能（习惯）同其他技能一样，也是动力定型。任何习惯的形成都是在条件反射的基础上建立的。习惯形成的过程由低级到高级可分成三个层次。

第一个层次：不自觉阶段，依靠外力的督促，不断强化已形成的条件反射，形成习惯。小学阶段识字、写字习惯的形成，主要靠教师的"规矩"。教师按学科规律要求学生，学生养成良好的识字、写字习惯，为将来更复杂的语文学习奠定基础。如果教师没有责任心或对学科规律没有正确的认识，所定"规矩"不合乎学科特点，那么学生就不能养成良好的识字、写字习惯，将来学习语文可能走入歧途。

第二个层次：成为自觉行为，这需要一定的意志努力，靠内部的自我监督。还以识字、写字为例，小学时教师强化学生遇到生字必须自己查字典（之前已教会学生使用必要的工具书的方法），到了初中，学生已经可以在语文课之前解决生字难词，课堂上不必浪费时间解决这样的浅层次问题。这个层次也必须经过多次重复。比如，如果学生没能在课前自行解决字词问题，那么教师并不姑息，而是在课堂现场就要求学生解决应该在课前解决的问题，这样做的结果是今后学生不再需要在课堂上现查字典。一旦这种行为习惯被破坏，学生就要进行内部调整，做出意志努力。如果初中教师不强调课前自行解决字词问题，而是在课堂上主动把字词整理好写在黑板上，让学生记忆，那么学生逐渐习惯这样不费力气的做法，从前形成的好习惯被破坏，到了高中，再重新建立这样的习惯将十分困难。

第三个层次：自动化，达到类似本能的程度。到了自动化程度以后，学生既不需要监督，也不需要意志努力。竺可桢一生坚持记录每天的气象变化，从语文学习的角度看，这未尝不是一种写日记的习惯。他的许多科研成果得益于这种习惯。顾炎武每天读书盈寸，将读书所得编为《日知录》，这是读书、写读书笔记（感受）这一行为自动化的产物。一些高中语文教师迫于升学压力，错误地认为做题能提高学生的语文成绩，于是不引导学生读书，而是带领学生在题海中泛舟，给学生立了违背语文学科学习规律的"规矩"，在自残中残害学生，又以貌似认真负责的方式误人子弟，深陷泥淖不可自拔。这种自动化的定型十分可怕。

语文学习习惯的养成

"少成若天性，习惯如自然。"（《汉书·贾谊传》）习惯是长时期逐渐养成的、一时不容易改变的行为倾向。心理学研究表明，人的习惯一旦形成，只要遇到相关的情境，就会不由自主地做出特定的反应。好习惯让人终身受益，坏习惯贻害人的一生。广义的学习习惯的养成适用于作为狭义概念的语文学习习惯的养成。比如，生活行为习惯(生活自理)中包含了学习习惯(学习自理)，当然也包含了语文学习习惯(语文学习自理)。因此从培养广义的习惯入手培养学习习惯，进而培养语文学习习惯是正确的途径。如果只从培养语文学习习惯入手，忽视对生活习惯的培养，那么语文学习习惯的养成是非常难的。

养成语文学习习惯必须遵循语文学科的学习规律。语文学科的学习规律可以概括为：积累与感悟。

积累既包括知识层面的，也包括技能、方法层面的，并且不是一次性完成的，而是伴随着心理发育不断增加与深化的。起始阶段的动力定型十分重要。

语文基础知识层面的积累是指典型的语言文字材料的积累。最有资格作为语文学科基础知识的就是一定数量的常用字、次常用字，学生需要识记其形、音、义。

古代蒙学读本有"三(《三字经》)、百(《百家姓》)、千(《千字文》)"，儿童在三年时间内可以识记(包括认读与书写)近4000个常用字、次常用字，这奠定了未来阅读与写作的基础。儿童记忆力强，不必通过理解就能记住。小学阶段之所以不能解决阅读的基本问题，是因为采用分散识字、拼音标注的方法，不符合语文学习规律。

对常用字、次常用字的形、音、义的认读属于识记层面，就读音而言是说普通话。普通话是中华民族的共同语言，要让学生养成说普通话的习惯。其标准是语音洪亮，语调标准，语速适中，吐字清晰，语流自然流畅，抑扬顿挫，悦耳动听，最终形成自己富有魅力的语言风格。就书写而言是写规范字。对中小学生而言，书写规范就是坚持写正楷字。其要求是笔画要规范，笔顺要正确，字形要完整，间架结构要协调，字与字之间、行与行之间要和谐，不写错别字，不丢三落四，不乱涂抹，不龙飞凤舞，整个书写文面要整洁、匀称，让人一看有种利落、美观和舒服的感觉，在此基础上形成自己特有的书写风格。

至于字义，是在运用中作为内隐的存在被潜移默化地使用的。对字义的识记是语文学科的基础，在运用中对字义的选择又表现为综合能力。

积累语文学习方法，起始阶段最重要的就是学会查工具书。查工具书的习惯是学生未来可持续发展的一项基本功。这里所说的工具书，在起始阶段包括各类字典、词典；在高级阶段既包括上述各项，也包括学习所需的其他相关资料(像大型工具书、光盘软件、互联网等)。教师要教给学生利用文献性工具书、相关资料库的方法，让他们通过图书馆、电脑网络自己去查阅、鉴别、筛选、积累，以培养学生检索信息的能力和习惯。

感悟是语文学习的高级阶段，是对已经积累的典型语言文字材料的理解，是伴随着人生阅历不断加深的，不是一次到位的。曾经积累下来的东西，即便当时不明其义，在特定情境的刺激下，却可能产生顿悟，这样经典语言文字材料就化为自己的语言，能够表达自己的思想感情了。这又涉及已经积累下来的读、写方面的语文能力。掌握一定数量的常用字、次常用字，一方面在阅读中巩固了汉字，另一方面在阅读中加深了对文本的感悟。随着感悟的不断增加与深化，不由得要将其写出来，这就积累了写作知识，提升了写作能力。

积累是感悟的基础，感悟是对积累的升华与运用。

总之，遵循广义的习惯养成的一般规律，遵循学习习惯尤其是语文学习习惯养成的特殊规律，引导学生养成独特的语文学习习惯，才能提高语文学习效率，提升语文学习水平。这样的语文学习是具有灵性的语文学习，这样的语文教育是启迪灵性的语文教育。

关注"课堂品质"①

在现代汉语中，"课堂品质"不是一个专有名词，而是一个由"课堂"和"品质"构成的偏正短语，"课堂"修饰、限定"品质"。作为这个短语的中心词"品质"，常用意思有二：其一是指行为、作风上所表现的思想、认识、品行等的本质，其二是指物品的质量。显然，我们要谈论的是第一个意思。教室在进行教学活动时叫"课堂"，在这里已经被限定为"语文课堂"，即进行语文教学的教室。于是麻烦接踵而至，本来"课堂品质"就不是一个专有名词，"语文课堂品质"自然也不是一个专有名词，最麻烦的是"语文"在设科以来的一个多世纪里也没有熬到专有名词的名分，仍然是一个普通名词，对于它的内涵和外延见仁见智。那怎样阐释语文课堂品质呢？

聂绀弩曾和萧红有过关于小说的谈话，萧红说："有一种小说学，小说有一定的

---

① 张玉新：《"课堂品质"晬语》，载《中学语文教学参考·高中》，2013(3)。

写法，一定要具备某几种东西，一定写得象巴尔扎克或契诃甫的作品那样。我不相信这一套，有各式各样的作者，有各式各样的小说。若说一定要怎样才算小说，鲁迅的小说有些就不是小说，如《头发的故事》、《一件小事》、《鸭的喜剧》等等。"[1]

此话对我的启发是我们对语文课堂品质也很难制定一个量化的标准，因为有各式各样的语文教师，有各式各样的语文课堂。若拿着一个所谓标准去评价某一堂课的品质，可能得不到令人信服的效果。现在有很多语文教师说自己越来越不会上课了，尤其在听了一些专家评课之后。这表明一些语文教师对语文课堂品质是存在困惑的。

熊十力用十分独特的方式阐发他对本体的认识，这能给我阐释语文课堂品质以启示。他不是从"本体是什么"发问，而是从"本体不是什么"发问。他说："佛家哲学对于修辞是非常谨严的。他们的言说，有遮诠、表诠之分。表诠者，这种言说的方式，对于所欲诠释的事物和道理作径直的表示。譬如在暗室里，而对于不睹若处有椅的人，呼告之曰若处有椅，这就是表诠。遮诠者，这种言说的方式，对于所欲诠释的事物和道理，无法直表，只好针对人心迷妄执着的地方，想方法来攻破他，令他自悟。仍取前例，或有迷人，于暗中椅妄计为人、为怪。这时候，我们如果从他所迷惑的地方去破他，就和他说，凡是人，应该是如何一个样子，这暗中形状，决不是人。又若是鬼怪，他必是非常变幻不测的东西，这暗中形状，决不是鬼怪。如此种种说法，斥破他的迷惑，终不直表暗中是椅，而卒令彼人自悟是椅，这就叫做遮诠。"[2]"遮诠"是佛教语，指从反面来说明事理，与"表诠"共称二诠。禅宗从其佛性理论出发，反对以语言文字的理解代替主体自身心性的体验；又因其自力自度的修行原则，所以也不赞成禅师们用语言文字向学佛之人传授义理，以免妨害学佛之人自悟。于是便有"不立文字，教外别传，直接入心，见性成佛"的宗门教旨。任何宗教欲求传播发展，要想完全脱离语言文字几乎是不可能的。因此，禅师们在宣讲教义时往往又无法回避语言文字。既不能说，又不能不说，如何解决这种理论与实践之间的矛盾呢？禅师们只好绕着弯子说，用隐喻、用象征、从侧面、从反面大说特说。但无论怎么说，有一条原则始终是必须记住的，那就是不能说破。教师只能

---

① 　《萧红选集》，序言 2～3 页，北京，人民文学出版社，1981。

② 　熊十力：《新唯识论》，50 页，北京，商务印书馆，2010。

启发学生，不能代替学生悟道。开悟本身即一种内在的心性体验，语言文字系外在物质，禅门常说"将心觅心，一觅便是"，思维尚且不能感知心性，对物质的掌握又如何能代替主体心性验证呢？因此，不得不说又不能说破，既是尊重学佛之人，尊重心性，也是启发学佛之人，启迪心智。

我想模仿"遮诠"之法阐发对"语文课堂品质"的理解，却不是为了"不得不说又不能说破"。"不得不说"是真实的处境；"不能说破"实为"说破不能"，源于我对"不得不说"力不能及故词不达意。

从"品质"指"行为、作风上所表现的思想、认识、品行等的本质"分析，品质是就个人而言的。语文教学是由语文教师组织、策划，在特定时间和空间向语文学习者实施的学科教育行为。虽然课堂教学包含三个要素（教师、教材、学生），但教师个人修为无疑是课堂品质的主导。每一位语文教师的课堂都各有其品质。语文课堂品质有高质量的、一般质量的、低质量的，我们自然要讨论高质量的。

假设语文课堂品质为一个装满东西的筐，我们从中挑选出有碍其成为优秀品质的东西，然后清点筐里剩下的东西，以此探讨优秀语文课堂品质的状况。

首先，既然语文教师是课堂品质的主导，就先从教师下手挑选、剔除筐中物。

①不读书、不思考、不学无术者不能打造优秀的课堂品质。

②智力水平不高、缺乏创造力者不能保障课堂品质。

③语言、文字表达能力欠佳者有碍形成优秀的课堂品质。

④尚未形成，也不想形成独特的治学路径，不把语文教学当回事儿者，休想具备优秀的课堂品质。

⑤不能激发学生的学习动机、提升其学习兴趣、专嗜讲授既定内容、照本宣科者，单边的课堂无优秀品质可言。

⑥无视语文学科的规律、耽于局部之技、懒于求索语文之道者，虽小成而大遗，品质不高。

⑦学品不差、人品欠佳、教学态度不端正者终因人品影响课堂品质。

其次，学生是课堂教学的参与者，也是承受者，还要从学生下手挑选、剔除筐中物。

①不是从习惯养成开始的语文课堂学习，难以取得好的学习效果，必然制约优秀课堂品质的形成。

②没有找到适合自己的、独特的语文学习方法，就不会有高效率，肯定妨害优秀课堂品质的形成。

③没有强烈的语文学习动机和学习兴趣，就难以收到好的效益，会干扰优秀课堂品质的保持。

最后，教材是课堂教学的基本凭借，也是学生要认知的客体，也要从教材下手挑选、剔除筐中物。

①教材不能体现学科的特点，不能保障课堂品质。

②教材不符合学生的心理需求与知识需求，学生不喜欢学，就不可能有高品质的课堂教学。

③教材不再是课堂教学的基本来源(教材成了课堂教学的"圣经")，而成了教学的唯一来源，课堂教学就僵死了，自然难以有优秀的课堂品质。

④教材因被试题取代而不再具有基本的教学职能，因为考试不考教材，所以不用或少用教材；因为考试自然要做题，于是做题成了课堂教学的一切。

⑤教材不能得到及时调整(删、增、换)，再好的教材也有个适应度，学生的个体差异是存在的，不及时调整教材怎能有优秀的课堂品质？

以上三个方面肯定不能穷尽有碍优秀课堂品质形成的因素，只是列举以示意。

现在看看这筐里剩下了什么。用"表诠"来直接说明当然方便，可是一一对应是不可能的，所以只好择其要勉强表述，颇有"知其不可而为之"的无奈。

优秀的语文课堂品质要具备以下要素。

首先，教师有较高的智力水平，一定的创造力，治学的方略，扎实的功底，管用的技能，对学科规律的正确体认，端正的教学态度，大节不亏的人品。

其次，学生养成了良好的学习习惯，找到了适合自己的学习方法，对学科有强烈的学习动机和浓厚的兴趣。

最后，教材合乎学科规律，符合学生的心理需求和知识需求，对教材的使用能根据学科特点、学生特点，从而获得应有的效益。

显然，筐里剩下的这些仍然是片面的，可是即便穷尽列举还是难以描绘出优秀的课堂品质。语文教师在语文课堂教学过程中表现出来的稳定的教学思想、学科认识、学养品性等，必须在动态的教学过程中，在学生和教材之间搭建一座"桥梁"或设置一个"码头"，使学生能在教师的引导下顺利、愉快地从此岸到彼岸。

这些只是我头脑中先入为主的臆想的筐，挂一漏万在所难免。每个人头脑中都有一个筐，经常盘点其中的货，或剔除或保留或填充，从而盘活这个筐，使这个筐中总能动态地保留住好货色，这样或许才能保障优秀的课堂品质。

需要说明的是，禅师使用"遮诠"，因为禅师知其然又知其所以然，只是不能明说。我这里模仿"遮诠"的方法，是因为我自己不知其然更不知其所以然，因而只是生硬模仿，不当之处在所难免，姑且作为靶子以就教于方家。

图 2-3　执教《背影》

从独立到独创

一般来说，青年教师要经历模仿教学阶段。然而我基本上没有经历模仿教学阶段，直接进入了独立教学阶段。我对同行业务水平的考察主要通过公开课和平时的交往。我从一个人家里有没有书断定他读书的功底，从交谈中看一个人是否有品位，根据他讲的课判断其业务发展趋势。我远离一些我看不上的人，不吝惜与之公开交恶。有了这样的判断，我基本上不主动去听课，也自然就远离了模仿。

我用了三四年时间跨越了独立教学阶段，开始走向独创。

1991年我参加吉林省第二届语文教学新秀评比，同另外两所省直学校的参赛者竞争唯一的名额。三人都用别校的学生授课。我讲《过秦论》第三课时。前两课时要到那所学校上铺垫课，要由那所学校的教师"监控"。我是背着讲的，首先在黑板上画了战国地图。记得我问学生"于是秦人拱手而取西河之外"说明了什么，并指出了西河地理位置的重要性，以及之前是魏国的土地，这回成了秦国的了，这为将来的出兵奠定了良好的基础。反正我是下了很大功夫，查阅了很多资料，把有关材料准备得十分到位。"监控"听课的一位资深教师同他们组的青年教师说："张玉新的课有理性美。"

比赛现场也在别的学校。在总结《过秦论》写作手法时，我说贾谊在叙事基础上进行议论，寓论断于叙事之中，论点的得出水到渠成。突然，一名学生发表了不同意见，他认为《过秦论》观点与材料不统一，"水"是到了，"渠"却未成。因为材料叙述的都是秦如何用暴力得天下，六国本来施行了仁义，反而灭亡了，可秦施行的是暴力，竟能胜利。许多同学也表示同意这个观点。这时，听课的同行也不由得把目光集中到我的身上，看我如何解决这个难题。我不曾预料到这样的突发事件，也没有做好解决这个问题的准备，但我十分镇静地说："这位同学提出了一个很严峻的问题。同学们想一想，《过秦论》用四个自然段写了秦的始盛、益盛、极盛及速亡，过秦的'秦'应该指什么？是秦国还是秦朝？"学生异口同声地回答"秦朝"。"秦朝"两字使我头脑中灵感的火花迸发出来。于是我接着说："从秦国到秦朝的建立在贾谊看来没有过错。错就错在建立统一的封建王国之后不施仁义。贾谊认为，暴力可得天下，但不能守天下。"可一波刚平，一波又起，一名学生又站起来质疑："仁义的观点是儒家的传统思想，可他在论据部分使用的历史材料全是写秦国如何奉行商鞅制定的法家路线的，儒法两家在历史上的纷争尽人皆知，这不也是观点和材料不能统一吗？如果说水到渠成，我看是水太大了，渠过浅了。"顿时，群情激昂。我突然想起"兼并者高诈力，安定者贵顺权"，灵感的火花再一次闪现，很自然地在板书的课题"过秦论"后加了个"（上）"。顿时，学生恍然大悟，原来后文还要继续论证这个问题。"水大渠浅"的问题解决了。

这次比赛标志着我独创教学的成熟。我开始形成快节奏、大容量、灵活多变的风格，开始理性思考如何面对突发事件。

　　我通过阅读相关书籍，开始认识到语文课堂教学中的灵感就是教师在处理突发事件时采取具有突变性的措施所进行的一种具有突破性的创造性认识活动。

　　我开始意识到，语文课堂要启迪学生的灵性，这首先要求教师有灵性，否则，以"蒲柳之姿"难授"桃李之教"。

　　1993年我作为吉林省代表，跟随张翼健到大连参加东北三省青年语文教师作文教学大赛。同台上示范课的还有钱梦龙、欧阳黛娜、魏书生三位名师。当时我恰好送走一届高三，按常规应该回到高一从头教起。但我已经开始厌倦那种讲深讲透、精讲多练的教学方式，开始讨厌所谓"字、词、句、章、语、修、逻、文"的知识体系，深感高中教学只能不断重复自我，不能生成新的自我。我面临新的选择。幸运的是我有将近一周的时间在大连向张翼健请教，与之倾谈。我到山东、河北旅游近半个月，从烟台坐船到大连，根本没来得及备课。他得知我的情况一言没发，我甚觉汗颜。恰巧上课前一天组委会组织大家参观，我没去，他也没去。我要讲关于逆向立意的问题，被迫认真备课，深入思考。

　　我也不清楚怎样确切定义逆向立意，起初把这一概念同逆向思维弄混了。由于手头没有任何资料，因此我不得已到大连新华书店查阅，终于找到了一点材料，但不足以帮助备课。经过一天的思考、推论，我终于向张翼健做出如下汇报。

　　首先要弄懂逆向立意的实质，其次要分析逆向立意的复杂性（直接成立的逆向立意、间接成立的逆向立意、部分成立的逆向立意、不能成立的逆向立意），最后要清楚逆向立意的积极作用（开辟视野、拓展思路、独树新见）。

　　听了我的讲解（相当于试讲了），他十分欣慰，并亲自用毛笔帮我写板书。我把例子写成字条，粘贴在大白纸上。

　　当然，我认为课上得十分成功。然而张翼健指出我过于注重自身，对学生有所忽视，教学方法和教育意识上存在问题。尤其令我难忘的是，上课时，我兴之所至，忘情地用教鞭指点学生。张翼健用少有的严肃的口气向我指出，教师千万不能用教鞭指点学生。他鼓励我到初中去搞教学改革，去研究教法，去感受教育的魅力。

　　经过大约八年的努力，我成为语文教学的多面手。对于多种语文课型，我都敢于大胆探索，并多有收获。有位别的学校的同行曾这样评价：

　　朗读课，一封《与妻书》能使人泣不成声；一首《周总理，你在哪里》，能让人忧从中来。讲读课，《六国论》《过秦论》，褒贬得失有纵横家风范；一篇《林教头风雪山神庙》，仿佛评书演员立案挥扇。作文课，常能平处见奇，点石成金，文思之敏锐，如泉而涌，颇具才气。文言文教学，考据求证，常常旁征博引而不流于琐碎，点评鉴赏，每每娓娓道来而不落于空泛，有学者气派。

以上评说，虽为溢美，但让我在相当长的时间窃喜，津津乐道以为能事。这时，虽然教学积累厚重了，教学技巧灵活了，甚至课堂教学也算有特点了，但一招一式所突出的是自我，或者刻薄一点说是显示自我。在课堂上显示自我，只能将学生置于从属地位、次要地位，这与教育的根本目的是不相符的。虽然我的课堂教学技巧提升了，但教育思想并不先进。

动态演示：评改作文的有效途径①

长期以来，作文教学一直是困扰语文教师的差事，批改学生的作文被很多语文教师视为痛苦、无奈、无聊的事。很多学校的作文均由教师规定题目、统一要求，批改由教师个人利用课余时间进行，然后利用一定课时讲评自己的批改结果。教师的评语基本上是套话，学生基本上不在意教师的评语。学校从教学管理的角度规定每学期八次作文都要全批全改。于是作文教学和学生写作在一个恶性循环中周而复始。

在听、说、读、写这四项基本能力中，写是最具综合性的，作文教学不得其法是语文教学效率低的重要病源之一。作文教学没有独成体系的教材，这给教师的操作带来极大的难度。以学期八次大作文是否全批全改来衡量教师的作文教学水平或效果值得商榷。全批全改固然是一种必不可少的批改方式，但不是唯一方式。即便运用这种方式，也有不同的操作变式。问题的关键在于，即使学期八次作文的确全批全改了，学生的作文水平就一定能提高吗？许多语文教师都有相同的感受，学期八次作文是否全批全改与学生的作文水平是否提高没有直接的关系。这是因为，所谓全批全改，一般只能将批改的结论呈现给学生，且不说结论下得是否恰当，单说

---

① 张玉新：《"动态演示评改作文"的设计与实施》，载《语文教学通讯·高中》，2007(1)。

批改这样的重要环节没有学习主体——学生参与，全由教师包办，这种做法与现代教育思想是相违背的。既然如此，作文批改的方式到了应该改而且非改不可的地步了。一个事实也无情地摧毁了全批全改的可能性：学校尤其是所谓名校，办学规模不断扩大，班额也在膨胀，往往一个班 60 多人，有的甚至 100 多人。语文教师往往教两个班，如果全批全改，加上各种试卷甚至练习都要求批改，烦琐的教案也要检查，恐怕连正常的教学都难以维系。

针对作文尤其是作文批改的种种弊端，结合自己的教学实践，我在作文批改上设计并实施了"动态演示评改"的方法。

以主体参与为设计理念

从哲学上着眼，实践是第一性的，认识是第二性的。要获得正确的认识，只有通过实践的途径才能实现。人类认识是由低级到高级、由简单到复杂的过程，感性认识和理性认识是在实践基础上的人类认识过程不可分割的两个阶段。理性认识必须以感性认识为基础，是对感性认识的改造、提纯。

从语文学科的特点看，作为工具课和基础课，它的特殊性表现在：一方面要传授本学科的基本知识，使学生在语文学习过程中不断调整策略，找到适合自己的学习方法，形成基本能力；另一方面要体现工具性和基础性，为非语文学科学习做准备，提供思维的有效载体。语文基本能力的形成是一个知识不断积累、重新组合，对知识加以应用、分析、综合、评价的动态流程。在知识内化的过程中，初级阶段一般以典型语言材料的积累为主，高级阶段一般以对典型材料的感悟为主。在教学过程中，教师既要重视对典型语言材料的积累，又要重视对典型语言材料的感悟，还要适时得法地点拨。学生参加作文评改的过程，既是积累语言材料的过程，又是在实践中形成语言能力的过程，当然也是使思想感情的表达不断趋于准确、生动的过程。

自从单独设科以来，语文课堂就一直是学生获取语文知识的主渠道。在当今的信息社会，传媒的发展为学生提供了前所未有的学习空间、学习途径。面对丰富多彩的世界，教师已经难以充当学科权威的角色，只能在学生的学习过程中担当辅导员，与学生共同学习。在语文课堂上，教师传授给学生多少知识（尤其是写作和修改文章的知识）不是最重要的，再优秀的教师在特定时空能传授的知识也是有限的，关键是教给学生学习的策略、方法，让学生在语文课堂中得法，学会学习。语文教育的规律也要求我们不能再代替学生修改作文，而要引导学生自己修改。

从布鲁纳的发现学习和奥苏伯尔的有意义接受学习着眼，教师在教学中要注重学习的有效性、实效性和高效性，让不同程度的学生得到不同程度的提高，最终达到整体提高的目的。

动态演示评改能使学习集体中的每个成员都积极地参与到整个评改过程中，根据同龄人的思想，对同学（或自己）的习作进行再创造。教师在动态演示评改中恰当、适时、得法地引导、指点，可强化有意义学习和发现学习的效果，对学生创造能力的培养有积极作用。在动态演示评改中，学生对问题的敏感性、再组织的能力等都可得到提高。这就避免了在静态的批改中学生只能消极地接受批改结果的状况，使程度好的有成就感，中等程度的有超越的期望，待提高的有榜样可学。此做法立足于全体学生，符合整体教学的原则。

动态演示评改的过程以学生为主体，教师只在关键环节适当点拨，使学生的学习自理能力得到培养，基本素质得到全面提高。这种方法强调学生在学习的过程中做主人，为学生自我调节学习策略提供了可能。

以动态生成为特色

写作是一个复杂的过程。就中学生的作文而言，命题、审题、草成、修改几个步骤中，命题一般由教师掌握（写作积极性高的学生往往自己给自己命题），修改更是教师的权利。审题、草成两个步骤由学生独自完成，其动态流程难以演示。我把修改的权利下放到学生手中，让学生为自己、为别人修改文章，并演示出来，使学生在亲身参与的过程中获得感性认识，并在教师的指导下形成理性认识，从而切实提高写作水平。

具体做法如下。

按要求抄写。文章初成后，将白纸以竖线中分，然后将草稿工整地抄写在白纸的左侧（稿纸受格子的限制，我们一般不用，况且用白纸书写有助于提高学生的书写水平，有助于学生在安排版面时提升审美意识）。

独自修改。以家庭作业的形式独自完成初步修改，主要解决错别字、段落划分、章法结构等方面的问题，列出提纲，写出段纲和段意，正确使用标点符号。为了便于同原稿对比，把修改后的文字写在白纸的右侧。

以上两个步骤由学生独立完成。

分组修改。将全班学生按作文能力平均分组，每组七八人（每组必须保证有一两名作文水平比较高的，两三名中等的，两三名有待提高的）。在课下传阅的基础上，根据个人的修改，按照教师提出的要求，小组在课堂上逐一修改。每次重点修改一篇，每学期小组成员的习作都能得到一次重点修改的机会。

这个步骤也是动态的，但限于条件难以演示。

全体修改。全体修改每学期八次，每次由小组推选出一两篇习作，在课堂上全班学生参与修改。全体修改实行主持人制，教师先进行辅导，然后由主持人主持修改，要求各组积极参与。教师在全体修改过程中起指导作用。一名学生担任记录员，下课前宣读修改的最终结果。

全体修改是动态演示评改的重要环节，我们使用电脑大屏幕显示或主机控制，多终端显示修改的全过程。教师充当输入员，以提高效率。

如果不具备以上条件，可以将确定让全体修改的文章打印出来，人手一份，由教师主持修改。

最后，征得作者同意、全体同学认可，将修改好的文章作为范文打印出来，集结成班级作文刊物的稿件。

评改示例

阅读下面的材料，任选一个话题按要求写作。

薄弱环节

一条项链，最脆弱的一环决定其强度；一个木桶，最短的一片决定其容量；一个人，素质最差的一面决定其发展。

请以"薄弱环节"为话题，写一篇文章，所写内容必须在这个话题范围之内。

注意：立意自定，文体自选，题目自拟，不少于800字，不得抄袭。

说明：以下例文是附中高二学生的期中考试作文，成文时间45分钟。动态演示修改利用一节课时间。本次修改主要针对表达准确、结构完整和主旨突出进行。

从以下集体动态演示修改的结果看，除了书写格式的调整、个别错别字的改正外，主要有三点。

一是文章的表达更加准确。例如，题目加上"（克服）"，就不仅是"善用"了，文

中多处在"弱点"后面加上"缺点、薄弱环节",使行文更贴近话题。

二是结构更加完整。例如,小组修改稿只强调"善用弱点",而集体动态演示修改稿补充了两个例子,即克服心理缺陷和克服性格缺陷,使全文克服了单薄、片面的不足。

三是主旨更加突出。文题加上"(克服)"和补写两个例子使文章题目与内容更加吻合。

我从 1993 年开始在初中进行了 4 年的实验,1997 年开始在高中进行了 3 年的实验。如此批改,学生在实践中获得修改文章的切身感受,教师消除了批改之苦,课堂教学效率提高了。使用此法修改作文后,2003 年 4 月,我所教的一个班级在高考前夕有 7 名同学在东北师范大学出版社出版了个人专集,有近百篇学生习作在报刊上发表。我认为,此法不失为一种行之有效的作文修改之法。

善用你的弱点

没有人是十全十美的。或多或少,你都会有一些薄弱环节。有什么办法呢?女娲创造我们时,用的是黄泥,而不是和氏璧。于是我们拼了命地隐藏起自己的每一个薄弱的环节,只留下光辉然而虚幻的身影背向别人。其实世上本无完人,又何必追求那一份虚幻的完美呢?更何况,弱点有时也会成为你克敌制胜的利器。

不要以为我在痴人说梦。

有这样一个故事。有一个断了左臂的男孩跟着师父学习柔道。师父只教给他一招,仅有一招。男孩经常自卑,因为他清楚地知道自己只有一条胳膊。但他仍然苦练,直到对那仅有的一招已熟得不能再熟了。

师父带他去比赛。男孩看着四周那些四肢健全的选手,暗自叹了口气。

然而令他惊讶的是,每一个对手都被他轻松摔倒在地,只要他使出那仅有的一招。凭着这一招,他获得了冠军。

回去的路上男孩问师父,为什么他能得到冠军。

师傅笑笑说:"因为你的努力,你已掌握了柔道中最难的一招,而且据我所知,破解这一招的唯一办法,是抓住你的左臂。"

男孩生理上的缺陷,成了他克敌制胜的利器。

项链上的珍珠裂了,我们可以镶上黄金。木桶的板子断了,我们可以把漏洞变成精巧的活门。有缺点的人并非不可雕的朽木,不足的事情也并非不可圬的粪土之墙。有了缺点，我们不该自怨自艾。

用坚定的信心与不懈的努力去改造它，或许无心插柳，柳便成荫。

然而我们该做些什么呢？呆呆地等待自己的缺点暴露出来吗？我想，不是的。我们毕竟是人，不是项链也不是木桶。我们可以主宰自己而不是随波逐流。因此，我们该时刻反思，去发现自己的薄弱环节。没有发现，我们如何改造，如何善用？

因此，掌握你的缺点吧，纵使你无法改变它。只要努力过了，学会善用你的弱点，你将没有弱点，或者说，弱点已不再是弱点。

善用弱点，你将成功。

（小组修改稿，不计空格700多字）

善用（克服）你的弱点

世上没有十全十美的人，我们都会有一些弱点、缺点、薄弱环节。没办法，女娲创造我们时用的是黄泥，而不是和氏璧。

我们有必要拼命隐藏起自己的每一个弱点、缺点、薄弱环节，只留下光辉然而虚幻的身影背向别人吗？世上既无完人，又何必追求那一份虚幻的完美呢？更何况，弱点、缺点、薄弱环节有时也会成为你克敌制胜的利器。

不要以为我在痴人说梦。

有这样一个故事。

一个断了左臂的男孩跟着师父学习柔道。师父只教给他一招，仅有一招。男孩经常自卑，因为他清楚地知道自己只有一条胳膊。但他仍然苦练，直到对那仅有的一招已熟得不能再熟。

师父带他去比赛。男孩看着四周那些四肢健全的选手，暗自叹了口气。

然而令他惊讶的是，每一个对手都被他轻松摔倒在地，只要他使出那仅有的一招。凭着这一招，他获得了冠军。

回去的路上男孩问师父，为什么他能得到冠军。

师父笑笑说："因为你的努力，你已掌握了柔道中最难的一招，而且据我所知，破解这一招的唯一办法，是抓住你的左臂。"

生理上的缺陷，也可以说是他的缺点或薄弱环节，因为得到最有效的利用，反而成了他克敌制胜的利器。

有一个患恐高症的人，经过不懈努力，成为徒手攀登摩天大楼的高手，为患有恐高症的患者走出恐高的阴影做出了表率。可见，当一个人克服了自己有缺陷的心理，才可能走向成功，甚至可以说，克服本身就是一种成功。

春秋时的楚庄王起初沉溺酒色，无意治国。大臣申无畏讽谏他说："有一只大鸟到楚国山上三年了，但不飞也不叫，不知道这是什么鸟。"楚庄王回答："这是一只极不平凡的鸟。虽然三年不飞不叫，但它一飞必定直冲云天，一鸣惊人。"后来又在其他大臣的劝谏下，楚庄王克服了性格上的弱点，励精图治，使楚国成为当时南方最强大的国家。

项链上的珍珠裂了，我们可以镶上黄金；木桶的板子断了，我们可以把漏洞变成精巧的活门。有弱点、缺点（缺陷）的人并非不可雕的朽木，不够完美的事情也并非不可圬的粪土之墙。有缺点，也不该自怨自艾。

既然我们有弱点、缺点、薄弱环节，那么我们该做些什么呢？我们毕竟是人，不是项链也不是木桶。我们可以主宰自己而不是被弱点、缺点、薄弱环节左右。我们该时刻反思，去发现自己的弱点、缺点、薄弱环节。没有发现，我们如何改造，如何善用（克服）？

因此，了解你的缺点吧，努力学会善用（克服）你的弱点，你将没有弱点，或者说，弱点已不再是弱点。

在这个意义上说，善用（克服）弱点，你将成功。

（以上为集体动态演示修改稿，不计空格 980 字）

研究性学习：转型期语文教学的探索

张翼健在评价我组织的语文教研活动时说："附中语文组是吉林省语文教学改革的一面旗帜。"早在 20 世纪 80 年代，他就率先在全国语文教育界开展语文教学改革活动。1998 年，我组织召开了"吉林省首届语文教育观念与课堂教学形式之关系研讨会"；1999 年，组织召开了"吉林省首届语文教育民族化理论研讨会"；2000 年，组织召开了"语文教育民族化与现代化专题研讨会"；2001 年，组织召开了"吉林省高中课改样本校高中语文研究性学习专题研讨会"，研讨会上有六位教师上了六节研究性学习研究课，为吉林省语文研究性学习活动的开展开了一个好头。

研究性学习的出发点

教研活动的成功抑或失败都有价值。通过研究性学习活动为广大语文教师立一个靶子，以促进转型期语文教育的发展，是我的初衷。

1. 矫正"凯氏"模式

长期以来，语文常规教学一直奉 20 世纪 50 年代流行的凯洛夫教学模式为圭臬，即解题、作者介绍、背景介绍、段落分析与归纳段意、归纳中心思想、归纳写作特色等，每篇课文都是如此，致使课堂教学千篇一律。不能否认以上几个环节在解读作品时的作用，但文学作品的解读本来就应该是"一千个读者就有一千个哈姆雷特"，解读的过程是多样的，解读的结果也是多样的。而在长期的语文课堂教学中，教师往往自觉或不自觉地以教学参考书中的观点为准绳，莫辩正确与否。教学参考书长期以来又是在阶级斗争和唯政治化的话语环境中产生的，往往漠视、无视文学作品本身的独立性。这样，对于教给学生的，教师自己也不信，学生当然更不信，这使语文教育的道德教化职能变形。凯洛夫教学模式是以学科知识的系统化传授为出发点的，但语文学科没有结构化的体系。在这种模式下，我们长期困守"字、词、句、章、语、修、逻、文"八字语文基础知识体系。学生曾有这样的评价："语文老师是一台文字粉碎机，不管多优美的文章，经语文老师一讲，马上变成条分缕析的各项基础知识，令人生厌。"

2. 解构讲深讲透

语文老师的一个功夫，就是讲深讲透，似乎语文教育界还有一个"讲深讲透派"。一篇《荷花淀》能讲个五堂六堂，一篇《祝福》能讲上十堂八堂，很见"功力"。当然，不能否认教师讲的功夫，我也不反对深透。问题是能不能讲深讲透。对于文本的解读，由于读者自身知识、背景等的差异，不同的人解读同一文本，其构建的知识系统是不同的。以教师的"讲"来取代学生的"读"本身就不符合语文学习规律。在课堂，面对同一文本，教师的解读能否满足每一名学生？怎样的程度才算深透？我认为讲深讲透已经不适应现在的语文教学了，教师应该从"讲"转向引导学生"读"，无论教师的"讲"还是学生的"读"，都不存在所谓"深"与"透"，适度为佳。

3. 定位课堂职能

自从语文学科单独设科以来，语文课堂就一直是学生获取语文知识的主渠道。

中国古代封建社会教育的明显标志是等级制，受教育的对象不普遍，知识垄断在少数人手里，教师享有崇高的地位，有所谓"天地君亲师""师道尊严""一日为师，终身为父"的说法。课堂当然以教师为主角，由教师传授知识，学生只能被动接受知识。课堂当然是学生获取知识的主渠道。

西方工业文明开始后，机械化大生产对劳动者文化水平的要求日益提高，班级授课制随之产生。受教育的对象扩大了，但课堂仍然是传授知识与技能的主渠道。在我国，仅就中华人民共和国成立以后而论，语文学科也被当成知识学科，课堂的主要任务就是传授学科知识和形成学科能力，有所谓"双基训练"的说法。这种做法就是把语文课堂当成传授语文知识的主渠道甚至唯一渠道，语文学科工具论的理论影响也扩大到无以复加的程度。

4. 破解封闭设计

教师在上课之前(尤其在所谓公开课之前)总要对课进行设计，设计的出发点往往是"引导"学生走进自己预先设定的"圈套"。如果学生不落入圈套，那么教师就使出浑身解数"启发"其进入圈套——美其名曰有课堂机智；如果学生自觉走入圈套，那么教师便会产生成就感——美其名曰训练有术。如果学生就是不进圈套，打破预先设计的那一套，那么教师往往自认"演砸了"。这种现代教育设计的最大弊端就是封闭。它把教学过程看成一个封闭的系统，注重系统内的完善，忽略系统外的一切动态流程。或者说，现代教育观更注重静止的、微观的、结果性的东西。然而，面对信息社会，面对知识经济，教师必须注重课程的开放性、动态性和超越性。所以在语文课堂上，教师必须破解封闭设计，构建开放课堂结构。

5. 尝试合作学习

联合国教科文组织提倡的 21 世纪教育的主题之一就是合作学习。小组合作学习可以全方位调动学生的积极性，使教育面向全体成员成为可能。小组的成果取决于小组每个成员的努力，因此成员的合作异常重要。另外，竞争对手之间并不是"你死我活""势不两立"的关系，竞争是为了促进发展。力求取得双赢，就必须合作。对学生而言，这一点十分重要，关乎未来的发展。语文学科必须为学生拓展未来的生存空间，为学生的终身发展奠基。

6. 培养信息收集与整合的能力

语文学科不仅肩负着为本学科、其他学科提供思维的载体的重任，还肩负着提供思维材料的重任。信息处理水平是以思维水平为标准的，思维水平高是信息处理水平高的基本标志。

实施过程

教育观念是教育教学的指导思想。受传统思维、惯常操作的影响，已经形成的定式人们往往不愿舍弃。因此，一种教育理念的传播，不能一蹴而就。语文组研究性学习的开展主要分四个阶段。

1. 个案探索阶段

2001年5月，在附中举办的"运用现代化教育技术，构建民主开放课堂"主题教学开放日活动中，张均上的一节《雷雨》是语文组研究性学习的第一次展示。经过研讨，张均决定给学生大约两周时间分小组全面研究《雷雨》，课堂集中展示学生的研究成果。在展示课上，学生的精彩表现赢得了一致好评，教师在课堂上基本处于配角地位，只是在各环节间起承接作用。

在评课的时候，全组教师一致认为这是一堂好课，为语文学科解放学生做了榜样，并认为应将这堂课写进附中语文组的历史。不过，大家在评课的时候，还是更注重对学生研究成果的评价。

基于对扭转注重成果评价的认识，在2001年10月"东北三省四校青年教师汇报课"活动中，刘勇上了一节《赤壁赋》，课程模式与张均的相同，只是以学生的个体独立学习为主，没有展开小组合作学习。结果，全班62人写出了68篇关于《赤壁赋》研究的论文，这些论文由学生制成课件在课堂上展示。

评课时，有的教师认为，学生的研究更多的是宏观研究，而课堂应该侧重展示微观研究的成果。可见，大家对研究性学习的本质属性的认识还有待加深。对刘勇的课的评价，我听到了不同的声音，这表明语文组教师已开始思考关于研究性学习的有关问题了。

为了以点带面，2001年12月，借学校荣誉职称教师系列研究课之机，我上了一节《唐诗》研究性学习展示课。这节课在较大范围内引起了争议。有人认为这节课上砸了，授课者毁了自己的名声。我上了一堂自己也不曾上过的课，表达了自己希望超越自己的愿望，也为下阶段将要开展的语文研究性学习活动开了个头，为探索转型期的语文教育出路尽了一点力。

2. 大面积启动阶段

2001年7月的暑假作业，高一年级创造性地要求学生挑选至少五篇感动过自己的文章，设置相关问题以表明自己的思考，写一篇读后感或随笔以巩固阅读思考的成果。

开学后，学生的作业成果令全体任课教师吃惊，绝大多数学生的作业表现出了相当的创造性。

紧接着在高二上学期，第一单元学习《诗经》《楚辞》，年级又布置了写《诗经》《楚辞》研究综述的作文，并且提出要在网上检索资料，利用图书馆、书店的资源等要求。在这次作业中，学生能力表现出了层次上的分化。

3. 全面展示阶段

2001年12月，高二年级正在学习唐诗、宋词单元。我围绕课本，决定在高二全年级开展语文研究性学习活动。为了带动全组，我还在高一挑选了两个班级共同参与本次活动（高一虽然正在开设研究性课程，但由于种种因素，语文学科并没有走到前头）。共有六名教师参加了本次活动。

高二的三节课都是围绕第三册教材展开的：张玉新的《唐诗》，韩永胜的《韩愈诗文研究》，张海波的《苏辛豪放词对比研究》。高一的两节课都是从课本之外选题：薄景昕的《轻轻地呼吸》，王荣国的《东西方神话对比研究》。刘勇与理科班学生同台演出的《温莎的风流娘儿们》属于语文综合活动课。

课堂展示采取学生自发使用电脑制作并播放课件的形式。本次活动与会者有500多人，均来自全省课程改革样本校。活动影响面广，影响力大，在全省语文课程改革领域起到了带头作用。

4. 评价与反思阶段

从前注重学生对知识、技能的掌握，现在转变为注重学生在学习过程中内在思维和情感的自我体验（思路历程）；从前学生在学校课堂环境中被动、单向、固定地学习，现在转变为学生在社会和网络相结合的环境中主动、发散、交互地学习。在这一转变过程中，教师由学习过程中显性的决策者、主角，转变为学习过程中隐性的参与者、配角，其教学功能逐渐淡化（退居幕后，进行学习环境的建设和完善），学生成为学习活动的真正主人和决策者。有人由于对以上诸多转变不适应，因此怀疑研究性学习的进步意义，当然，也由于这六节课自身存在欠缺。

这一系列研究性学习的成果展示课不同于常规课。由于研究性学习的重点是过程，而课堂特定时空不能展示学生研究的过程，因此展示课有其客观上的不足之处。但从主观上看，课程的立意基本达到了。

第一，学生学习语文的主动性得到发挥，逻辑思维能力得到发展，信息收集与整合能力也得到训练，增强了语文学习的自信心，在活动中获得了成就感。

第二，增进了师生关系，促进了同学之间的交往，使小组成员之间的合作加强了。师生多边互动，呈现出未有的良好态势。

第三，在着眼于学生学习过程的研究体验、着眼于学生认知结构的发展与构建、着眼于开发学生的天赋和智慧潜力等方面都取得了令人瞩目的成绩。其实际教学意义和实际操作性得以充分体现。

当然，也有不足之处。

第一，就学生而言，出于好奇，把课件的制作当作研究性学习的首要任务，把研究结果当作次要的任务，把研究过程当作最不重要的任务，而研究性学习的真谛恰恰相反。

第二，有的学生虽在研究中列出了参考文献，但并没有阅读，只是将其作为研究的一个组成部分。还有的学生从网上下载资料、使用别人的成果但不注明出处，违背了基本的学术研究规范。

第三，由于小组系自愿结合，各小组之间存在整体水平的差异，因此研究过程的真实性存在问题。还有的学生没有投入研究，存在浑水摸鱼的现象，没有实现全员积极投入。

第四，受学校课程设置的影响，学生的研究时间得不到保障；班额过大，教师的指导不及时；存在资料不足的问题，影响研究质量。

第五，课堂结构上存在教师预先设计、学生在课堂上表演的迹象。教师存在过于注重结果而忽略过程的问题，存在把学生的成果学术化的问题，忽略学生的研究结果不过是信息整合的结果的事实。

灵性："启发"教育思想的精髓

启迪灵性是教育的天职。在语文教学中，我深感要启迪学生的灵性，教师先要有灵性的道理。所以在工作的前十年，我就关注思维培育，注重激发教学灵感。"启发"是古代语文教育传统的法宝之一，我在梳理与研究的过程中提升了语文教学意识。

《论语》"启发"的内涵

"启""发"最早出现在《论语》中，但并非是一个词。《论语·述而》有"不愤不启，不悱不发，举一隅不以三隅反，则不复也"之语。这也是汉语"启发"一词的出处。郑玄注："孔子与人育，必待其人心愤愤，口悱悱，乃后启发为说之。"（《论语注》）可见"启发"是一个同义复合词。朱熹注："启，谓开其意；发，谓达其辞。"（《四书集注》）可见"启"与"发"都是以教师为主体的。《现代汉语词典》（第 7 版）解为："阐明事例，引起对方联想而有所领悟。"可见在现代语境中，"启发"并不专指狭义的教育行为。

必须着重指出的是，虽然现代语境中"启发"一词并不专指狭义的教育行为，但"启发"首先用于描述孔子的教育教学则是没有异议的。因此，后人所称"启发"式的教育教学乃是孔子始作典范。

《论语·子罕》有"夫子循循然善诱人"的记载，这是对启发教育的较早描述。孔子强调了教者要善于启发，以及抓住启发的时机。他在实践中灵活运用由浅入深、叩其两端、旁引侧证、侧面诱导等启发式的教学。问答式是其主要的启发形式，他的答有正面之答、委婉之答、无声之答、愤悱之答几种方式。孔子首创的启发式教学对当今的教学改革仍有借鉴和启示作用。孔子指出"愤""悱"是启发的契机，但《论语》中没有记载如何使学生处于这一状态。

关于启发式的教学原则或方法的问题，远则孔子近则毛泽东都有过论述。在教学中，当课堂气氛沉闷、自己手忙脚乱时，教师往往抱怨"我干启，他们就是不发"。

有人认为"启发式"的"启"，"开其意"，指引导、开导、诱导之意，主要指教师一方；"发"者，"达其辞"，指学生动眼、动脑、动口、动手。"启发"就是开发人心，使之得以领悟，"式"，即方式。①

我认为，孔子说的"不愤不启，不悱不发"，"愤"和"悱"是学生的主动学习状态，"启"和"发"是教师的点拨。

有人以为"启发式"是一种单纯的、显性的教学方法，因此在公开课上机械地检查学生举手的次数、回答问题的次数，忽略了问题本身的适度价值，问题或过易或过难，学生或不屑回答或不能回答。其实，"启发式"绝非单纯的、显性的方法，而是更具有内隐性。比如，一堂课，学生几乎没回答问题，老师也没提什么问题，但是，学生的思维一直处于一种"愤""悱"的状态，一直在受着润物细无声的启发，这也是"启发式"教学。

"启发式"不是一般意义上的所谓教学方法，它与讲述法、问答法不是同一范畴的概念。前面提及孔子的答问方式都以启发为指导思想。

也有人认为，"启发式"不是一种具体的教学方法，而是研究和运用教学方法的指导思想，是方法论。启发式在整个教学方法体系中处在指导思想的地位，对各种具体的教学方法具有导向的功能。各种教学方法的运用，如谈话法、讲授法、讨论法等都应该体现启发性。②

从《论语》所记载的有关孔子的教育言行看，我认为"启发式"是一种教学方法论。后世把孔子的"启发式"运用到教育教学实践中，用以解决当代的教育实际问题，并将其归纳为教育教学原则，有一定的现实价值。但从理论原型上探究，并未穷尽其源。

其实，由孔子首创的启发式教学思想内涵丰富，博大精深，仅仅用教学方法或教学指导思想来概括是远远囊括不了其丰富内涵的。在孔子的启发式教学思想中，"愤悱""启发""举一反三"，不仅涉及"教学的本质"即"教学是什么"的问题，而且涉及"教什么"的问题。他以简要、概括的形式指出了教学这一活动的本质，并以此为出发点，揭示了教学内容、教学方法等各个因素的质的规定性。由于启发式教学反映了教学活动的方方面面，诸如目的、内容、方法等，因此，启发式是一种教育教

① 赖志奎：《现代教学论》，203 页，杭州，杭州大学出版社，1998。
② 熊梅：《启发式教学原理研究》，28 页，北京，高等教育出版社，1998。

学思想。①

《学记》"启发"的实质

《学记》在对《论语》启发式教育思想的发展上取得的进展是多方面的。《学记》是先秦时期儒家教育和教学活动的理论总结，主要论述教育的具体实施，偏重于说明教学过程中的各种关系。关于启发式教育的问题，主要继承并发展了孔子的思想，其侧重点在教学原则上。

1. 教育教学思想层面上的启发式

《学记》中并没有出现"启发"一词，对"启发"精神实质的表述集中体现在"喻"上。"喻"在《学记》中共出现五次："故君子之交，喻也"；"和易以思，可谓善喻矣"；"罕譬而喻，可谓继志矣"；"君子知至学之难易，而知其美恶，然后能博喻，能博喻，然后能为师"。"喻"的本意是晓喻、开导的意思。"喻"的说理性强，具有详细解说、务实理解的意味，并引申有举例子、打比方、多方进行说明的意思。

《学记》鞭挞了当时教学领域里的弊端，以违反启发教学原则的注入教学为批判的对象："今之教者，呻其占毕，多其讯言，及于数进，而不顾其安，使人不由其诚，教人不尽其材，其施之也悖，其求之也佛。夫然，故隐其学而疾其师，苦其难而不知其益也。虽终其业，其去之必速，教之不刑，其此之由乎！"对当时普遍存在的教师照本宣科，学生呆读死记，上课满堂灌，急于赶进度而不顾学生能否接受，既不调动学生的自觉性，也不发挥学生的才智，教学不合教学规律，向学生提出的要求也不从学生实际出发这种注入式的教学深恶痛绝，指出这样的教学只能使学生厌恶学习，埋怨教师，视学习生活为畏途，不知道学习的好处何在，即使勉强结业，所学的东西也会很快忘掉，教学无效益的原因就在于此。《学记》对注入式教学深入肌髓的针砭，正是在大声疾呼废止这种误人子弟的教学模式，提倡反其道而行之，代之以使学生能"顾其安"（注意学生的接受和掌握），"由其诚"（调动学生的自觉性、主动性），"尽其材"（充分发挥学生学习的聪明才智，挖掘学生的学习潜力）的启发式教学。②

---

① 　熊梅：《启发式教学原理研究》，29 页，北京，高等教育出版社，1998。

② 　王鸿熙、刘常涌：《〈学记〉启发教学思想初探》，载《山东教育科研》，1999(9)。

（1）喻与善喻

"喻"的标准有三："道而弗牵，强而弗抑，开而弗达。道而弗牵则和，强而弗抑则易，开而弗达则思。"也就是说，对学生是引导而不是牵拉，是鼓励而不是压抑，是启发而不是灌输；引导而不牵拉，师生关系就融洽；鼓励而不压抑，学习就会轻快；启发而不灌输，学生就会思考。教师通过启发诱导，使学生在学习上达到"和""易""思"的境界，才能称得上"善喻"。因此，喻与善喻是统一的。"喻"是本质，"善"是对"喻"的具体规定。

按照这三个标准教学，师生之间关系才会和谐，学生学习才会感到愉快，才能主动思考，从而"乐学""安学"，有浓厚的学习兴趣，主动跟着老师去思维、去学习，达到"善教者，使人继其志"的效果。①

由上可知，《学记》阐明了启发诱导的目的——"和易以思"，即启发诱导是为了处理好教与学的关系，使教与学融洽，达到学生不视学习为畏途，能够形成独立思考能力的目的。郑玄注："思而得之深。"（《郑志》）学生只有经过自己思考，才能深刻地理解所学知识。这与思孟学派的一贯思想是一脉相承的：重视学、思的关系。《论语·为政》曰："学而不思则罔，思而不学则殆。""和易以思"这一目的的确定，遵循了教学的客观规律，注意到教与学双边活动的重要性及学生主观能动性的充分发挥，强调要使学生积极主动地进行独立思考，采取启发诱导的教学方法是必须的。②

（2）罕喻与博喻

《学记》还要求教育者要"罕喻"。"善歌者，使人继其声。善教者，使人继其志。其言也，约而达，微而臧，罕譬而喻，可谓继志矣。""譬"与"喻"同义，但它是一种向别人做说明，使对方晓得所说的事物的方式。其特点是用相似的事物来比拟想要说明的事物，现在叫打比方。教师怎样才能使学生继承他的志愿呢？必须在教育教学的时候做到讲解简约而透彻，通俗而完整，虽然很少用譬喻，但意思表达得很明白。这就是我们今天说的深入浅出、通俗易懂。

"罕喻"（罕譬而喻）指教师的教学境界达到了出神入化、炉火纯青的程度，令学生心悦诚服地爱其师而信其道，故曰"继其志"。教师对学生耳濡目染、陶冶涵泳、

---

① 　郭洪钦：《〈学记〉对孔子教育思想的继承和发展》，载《邢台师范高专学报》，2001(1)。

② 　王艳红：《浅析〈学记〉中"喻"的教育思想》，载《山西高等学校社会科学学报》，2002(12)。

言传身教，使学生对教师的敬仰油然而生。这里强调的显然是善教者必善喻。"罕喻"也是"善喻"的一种形式，甚至是一种更高层次的"善喻"。

"约""微""罕"是对语言量的要求，要求教学语言简、精、少；"达""臧""喻"，是对语言质的要求，要求教学语言应当使人对知识理论掌握得通达精善、明了得体。"达""臧""喻"既是对教师语言的要求，也是对学生学习效果的要求。学生的"知类通达"诚然必须经过自己的努力，但教师的教也是必不可少的条件。"教师教学语言的简约、微妙、精练不仅是言语的锤炼和造诣，而且正是在作为教与学的中介时，发挥着启发、诱导和感发作用所必须具备的作用的，它与那种繁杂、冗长、重复的注入式教学语言是一个对立。"①

《学记》又要求教师要"博喻"。"君子知至学之难易，而知其美恶，然后能博喻；能博喻，然后能为师。"这是说，优秀教师首先应当知道学习达到高深境界之道有难易之分，且要懂得学生的资质有优劣之别，然后才能从多方面启发诱导学生。只有做到从多方面去启发诱导学生学习，才能成为真正的教师。"博喻"就是要求教师把启发教学用于教育教学领域的各个过程和环节，无论思想教育还是知识教学，无论课内还是课外，无论知新还是温故，都要以启发为圭臬。

单从课堂语言角度看，很多教师的语言或贫乏、干瘪，或啰唆、芜杂，或比喻失当，与《学记》的要求还有很大距离。

(3)敩与学

"学然后知不足，教然后知困。知不足，然后能自反也；知困，然后能自强也。故曰：教学相长也。《兑命》曰：'敩学半'，其此之谓乎。""敩(xiào)"是"教"的意思。"半"，古通"判"，郑玄说："判，半分而合者。"(《周礼注》)王夫之说："敩以自强，而研理益精，足以当学之半也。"(《四书训义》)

《学记》提出的"敩学半"即"教"与"学"既有区别，又有联系。这是从教师的教与学生的学的对立统一关系中暗示启发教学的必要性的。一方面，师生是教与学的双方，互为依存，相辅相成。在这一矛盾中，学生学习的自觉性、主动性不是天生的、自发的，而是在教师的启发引导下逐步形成的。教师发挥了教育者的主导作用，是

---

① 王鸿熙、刘常涌：《〈学记〉启发教学思想初探》，载《山东教育科研》，1999(9)。

矛盾的主要方面。另一方面，教师在教的过程中，学生在学的过程中，又各自构成一组矛盾。在教的矛盾中，矛盾的一方是教师的素质、态度、能力、需要、动机等，矛盾的另一方是学生提出的问题、希望、对教师新的要求等。这一矛盾推动教师去增加和更新知识，改进教学，这就是教师"知困"并"自强"的动力。在学的矛盾中，矛盾的一方是社会，教师向学生不断提出的新要求、新问题；矛盾的另一方是学生当前的学习心理状态，如需要、动机、态度、感情、能力等。这一矛盾运动推动学生去学习和发展，形成"知不足"进而"自反"的动力。这两组矛盾在教学过程中不断发展。教学双方不断地从对方的新变化中得到新的启发，产生新的能量。得到的启发越多，越能推动矛盾的发展。所以"敩学半"正是反映了教学过程中启发作用的思想。①

2. 教学艺术层面上的"启发式"

所谓教学艺术，主要指教师在教育教学过程中使用的生动活泼、引人入胜的教学方法。教育追求的最高境是艺术的教育，教育的艺术。夸美纽斯在《大教学论》中指出，教学艺术"是一种把一切事物教给一切人类的全部艺术；并且它又是一种教起来使人感到愉快的艺术，就是说，它不会使教员感到烦恼，或使学生感到厌恶，它能使教员和学生全都得到最大的快乐；此外，它又是一种教得彻底、不肤浅、不铺张，却能使人获得真实的知识、高尚的情谊和最深刻的虔信的艺术"。孔子说："知之者不如好之者，好之者不如乐之者。"

《学记》中的教学艺术观体现在教师运用问答法进行教学上。"善学者，师逸而功倍，又从而庸之。不善学者，师勤而功半，又从而怨之。善问者如攻坚木，先其易者，后其节目，及其久也，相说以解。不善问者反此。善待问者如撞钟，叩之以小者则小鸣，叩之以大者则大鸣，待其纵容，然后尽其声；不善答问者反此。此皆进学之道也。"作者以类比的手法，论证了教师既应善于向学生提问，又应善于对待学生不同的疑难，这种"善问"和"善待问"正是启发式教学的方法。古希腊的苏格拉底就有效地运用巧妙的问答法引导学生逐渐理解，达到了他所期待的目的。但苏格拉底的"产婆术"以教师执教为中心，始于教师设问，终于教师的结论，并不是以学生

---

① 王鸿熙、刘常涌：《〈学记〉启发思想初探》，载《山东教育科研》，1999(9)。

的深入学习和实际观察为基础的。

《学记》继承并发展了孔子的启发教育思想，揭示了教与学的对立统一问题，并始终以学生为主体。当然，发问本身并不等于启发。《学记》提出的是具有启发意义的、引人入胜的"善问"和"善待问"，绝非那种把"满堂灌"改成的"满堂问"，而是先易后难，逐步深入，循序渐进，以使学生达到掌握的目的。教师要善于创设问题情境，而且解答学生的发问时要讲求艺术，要引起学生的思考，以达到"待其从容，然后尽其声"的境界。教师为学生释疑时，开始不要把话说尽，等待学生通过吟味思索有了"欲罢不能"之感时，再点拨学生向深层次考虑，这样才能启发学生，调动学生学习的积极性、主动性。

从《学记》中可以看出，所谓"善问""善待问"的精神实质还是"喻"，包括"善喻""罕喻""博喻"，既包括教师善用打比方、举例子、做类比等手段，也包括教师讲求语言表达艺术的渲染作用。

《学记》是距今 2000 多年前的战国末期的作品，是先秦时期儒家教育和教学思想的总结。我们从现存的儒家典籍中可以知道，儒家很重视语言表达，很善于使用生动的表达方式。《学记》作为一篇教育论著，对教育教学艺术有很高的追求。

3. 心理学层面上的"启发式"

《学记》虽然不是心理学著作，但对教育者与受教育者的心理状态颇有洞见。

（1）培养兴趣和动机

《学记》在提倡启发式教学的同时，批评了那些不懂学生心理、不顾及学生学习兴趣的教师只会"呻其占毕，多其讯言，及于数进而不顾其安"，长此以往学生的学习兴趣和信心就会被挫伤。学生把学习视为负担，从而"隐其学"，"疾其师"，"苦其难而不知其益也"。启发式教学可以培养学生学习的兴趣，激发学生的学习动机。

兴趣是促使一个人去做某事的内在动力。《学记》正是强调从学习材料本身出发去激发学生的内部兴趣，"不学操缦，不能安弦；不学博依，不能安诗；不学杂服，不能安礼"。课外不练习缦乐，课内就完成不了乐教的任务；课外不学好声律，课内就完成不了诗教的任务；课外不练习洒扫沃盥等劳役，课内就完成不了礼教。几个简单的比喻，一方面道出了课内外学习相结合的重要性，另一方面强调了"不兴其艺，不能乐学"的道理。兴趣和动机是"喻"的前提，没有学习的兴趣和动机，仅靠

"善喻"难以奏效。①

（2）培养积极思维

思维能力是智力一个重要标志。《学记》把这个问题摆到教学的中心位置。尽管文中没有明确提出思维这个概念，但"教""喻"的概念中蕴含着培养学生思维能力的思想。《学记》说："故君子之教，喻也。"这个"喻"就包含启发诱导学生积极思维。《学记》主张教师对学生要"道而弗牵，强而弗抑，开而弗达"。用今天的话来说就是要善于引导学生，唤醒其学习的内在动力，使他们愉快地主动学习，而不是牵着学生走；要鼓励学生克服各种困难，增强信心，使学习成为一种乐趣，而不是强迫学生就范；要善于提出问题，积极启发学生自己去思考，而不是越俎代庖。《学记》还提出了"时观而弗语"，即要求教师对学生的学习行为进行观察，但不立即告诉学生问题的结论。"存其心"就是培养学生自己用心思考的习惯。在这个问题上，《学记》发扬了孔子"不愤不启，不悱不发"的教学思想。此外，《学记》还进一步提出，教师若能做到"道而弗牵"，师生关系必然融洽和谐；若能做到"强而弗抑"，就有助于学生消除学习上的畏难情绪，积极向上，自强不息；若能"开而弗达"，就能培养学生独立思考的习惯，提高他们的思维能力。这些正是教学获得成功的关键。②

（3）重视个性差异

《学记》对比了"善学者"和"不善学者"。"善学者"在学习上表现为"敬业乐群""博习亲师""论学取友"。能力强表现为"知类通达""强立而不返"，学得多而不失。"不善学者"孤陋寡闻，独学无友。能力弱表现为"贪多务得""轻率勇为""畏难而止"。《学记》的可贵之处在于不仅概括地指出了学生在学习上表现出的这些不同，而且进一步揭示了造成这些不同的原因是学生的"心之莫同"。教师只有通过长期观察，才能了解学生在天赋、才能、兴趣及学习态度等方面的不同，唯有如此才能"对症下药""长善救失"。"君子知至学之难易，而知其美恶，然后能博喻"，说的就是这个道理。此外，《学记》还提出"使人由其诚，教人尽其才"的因材施教原则，主张对学生要视其资质的高下，根据其内心要求和不同个性特点进行教学。只有发扬和巩固学

---

① 陈湘源：《试析〈学记〉的非智力因素观》，载《西南师范大学学报（哲学社会科学版）》，1994(1)。

② 陈宜安：《简论〈学记〉的教育心理学思想》，载《江西教育科研》，1996(6)。

生的长处，弥补其不足，才能使他们的才能和天赋得到充分发挥。《学记》也批评了那些不注意按学生个性心理特征因材施教的教师，其强调根据学生个性差异来因材施教的思想对现在的教学实践仍有重要的指导意义。

（4）重视教师的修养

《学记》强调教师在教学过程中的作用，提出"择师不可不慎"。它还要求统治者尊师重道，不以教师为臣，因为"凡学之道，严师为难。师严然后道尊，道尊然后民知敬学"。教师被赋予崇高的地位，《学记》对成为一名合格教师应具备的条件做出了具体要求，归纳起来有如下几点。

第一，教师必须好学、博学。"能博喻然后能为师。""博喻"指能广泛地启发、诱导、晓喻学生。这就要求教师博学多识，从而"必也听语乎"。"听语"就是要听取学生的发言，根据学生提出的问题进行讲解。教师只有储备了丰富的知识才能博喻。《学记》认为"博学"是教师重要的品质。获得广博知识的途径就是"师勤"。教师只有好学，并有浓厚的求知兴趣，才会积极地去获取新的知识，扩大知识领域，才能在教学中做到"道""强""开""喻"。

第二，教师必须有德。"善教者，使人继其志。"好的教师能够使学生主动地吸取教师的学识才智，仿效教师的言行。这就要求教师不仅要有学识才智，而且要有较高的德行修养，只有这样才能用自己的言行给学生施以深刻的影响。一位品德高尚、知识渊博、热爱学生的教师，必然使学生敬仰、效法，从而自觉地跟随教师求取学问。因此，教师品德高尚是其在学生中树立威信的重要条件。身教重于言教，身教是一种直观、直接的"喻"，师德高尚就是较好的"喻"教。

第三，教师必须有能。具有较强的教学能力是教师应具备的心理品质。《学记》要求教师掌握正确的教育方法和技能。例如，要求教师的语言"约而达，微而臧，罕譬而喻"，指出"呻其占毕"和"记问之学"都不足以为人师；要求教师提问从易到难，"善问者如攻坚木，先其易者，后其节目"；回答学生问题从容不迫，大小得当，"善待问者如撞钟，叩之以小者则小鸣，叩之以大者则大鸣，待其从容，然后尽其声"；教育的成功因素还在于教师掌握了"预、时、逊、摩"的教学原则；等等。①

① 陈宜安：《简论〈学记〉的教育心理学思想》，载《江西教育科研》，1996(6)。

启发式的精髓是启迪灵性

《论语》和《学记》提倡的启发式教育的精神实质是灵性的启迪。灵性是人类内隐的、稳定的心理品质，包括智力因素和非智力因素两个方面。

《学记》十分重视培养学生的学习兴趣、学习动机，要求教师具备良好的心理品质，尤其是师德品质，注意学生的心理差异。《学记》对教师的教学艺术、学识水平也有具体要求。这些都集中体现在启发诱导上。启发诱导的精神实质恰恰是对学生灵性的启迪。

在这一点上，儒家传统的启发与西方的"产婆术"有本质的区别。苏格拉底认为真理存在于每个人的心灵中，教师的任务就是帮助人们认识这种真理。为此他在教学中常用设问的方式提出问题，让学生运用已有的知识回答他的问题。如果学生答错了，他便用暗示性的补充提问来引导，最后使学生得出他认为正确的答案。从认知上看，苏格拉底努力引导学生达到他的认识水平，学生跟着他走，这个教学过程始于教师的提问，止于认定教师的结论。这是以教师为主导的教育。

《论语》《学记》提出的教育思想的着眼点在学生的学习，而不在教师的教导。教

图 2-4　执教《愚公移山》

育家习惯于把教育归结为教育对象的主动学习过程，把教育的研究理解为"为学之道"，把从事教育理解为"治学"。这是以学生为主体的教育。

灵性在课堂教学中的具体表现就是灵感。灵性是人类内隐的、稳定的心理品质，灵感是这种内隐的、稳定的心理品质的外显，表现在课堂上就是教师在处理突发性事件时采取具有突变性措施所取得的一种创造性认识活动。"愤""悱"的状态就是灵感来临的表征，使学生进入"愤""悱"状态就是启迪灵性的过程，教师善喻、罕喻、博喻就是使学生进入"愤""悱"状态的方法。因此，《论语》《学记》提倡的启发式教育既以学生的主动学习为核心，又重视教师的启发教学。

综上所述，《论语》《学记》代表的启发式教育以启迪学生的灵性为目的，以激发灵感为表现形式。灵性是灵感的根本，灵感是灵性的表现形式，中国传统的启发式教育的精髓乃是启迪灵性。

从做法到说法

常言道，行百里者半九十。这里的"百里"是指达到远大目标；"九十"虽然较"百里"仅十里之差，但有人却半途而废了。如果验之以语文教学，教师群体中"半九十"者众，"至百里"者寡。个中原因甚多，但不外乎主观因素和客观因素两方面。教师若对自己的职业生涯有所设计，所谓"约法三章"，或许可"至百里"。

所谓"约法三章"，我认为是指在职业生涯中要有想法、做法、说法，要本着自己的想法去完成做法，在不断重复、改进、创造做法的基础上将其升华为说法，以便让同行借鉴。

想法。一些教师随着教龄的增加，教学水平并未提高，反而增加了职业倦怠感。有的老教师越来越不会教课了，初登教坛的教师存在着不知怎么教的问题。两者一个处在"出口"，一个处在"入口"。根据自己的专业发展，结合接触到的一些个案，我模糊地认识到，处在"出口"者之所以变得糊涂起来，并非老而不智，而是当年在"入口"的时候就处于糊涂状态。克服"入口"糊涂，莫过于本着自己的"想法"展开教学。你身边肯定有"年相若"的，也有"生乎吾前"的，虽然"三人行，必有我师焉"，但人家未必"好为人师"，你要学会师其所长，而不是师其做法。如果人家都是在你入职之前就以糊涂为"入口"的话，你会怎么办？所以，教师必须要有"想法"。这个"想法"并非凭空而来，而是教师首先作为学习者的真实体验。教师必须先成为一名优秀的学习者，凡是要学生会的，自己必须先会，这样就可能产生属于自己的"想法"。将自己的"想法"在教学中得以实施，"想法"就会变成"做法"。

做法。大家都在实施，但并非都是自己的"做法"，很多人在重复着没有"想法"的"做法"。用一句话说就是，干别人的事情，主体不在场。比如，学校要求一个备课组都要统一教案，但有些教案不过是从网上拼凑来的东西，并非针对学情而设计的；要求语文学科也要"周考""月考"，让学生不得已把学习节奏调整到此次考试与彼次考试之间，以致学习节奏被打乱；要求教师全批全改无效试卷，用分数来衡量教师绩效；无视学生的接收能力，盲目抢进度，提前进入中考、高考复习，而且还要复习"三轮""四轮""五轮"，不知道每一轮复习都是吃一次"夹生饭"。诸如此类的"做法"导致群体性糊涂，这是当下普遍存在的并非语文教学独有的现象。

说法。一些清醒的教师从当下违背教育规律的诸多"做法"中走出来，努力矫正不良"做法"，使教学取得了良好效益，形成了自己独特的"说法"。

希望广大语文教师从"入口"开始，就能把自己好的"想法"变成一种有效的"做法"，并在不断实践、调整的过程中将其升华为合乎语文之道的"说法"，在"出口"充满成就感，给更多的同行提供借鉴。

经过十年多的努力工作，1996 年我成为语文组副组长。我的工作重点转移到学科组的建设和青年教师的培养上。做法和说法就不再是我个人的了，而应该是全组的、学校的。

民族化主张：被大讨论淹没的声音[①]

1997 年的语文大讨论促使《普通高中语文课程标准（实验）》对语文学科性质进行了修正性定位，在某种意义上说是人文论者占了上风。一种有趣的现象是，人文论

---

①   张玉新：《民族化方向：语文大讨论忽略了的声音》，载《吉林省教育学院学报》，2010(5)。

者或以上海的《语文学习》为主阵地，或以上海的语文教师为主体；工具论者历史性地以北京的语言学家兼语文教育工作者为主体。

民国年间京剧界对老生行当有一种说法，即"南麒北马关外唐"，这是说海派京剧的代表人物是麒麟童周信芳，京派京剧的代表人物是马连良，关外派京剧的代表人物是唐韵笙。文学界也有过所谓海派作家、京派作家的说法。这里无意将语文教育界与京剧界或文学界比附，只是恰巧在本次语文大讨论中，人文论者多在上海，我们姑且称之为"海派"；工具论者多在北京，我们姑且称之为"京派"。至于关外派，在工具论、人文论交锋的时候，主张语文教育走民族化的道路，持论者多为东北人。

张志公在 20 世纪 60 年代就开始研究传统语文教育，其研究涉及语文教育民族化的问题。但作为专题论文，据查到的文献，是奚少庚的《试谈语文教学民族化问题》（《教学研究》1985 年第 6 期）。其立论的理论依据是邓小平在党的十二大开幕词中指出的："我们的现代化建设，必须从中国的实际出发。无论是革命还是建设，都要注意学习和借鉴外国经验。但是，照抄照搬别国经验、别国模式，从来不能得到成功。这方面我们有过不少教训。把马克思主义的普遍真理同我国的具体实际结合起来，走自己的道路，建设有中国特色的社会主义，这就是我们总结长期历史经验得出的基本结论。"《教学研究》系吉林省教育学院主办的内部刊物，当时影响不大。奚少庚文章的编后话颇能引起人们的思考："奚少庚同志的文章，提出了语文教学改革一个很值得研究的课题，语文教学民族化的含义是什么？究竟怎样做才能实现语文教学民族化？目前语文教学的现状是怎样的？语文教学民族化和传统教学的关系是什么？实现创造性教育和语文教学民族化的关系是什么？怎样处理好语文教学民族化和向外国学习先进语文教学经验的关系？凡此种种，我们都欢迎展开讨论。"奚少庚的文章并没有回答编后话中的绝大多数问题，其可贵之处在于针对当时语文教学之弊，着眼于语文教学的根本，寻求解决问题的路径。此后，他一直研究关于语文教育民族化的问题，曾在《吉林教育》《中学语文教学》等杂志发表专论。

张翼健发表的《必须坚持语文教育的民族化的方向——以识字教学为例》（《吉林省教育学院学报》1995 年第 1—2 期）明确指出："语文教育必须坚持民族化的方向。但我们这里所说的民族化，绝不是狭隘的民族主义与保守的复古意识。相反，开放意识与现代化意识正是'民族化'题中的本来之义。……现代化绝不等于西化，更不是全盘西化。尤其是语言，作为重要的民族特征，在向外国学习时，更须慎之又慎。

我们的现代化建设必须扎根于中华民族的文化，这是汉语文教育必须坚持民族化的重要依据之一。"文章从汉字的特点着眼，具体谈当前汉字教学的问题，提出从三个方面入手改革汉字教学：首先，重新认识汉字的特点与优劣，充分发掘和利用汉字的长处与特殊功能，改进识字教学，提高教学效率；其次，对民族传统语文教育真正下一番硬功夫进行研究，科学地、实事求是地分清其精华和糟粕，充分发掘和利用其中的积极因素并予以改造，使语文教学得到科学发展，教学效率尽快提高；最后，对语文教师素质培养下一番功夫，教育他们做学习、钻研、运用汉语的表率，逐渐转变已经形成的某些语文教育与训练中的错误观念，大胆探索，使语文教学尤其是识字教学在提高效率方面争取有较大的突破。

特别需要指出的是，由张翼健主编的义务教育课程标准实验教科书《语文》（小学和初中共 18 册）从 1988 年开始编写，至 1999 年出齐，先由北京师范大学出版社出版，后交上海教育出版社出版，2002 年开始由长春出版社出版，2006 年教育部教材审定委员会初审通过，2007 年被确定为特色教材。该套教材就是在语文教育民族化理论指导下编写的，以张翼健为首的东北（尤其是吉林省）教育同人的"民族化"主张逐渐得到重视。

《语文教学研究》杂志创刊号（2006）发表的张翼健的《语文教育要走民族化的道路》一文产生了广泛影响，推动了学者对"民族化"主张的深入研究。文章对语文教育民族化的实质内涵做了阐释：完全遵照汉语言文字特点与汉语文学习规律，遵照现代先进教育思想来改造语文教学，以尽快祛除语文教学效率低下的痼疾，加速提升青少年乃至整个中华民族的文化素养，实现中华民族文化复兴的目标。

王鹏伟的《汉语文教育传统与汉语教育的民族化方向》发表于《教育研究》1999 年第 1 期，此文在梳理语文教育的百年异化的前提下提出以下观点。第一，汉语文教育在漫长的历史发展中形成了完备的体系，积累了丰富的经验，为我们留下了宝贵的遗产。继承这笔遗产，将为我们确认世纪之交的汉语文教育方向提供历史参照。第二，21 世纪以来的汉语文及汉语文教育变革有其划时代的进步意义，也有其历史局限性，为面向 21 世纪的汉语文改革提供了历史借鉴，昭示了汉语文教育的民族化方向。第三，面向 21 世纪的语文教育改革必须坚持民族化方向，恢复汉语文教育的民族特色，重新构建汉语文教育的整体框架。

20 世纪 90 年代末，附中语文组广泛开展了语文教育民族化实践探索和理论研究，除了尝试在初中低年级进行韵语识字、背诵古诗活动外，还在全省范围内开展了语文教育民族化讨论。张玉新发表的《语文教育民族化论要》(《吉林省教育学院学报》2003 年第 4 期)系统阐释了为什么语文教育要民族化，怎样进行民族化，民族化的意义是什么；几年后发表的《语文教育民族化的内涵及其功用》(《社会科学战线》2007 年第 4 期)着重阐释了语文教育民族化的内涵。

时至今日，语文大讨论已经落幕，但语文教育民族化的主张日渐声扬。这个曾经被大讨论忽略的声音，逐渐被人们认识到其内在的价值。这其中自然存在语文学科的内在需求与寻根愿望。

应该说，语文教育民族化的主张与工具论、人文论的论争同时出现，但由于语文教育研究长期以来存在本体论研究缺乏、哲学思考肤浅等问题，因此人们特别愿意在什么"性"上苦苦求索。当《普通高中语文课程标准(实验)》把工具性与人文性统一起来后，许多人开始另辟道路追索语文教育的病根，这就自然而然地有了寻根与回归的愿望。工具性只是一个比方，它的对立面应该是非工具性，也就是目的性。语文教育界对人文精神的讨论是在文学、文化界对人文精神的讨论的影响下展开的，那场大讨论并没有形成关于人文精神较一致的认识。工具性也好，人文性也好，在语文教育中本不在同一个逻辑范畴内，因此没办法统一。但不可否认，语文教育民族化的主张，是为了从根本上祛除语文教育的积弊，立意在于构建中国特色的语文教育体系。

民族化之路：语文教育的根本出路

1997 年语文大讨论引发了我的思考：在"工具论"与"人文论"之外，是否还有第三条道路？语文教育民族化不仅是现实的命题，而且是未来的命题。百年来的语文教育是在异化民族优秀文化传统、教育传统的轨迹上艰难跋涉的，因此必须正本清源、返璞归真，重新回到汉语文的特点、文化的原点上来。民族化主张力图在经济全球化的大背景下，在文化多元化的语境中，为民族的语文教育寻找一条出路，使中华民族优秀文化在世界文化之林彰显个性，为中华民族的伟大复兴做出应有的贡献。

语文单独设科已逾百年，虽然语文教育取得了巨大的成绩，但少、慢、差、费的痼疾仍然未能得到根除。为了中华民族的伟大复兴，为了中华文化在世界经济一体化的处境中寻找到一条出路，语文教育必须回归到传统上来，走民族化道路。

教育需要在社会需求与个人需求之间建立桥梁，通过传授文化来培养人，通过培养人来弘扬文化。教育之所以能够产生作用，之所以能够发扬文化的教化价值，之所以能够培养人，是因为教育本身是一种文化解释活动，或者说教育阐释着文化传统。

教育连接传统与现代的方式是把文化传统解释给受教育者，从内容到形式，从意义到价值，从过去到现代，从而使受教育者在理解中与文化传统建立意义关系，受到教化。由于中学生处在成长时期，理解的视野不够宽广，因此教育的解释尤为重要。教师解释文化传统关键在于引导受教育者自主理解，不仅要传授具体的知识内容，把所解释的意义传递给学生，还要揭示传统的价值与内涵，引导受教育者理解传统，获得精神上的发展。教育的文化解释功能使传统与现代人的关系不仅是知识上的关系，而且是价值上和精神上的关系。①

在基础教育阶段，没有哪个学科能像语文学科一样承担起这种教化作用，因为语文教育的目的就是"要充分发挥其促进学生发展的独特功能，使全体高中学生获得应该具备的语文素养，并为学生的不同发展倾向提供更大的学习空间；要为造就时代所需要的多方面人才，弘扬和培育民族精神，增强民族创造力和凝聚力发挥应有的作用"②。

中国语文教育的历史源远流长，仅从可供考证的殷商甲骨文时期算起已有三千余年的历史。古代的语文教育是汇经、史、哲于一体，熔社会科学、自然科学于一炉，集伦理道德、文化知识、自然常识等教育于一身的"大语文"教育体系。学科意义上的语文教育始于清政府颁行的《奏定学堂章程》。中国的近代教育主要学习西方，教育的分科也学习外国。我们的传统教育中没有数学、物理、化学、生物等学科，我们因时而化"拿来"了，可是，对于语文学科的许多东西，我们也忽视、无视自己的所有，也"拿来"了。这些"拿来"的结果，颇值得研究。

---

① 金生鈜：《教育的文化诠释：传统与现代人的中介》，载《现代教育研究》，1999(1)。
② 《普通高中语文课程标准(实验)》，1页，北京，人民教育出版社，2003。

为何要走民族化的道路

什么是民族化？语文教育本来就是民族的，为什么还要民族化？

1. 语文教育民族化的内涵

长期以来，关于民族化的讨论一直众说纷纭。有人把民族化和"民族性""民族精神"等同；有人把它与"民族特色""民族风格"当成同义语；也有人把它解释为"化你为我""化无为有"，用以表示借鉴外来文化；还有人把它解释为继承与借鉴两层意思。我们认为，"民族化"一词同"同化""现代化""绿化"等词语一样，在构词上具有类化性质，词性是动词，具有动词的词汇特点，表示事物变化发展的过程。"现代化"表示把非现代的化为现代的，"民族化"便是把非民族的化为民族的。化，是一个变化、发展的过程。民族，指示着这一过程的方向、目标。[①]

语文教育民族化有两个层面的意思。其一，凡外来的，经过借鉴、吸收、融化，成为本民族语文教育的一部分，促进了本民族语文教育的发展，便是语文教育的民族化。其二，本来是本民族的，可是由于种种因素已经被异化为非本民族的了，必须使它回归，回归便是语文教育的民族化。回归不是复古，而是在否定之后的扬弃。这里阐释的语文教育民族化问题包含了以上两个层面的意思，重点指向第二个层面。

2. 民族文化传统的内涵

传统指从过去到现在所保留的文化内容，从过去到现在的精神性事物，包括伦理规范、价值观念、思维方式等精神文化内容。传统并不意味着过去，它本质上是一种过程，从过去到现在，从上一代到下一代。

传统的内容、价值、意义在历史中不是固定不变的，而是不断完善的，是每一代人必须解释的历史文本。每一代人的阐释就是传统运动与发展的途径。经过人们的阐释，传统必然在人的理解与实践中实现超越。通过人的解释，传统才能展示出有生命的东西，对现代和未来具有价值和意义。"人类的任何发展只能是内在于文化传统的历史性演进。一旦脱离文化的传统，任何善良的设想与行为都有可能获得相反的结果。"[②]

---

① 袁良智：《对"民族化"的界说》，载《北京大学学报（哲学社会科学版）》，1997(3)。

② 高清海、胡海波：《文化传统的当代意义》，载《烟台大学学报（哲学社会科学版）》，1998(1)。

一个民族，不论其大小，都有它本质上的特点。体现在语文教育领域里的民族性便是民族内容（民族心理、民族精神、民族生活）的特性和民族形式（构成艺术形象的民族语言、文体、风格、韵律等）的特性的总和。经过长期的历史演变，这种民族特性逐渐形成文化的民族传统。继承语文教育的民族传统，是教育繁荣发展的客观规律。但对传统的继承并不意味着一成不变地照抄前人。现时的社会生活条件和现时的审美形式总要求我们以批判的态度，从继承中创新，创造出新的民族文化。所以，继承立足于发展，立足于更圆满、更充分地表现我们现代的民族。从这个意义上讲，民族文化并不是僵化的、不能变动的东西。它既是传统的，又是现代的；既具有继承性，又具有发展性。这便是民族文化的本质内涵。

关于传统不断更新与形成的情形，可以用江汉汇合来比喻。长江流到汉阳龟山脚下，汉水从西北方流入长江。汉水入江处激流汹涌，行船要特别小心。但再下去一段，便看不见激流，也看不见哪儿是江水、哪儿是汉水，而只觉得它是浩瀚的长江，顺着自己的河床，有规律地向东流去。长江的河床便是把许多旧流、新流融合在一起的力量。一个民族精神的内容、理想的方向，正如河流的河床一样。谁能认为只有冲垮河床，才能容纳新流呢？谁能认为只有彻底否定维系一个民族的精神、理想，才能容纳新的事物呢？

3. 传统语文教育的内涵

传统中有精华也有糟粕。这里论及的主要是语文教育传统中的精华部分。概括来说，传统语文教育以紧紧围绕汉字的特点、汉语的特点以及学生的认知特点为特征。传统语文教育是一个阶梯式的、循序渐进的教学过程。这个阶梯可以分为两个阶段：初级阶段，以积累、识记典型的语言文字材料为主；高级阶段，以感悟已积累、识记的典型的语言文字材料为主。积累是集中的，感悟是反刍式的，感悟过程是伴随人生阅历的不断丰富而螺旋上升的。

（1）识字教育

识字教育：这是传统语文教育的一个重点。在这方面，前人下的功夫特别大，积累的经验也比较多。最突出的做法是在儿童入学前后用比较短的时间集中教 2000 多个汉字，然后逐步教他们读书。既然是集中识字，首要任务就是把字记住。至于这个字怎么用、怎么写，教师并没有马上提出很高的要求。

集中识字为什么能够实现？这是由汉字的特点决定的。汉字不是拼音文字，学汉字必须一个一个地认，一个一个地记。儿童在认识一定数量的汉字之前，无法阅读。不阅读，不跟语言实际联系起来，识字就失去了意义，识字的成果也无法表现出来。识字的目的是阅读，不识字就不能阅读，识字太少也不能阅读，所以必须集中识字。汉字的表意性特征、少形态变化、独特的字理结构为集中识字提供了可能。再加上《三字经》《百家姓》《千字文》等蒙学读本充分考虑了汉语的四声音律的特点，充分展示了汉语的音乐美感，在促进记忆方面发挥了不可低估的作用，从而促进了集中识字的顺利进行，成为传统语文教育富有活力的组成部分。

识字的继续，阅读的起步：这是传统语文教育注重循序渐进的重要表现。儿童认识了 2000 多个汉字，便开始读《四书》，说是读，其实是背。认识 2000 多个汉字就读《四书》是不够的。读《四书》是用另一种形式识字。

读《四书》既是进一步集中识字、扩大识字量的一种手段，也是阅读的起步。只不过这种阅读是以诵读、背诵为主要形式的。

识记 2000 多个汉字与读《四书》之间存在一个空当，需要弥补。古人的做法是编辑适合儿童的韵语知识读物，充分发挥汉语四声音律的优点。例如，《弟子职》《弟子规》《性理字训》《太公家教》《小儿语》《增广贤文》《蒙求》《兔园册府》《史学提要》《编年歌括》《名物蒙求》等。

这些读物的最大特点就是使用韵语和对偶，整齐、押韵，念起来顺口，听起来悦耳，既合乎儿童的兴趣，又容易记忆。前人大量使用整齐韵语的办法，的确充分运用了汉字的有利条件。对偶跟押韵一样，也是汉字的特点，也有利于儿童朗读、记诵。从言语上说，和谐顺畅，读来上口，听起来悦耳；从内容上说，或者连类而及，或者同类相比，或者反义相对，给人的印象鲜明生动，使人容易联想和记忆。

古代言、文分家，只识字不能很好地读古书。可是《蒙求》之类的韵语书籍，其语言形式是文言，其内容是介绍名物、掌故。儿童在识字的同时记住一些名物、掌故，等到正式读书时，就有了知识积累。可以说，韵语知识读物是跨越白话文与文言文之间那条鸿沟的一座桥梁，在文言时代，有利于儿童从识字向阅读过渡。

（2）读写教育

读写基础训练：集中识字和韵语读物是读写的基础。在这个阶段，一般的做法是开始教学生读《四书》《五经》；配合读经，教学生阅读简短的散文故事和浅易的诗歌，教学生对对子，有的还教学生一点浅近的文字、音韵知识。

　　在阅读方面，从三字、四字的整齐韵语到内容复杂、词句错综的文章，中间仍然需要一个过渡。前人让散文故事担负了这个过渡的任务。散文故事用散体，不使用韵语，不过内容很简单，一则只讲一个故事。名物掌故类的如《书言故事》《白眉故事》，人物故事类的如《日记故事》《蒙养图说》《二十四孝图》《童蒙观鉴》。这些读物大都有插图，有助于引起儿童的阅读兴趣，帮助儿童理解故事的内容。

　　除了阅读散文故事，还应读诗。教材主要有《千家诗》《训蒙诗》《神童诗》《小学弦歌》等。诗歌除了读起来朗朗上口，便于大声诵读之外，还可以启发学生想象，让学生积累典型的语言文字材料，为将来的写作打好必要的语言基础。

　　在写作方面，这个阶段开始教学生对对子——属对。属对练习是一种不讲语法理论而实际上相当严密的语法训练。经过多次练习之后，学生可以熟练掌握词类和造句的规律，并且将其用于写作。除了语音训练、词汇训练、语法训练的作用之外，属对还有修辞训练和逻辑训练的作用。属对训练所蕴含的传统语文教育的精华值得我们研究。

　　阅读、写作教育的深化：这是在积累了典型语言文字材料的基础上的感悟阶段。

　　阅读方面：阅读训练的范围以经书和古文为主，辅以诗赋、时文。阅读训练的原则是文道结合。阅读训练的方法是熟读、精思、博览。阅读的教材是古文选注评点本，教师往往不定某一本，多本参选。

　　写作方面：作文训练的原则是"词""意"并重（义理辞章并重）。作文训练的步骤是先"放"后"收"（首先鼓励学生大胆地写，等有了一定的基础后再要求精练严谨）。作文训练的方法是多作多改或多作少改（多作指多写成篇的文章；多改指自己多揣摩自己的文章，勤加修改，是自改；少改指教师不要把学生的文章改尽，要留有余地，保护学生的写作积极性和自尊心）。①

　　（3）语文教育异化的轨迹

　　语文在 20 世纪初成为一门独立学科。1903 年清政府制定《学务纲要》，公布《奏定学堂章程》。小学设立了"中国文字"课，高等小学和中学设立了"中国文学"课。1907 年清政府公布《奏定女子小学堂章程》，规定教授科目中单设国文科。1912 年民

---

　　① 　张志公：《传统语文教育初探》，136 页，上海，上海教育出版社，1962。

国政府根据《壬子学制》颁布《中学校令》，规定在中学设立国文科。1931年以后公布的课程标准规定，课本由清末全选文言文转变到五四运动以后文言文和语体文兼选，进而又发展到以语体文为主。1946年出版的陕甘宁边区教育厅编的《中等国文》强调，国文教学的基本目的是对于汉语汉文的基本规律与主要用途的掌握。这个阶段的国文教学开始确定国文科作为中等教育一门基础学科的地位，这一时期是语文学科教学创立和奠基的时期。

1949年，华北人民政府教科书编审委员会选中小学课本时，根据叶圣陶的建议，将小学的"国语"和中学的"国文"统称为"语文"。新中国成立以后，语文教学和语文教材在前一阶段的基础上经历了多次改革，取得了一系列重大成就：1956年实行文学和汉语分科教学；1961年第一次提出语文教学具有三方面任务，即提高语文水平、提高思想水平和丰富文化知识；1963年新编语文教材第一次明确提出"语文是学好各门知识和从事各项工作的基本工具"，并将培养学生"正确理解和运用祖国语言文字"定为语文教学的唯一任务，这对以后语文教学的研究和改革影响深远。这是第二阶段，可谓发展阶段。

20世纪80年代初，教法探索沿着启发式的思路，寻求使学生能够"生动活泼地主动得到发展"的途径。实践中出现了一个口号：学生为主体，教师为主导，训练为主线。为此，学者又从不同方面进行了纵深的探索：在教与学的关系方面——提倡自学，把教师的作用命名为"导读"；在语文课与母语环境关系方面——提出"大语文教育"的主张；在教材编写方面——力求在课文中体现"训练"的轨迹。这个阶段体现出对语文教育由术到道的追求。这是第三阶段，可谓新发展阶段。

设科至今，"语文"还是一个未经规范的普通名词。《汉语大词典》（1990年版）给"语文学"做的解释为："偏重从文献和书面语的角度研究语言文字的学科。包括文字学、音韵学、训诂学、校勘学等，广义的语言学也包括语文学。"当然。语文学科并不是语文学，不过这个解释认为语文学的研究对象偏重于文献和书面语，对基础教育阶段的语文教育具有启发意义。也正因为语文是一个未经规范的普通名词，所以人们对语文尚存在不同的理解。

语文不等于语文学科；语文学科不等于语言，不等于文学，也不等于语言加文学或口语加书面语。把语文学科定义为工具学科或者工具学科加人文学科的提法已经引起了一些人的批评。

百年语文教育从古代走向现代，功绩是不容置疑的。但是，从单独设科起，甚至在此前，语文教育就存在着一条异化的轨迹。

黑格尔是从人的本质的丧失这个意义上理解人的异化的。他认为，人的本质的丧失，即人与其所创造的客体的分离；人的异化就是本来是由人所生产和创造的应当属于人的东西，不再属于人，反而成为异己的、与人对立的和反对人的东西；要克服异化，就必须重新占有人的本质，把异己的东西重归己有，实现人与其所创造的客体的统一。百年来语文教育异化的本质，在这里指的就是走向语文教育民族传统的反面的事实。

第一，从时间线索上看，鸦片战争以来的"中体西用"之西化，五四运动以来的全盘西化，中华人民共和国成立以来的苏化，改革开放以来的再度西化，这是语文教育百年异化的基本轨迹。梁启超把西学东渐分为三个阶段：第一阶段，从器物上感觉不足；第二阶段，从制度上感觉不足；第三阶段，从文化根本上感觉不足。于是有了新文化运动。这场运动对中国固有文化的冲击是猛烈的，既有资产阶级文化思想对中国旧有的文化思想的否定，又有无产阶级文化思想对原有的封建文化思想以及资产阶级文化思想的批判。

第二，从教育内容上看，至少存在以下几个方面的异化事实。一是语法的异化。19世纪末期，中国语法学的开山之作《马氏文通》问世。它是在模仿拉丁语语法的基础上建立起来的汉语语法。它最大的模仿是硬要汉语的词类与句子成分一一对应。可是汉语词类无形态变化，也就是一个实词往往可以充任多种句子成分。为了维持成说，又提出"字类假借说"，并为名词、代词设立"位次"；还根据西方语言一个句子只有一个动词作谓语的特点，认为汉语一个句子也只能有一个动词作谓语，于是仿照西方定式动词和不定式动词之分，又有了"坐动""散动"的说法。马建忠认为，"各国皆有本国之葛郎玛（grammar）大致相似，所以者音韵与字形耳"；认为各国语法基本相同，处处比附西方语法抹杀了汉语的不少特点。[①] 尔后的现代汉语语法日趋欧化，直至今天，汉语语法教学体系仍未脱西方语法体系的窠臼。一些学者甚至把这种欧化的现代汉语语法原封不动地移植到中学文言文教学和大学古汉语教学中，

---

① 龚千炎：《中国语法学史》，45页，北京，语文出版社，1997。

流弊日深。① 二是文字的异化。19世纪末期，卢戆章受罗马文字的影响，首倡"切字音运动"。他认为"切字音"是西方文化发达的原因之一，我们不必"自异于万国"。但他并不主张废除汉字，而主张"以切音与汉字并列"。后来的五四运动主张废除汉字。鲁迅撰文《人生识字糊涂始》，瞿秋白也是废除汉字运动的中坚。中华人民共和国成立后，更是把汉字拼音化定于一尊，主张汉字改革要走世界共同的拼音道路。② 三是阅读教学的异化。传统语文教育中的阅读篇章许多是文言文，形成了重积淀、重修养、重诵读的特点。五四运动摧毁了文言文的世袭地位，又使现代汉语的欧化成为一种时尚。教材选篇使语体文成为主体，在教材阵地上传统文化的传播遭到颠覆。至于阅读教学，更是重分析，重信息筛选，重阅读技巧，从根本上轻视读——对语言文字材料的占有、涵泳，强调练，或曰轻"道"重"技"，舍本逐末。四是作文教学的异化。既然颠覆了中国自古以来固有的文体，引进了所谓记叙、说明、议论文体，写作当然也就按照以文体训练为主线、以思维训练为重点、以观察能力为中心一路跑下去，科学主义泛滥，工具理性独尊，独抒灵性的传统被阉割。再有就是作文教学没有准绳，小学、初中、高中一气写下来，最后还是不会写文章。

第三，从教育观念、教育方法上看，鸦片战争以来的改良传统，五四运动以来的彻底反对传统，都表现为对传统文化缺失信心。例如，光绪中叶之后，随着维新变法的浪潮，蒙学教育逐渐发生了变化。到了光绪末年，以前的做法完全被废除了。其中集中识字和韵语识字的传统也相继被废除。民国以后，传统的做法被进一步抛弃，产生了"狗，大狗，小狗，大狗叫，小狗跳"，"小小狗，快快走，小小猫，快快跑"这样的语句。再如，20世纪20年代杜威的实用主义教育思想对中国教育的影响。他主张以经验为基础，以行动为中心，忽视了系统知识，偏于急功近利，夸大了教育功能。"儿童中心主义""教育无目的""学校即社会""教育即生活"等观点抹杀了学校和教师的特殊职能，否定了课堂和教科书的特定作用，使学生无法掌握基本的系统知识和技能，降低了教育质量。

又如，中华人民共和国成立之后，教育模式上倒向苏联，尤其是凯洛夫的教育学对中学语文教育的影响至今未被消除。如今许多语文教师在课堂上还是运用背景

---

① 王鹏伟：《汉语文教育传统与汉语教育的民族化方向》，载《教育研究》，1999(1)。
② 王鹏伟：《汉语文教育传统与汉语教育的民族化方向》，载《教育研究》，1999(1)。

介绍、作者介绍、段落大意、中心思想、写作特点这一套。

以上简要列出的百年来语文教育异化的轨迹，并非否定语文教育的巨大成就，只是针对语文教育的不和谐因素提出问题，目的还是使语文教育健康发展。

如何走民族化的道路

语文教育走民族化的道路的总原则，是批判地继承。构建语文教育民族化的理论体系必须充分发掘传统语文教育自我转化和转型的内在潜能。切实的办法是返回中国历史文化的原点。因为一种语言现象、一种文学现象、一种历史现象、一种社会现象往往隐含着原点的基因，这种基因对于解读这种现象的文化密码往往具有某种程度的价值。"返回原点"并不是目标，而是为了创新，为了走向现代。也就是说，要通过对中国传统语文教育密码的解读，建立自己的理论立足点，从而探讨和创立具有中国特色的语文教育体系。

当然，必须对语文教育传统的精华、糟粕进行分离，剔除糟粕。然而，糟粕与精华往往互生共存，你中有我，我中有你，难以区分，因此这是一项十分艰巨的工作。

具体操作是有选择地拿来。教育不是毫无过滤地接受和继承文化传统，而是重构传统、建设传统或者是在打破传统的过程中发展传统，使培育的人能够适应并创造现实和未来。每一个时代的教育对文化的价值阐释都带有时代性，故步自封要不得，万事皆备于我的思想要不得。他山之石，可以攻玉，我们还可以引进外国文化的结构和格局以丰富自己。

要明确小学、初中、高中阶段的任务，按照循序渐进的原则规划教育目标，按照阶梯原则操作。小学阶段以必修课为主，适当开设语文活动课；初中阶段必修课、选修课参半；高中阶段以选修课为主，以必修课为辅。

目前语文"双基"的提法存在偏差，应该重新界定所谓"双基"。比如，基础知识——字、词、句、章、语、修、逻、文，大学中文系每一个字至少能开一门选修课，而中学培养的不是大学中文系的预科生；基本能力——听、说、读、写，听、说两项能力并不仅仅是学校培养的，生活环境是听、说的课堂，其他学科也是听、说的课堂，听、说并不为语文学科所独有，这一点传统语文教育界定得非常明确。

若论语文基础知识，我们认为对 3500～4000 个常用字、次常用字的识记、使用

(包括书写规范)才是语文学科的基础知识。学校的语文学习是从识字开始的，任何一步的语文学习都以字为最基本的要素。若论语文基本能力，读、写才是语文学科的基本能力。学校学习是书面语的集中学习，包括阅读、写作。听、说并不是从学校开始的，母语学习也不是从学校开始的。

我们把从小学到高中的语文学习分成三个阶段、六个阶梯。

1. 第一阶段：以学习语言文字、阅读语言文章为主

小学阶段，分为两个阶梯。

第一阶梯：一年级至四年级，以集中学习语言文字为主，力求掌握 3500～4000 个常用字、次常用字，为将来的阅读学习打下扎实的基础。学习方法以韵语识字为主。教材选用"三、百、千"等传统的蒙学读本或现代选本中的古典诗词等。汉字是表意文字，是形、音、义的统一体，负载的信息量大。儿童的记忆特点是先记忆后理解，先整体后局部，他们非常容易记住汉字的字形、字义。一旦过了识字的黄金期，识字效果就会降低。成人在识记汉字时，往往是大致能推断其意义，但查字典找到读音后不久就忘了。《学记》有云："时过然后学，则勤苦而难成。"这句话用来说明汉字的学习较为恰当。

第二阶梯：五、六年级，以集中学习文章为主，以巩固识字成果。学生从五年级开始阅览大量文章，可以养成阅读的习惯。现行小学教材在文章层面无法满足学生的阅读需要，量少，难度低于学生的理解水平。教师应该及时补充大量的阅读材料，注重情节性、趣味性。

2. 第二阶段：以学习语言文章、阅读文学作品为主

初中阶段，分为两个阶梯。

第三阶梯：七、八年级，以学习语言文章为主。主要解决阅读量的问题，注重不同文体文章的阅读，在阅读中学会整体感知文章，体会文章的写法特点、结构特点、写作思路等。

第四阶梯：九年级，以学习文学作品为主，为学生的精神发展奠基。在文学作品中体会真、善、美，区别假、恶、丑。文学的社会教化作用不可被低估，因为其对学生人生观的形成有重要作用。

3. 第三阶段：以学习语言文学、感知语言文化为主

高中阶段，分为两个阶梯。

第五阶梯：高中一、二年级，以深化对各种体裁的文学作品的学习为主，广泛接触古今中外的优秀文学著作，培养文学鉴赏能力和审美情趣。

第六阶梯：高中三年级，感知语言文化，初步涉猎人文学科的学术常识，阅读人文学科的普及性读物，构建自己的思想体系、价值观，了解基本的学术规范，初步形成研究能力。

关于文化，我们赞成张岱年、程贻山的定义："文化是人类在处理人和世界关系中所采取的精神活动与实践活动的方式及其所创造出来的物质和精神成果的总和，是活动方式与活动成果的辩证统一。"[①]

以上三个阶段、六个阶梯就是我们的语文教育民族化理论关于语文教育阶段阶梯划分的基本观点。我们认为，语文学科的属性应该是文化性，如果从文化观上回顾语文教育的阶梯，那么每一个阶梯都在文化属性的范畴之内。从文化本位出发进行语文教育，合乎语文教育的传统，也是转型期语文教育的要求，更是构建中国特色语文教育体系必须关注的问题。

语文教育民族化的意义

中华民族历史悠久，文化灿烂。如此悠久、灿烂的文明得以延续，得力于优秀的教育，尤其是母语教育。1902年，我国引进了西方近代学制和百科全书式的课程模式。中华人民共和国成立以后，课程、教材一度模仿苏联，脱离了中国的实际。随着国际教育改革大潮中诸多流派、模式的交流和碰撞，我们开始意识到国民义务教育的推行和学校课程的民族化，尤其是语文教育的民族化，成为教育改革中不可阻挡的历史潮流。

1. 彰显在重塑民族精神上的优势

语文教育民族化的实践意义在于探索矫正当前语文教育积弊的具体措施，为面向未来的语文教育提供可资借鉴的参考；理论意义在于促进语文教育理论研究形成多元化态势，促进语文教育理论与语文教育实践相结合，为构建中国特色语文教育体系提供论据。

---

① 张岱年、程宜山：《中国文化与文化论争》，2页，北京，中国人民大学出版社，1990。

（1）语文教育独特的教化功能

语文教育作为传授传统文化的有效媒介，其担负的社会教化作用在基础教育阶段是其他学科不可比的。要使通过民族化的语文教育继承和发扬中华文化的优良传统，在多元文化碰撞和经济全球化的背景下，使中华文化在世界化的同时保有自己的特色，就必须回顾历史。回顾过去不是目的，目的是面向未来。强调教化功能是中国传统教育的特质之一，古代的语文教育秉承着这一传统。例如，文道统一的教育哲学思想把知识教学与道德教育融为一体，形成知德论，这就是语文教育的教化功能的重要表现。

（2）语文教育内容的特质

语言形式里面蕴含着丰富的民族文化精神，这种精神是中华民族数千年的历史积淀，闪烁着一个文明古国的光辉和智慧。古文承载着重要的、可贵的民族文化精神，是帮助学生了解民族文化、提高文化素养、陶冶思想情操、弘扬民族文化精神的重要载体。了解民族文化，增强民族意识，提高民族自信力，关键是重视民族精神。语文教育的内容属于民族传统文化，有助于探求民族化的社会文化历史基因和特殊规律，唤醒人们的寻根意识，传承和活化民族文化传统。语文教育把本民族特有的价值观念、思维方式、民族语言、风俗习惯传递给新一代，从而使得在民族文化土壤中成长起来的新一代对本民族具有强烈的归属感。

2. 梳理关联的范畴

对待传统文化，不能敝帚自珍，也不能妄自菲薄；对待外来文化，不能生搬硬套，也不能拒之门外。对待语文教育民族化，要厘清相关范畴。

（1）民族化与国粹主义

从所谓"中学为体，西学为用"开始，就有人把中国的传统思想和体制中的糟粕与中国文化的精华共同当作不可更改的法宝。这种无视传统文化中精华和糟粕共生的事实的国粹主义者在五四运动时期形成了一定的气候。但是，国粹主义不是我们主张的民族化。国粹主义把传统当作僵死的、一成不变的封闭系统，而我们主张的民族化是一个动态的、开放的系统。国粹主义是站在现实向后看，是古非今；我们主张的民族化是站在现实向前看，当然，也回头向后看，但并不是古非今，也不是今非古。也有民族化论者主张民族化就是恢复到先秦两汉，把传统文化当成文化构建的唯一动力，把一切非民族固有的东西都看成文化构建的阻力，认为民族化是修正主义的民族化。从这个意义上说，我们主张的民族化是一种胸怀、气度。

另外，如何保护本民族文化，已引起世界各国的高度重视。为了避免"文化同质现象"，近年来，在一系列相关的国际会议上，各国代表纷纷呼吁要保持语言和文化的多样性，保持本民族优秀的文化传统。一些国家开始行动起来。例如，法国敦促成立欧洲多媒体产业，以保护民族文化遗产，并指出在政策上应给予一定的倾斜。日本在意识形态上开始警惕起来，如加快本国信息化建设进程。这些保护民族文化的做法、主张，同国粹主义狭隘的民族主义在本质上是不同的。

（2）民族化与现代化

与语文教育民族化动态同构的语文教育现代化是当今世界课程改革的重要特征，也是构建语文教育民族化理论体系不可回避的问题。在教育领域中，现代化至今还是一个未经规范的范畴。有人把现代化释义为西方化、国际化，有人把它与民族化对立起来。例如，"五四"反传统思潮极力凸显传统文化的缺陷，有意渲染传统文化，尤其是儒家文化与现代化的冲突和对立；新儒家努力显扬传统文化的优点和长处，挖掘传统文化走向现代化的内在潜力。从小范围看，他们演的是对台戏；从中国现代文化构建的大背景下观察，他们演的是双簧。"五四"反传统人士十分重视中西之间的时代落差，认为西方文化是现代的，中国文化是古典的，中国文化必然为西方文化所代替，西方的现在就是中国文化的未来。在这一思想的指导下，他们得出了彻底反传统和全盘西化的结论。新儒家过分看重各文化之间的种类差别，所以他们非常爱惜民族文化，担心外来文化输入会使中国变为文化殖民地，主张抵御外来文化。实际上，文化是时代性和民族性的统一。时代性表明现代化是世界上所有民族共有的历史趋向和理想追求，民族性表明任何一个民族的现代化都有独特的演进方式和不同的展现形态。全盘西化，以西学"吃掉"中学是不切合实际的；以中学吞并西学、统率西学，乃至主宰世界更是空想。从时代性的角度讲，现代化是中国的唯一出路；从民族性的角度讲，中国的现代化具有独特的演进方式和展现形态。①

教育是一个国家或民族精神命脉延续的基础。教育的现代化包含着教育为现代化建设服务和教育自身现代化双重含义。前者要求教育为我国社会主义现代化建设

---

① 颜炳罡：《五四·新儒家·现代文化建构》，载《文史哲》，1989(3)。

服务；后者要求改革教育体系，更新教育观念，改进课程与教学以及充分运用现代化的教育手段培养现代化人才。这里重点指向后者。

教育的现代化不是西方化，这是人类历史实践的重要认识成果。在现代，任何国家或民族的教育现代化必然受国际因素的影响，但是这种影响只有通过本民族的进步、发展和创新才能表现出来。虽然一个民族教育的现代化须经过不同的阶段，但只有根据自身特点，在世界大家庭的熔炉中才能创造出具有自身特色的教育思想和实践体系。现代化必须通过一定的民族形式才能实现。因此，我们认为民族化与现代化是对立统一的整体。若没有教育的现代化，教育的民族化就没有同化的客体，成为无源之水，当然谈不上什么民族化；若没有民族化，教育的现代化就失去了发展基础、背弃了正确方向，就无法顺利进行。

从语文教育的角度看，民族化是着眼在传承和活化民族文化传统中实现民族传统课程文化的现代化的，语文教育的现代化是在文化反思和文化重构中实现现代课程文化的民族化的，课程现代化寓于民族化之中。只有站在现代化的制高点来审视传统，才能使传统在现代化中发挥其新的作用。

(3)民族化与多元化

民族传统是开放的、动态发展的，民族化也是一个动态过程。中华民族的文化传统、教育传统，从其历史成因上看，本来就是多元化的。中国是一个多民族的国家，中国的文化是以汉族为主的多民族文化的融合，又是不断吸取外来文化而形成的具有自身特点的文化。中国的传统教育以儒家为主，也包括道家、墨家、法家等。

以中国近现代教育发展为例，在晚清"废科举，兴学校"之后，先学习日本和德国，再学习美国；中华人民共和国成立后，学习苏联；在改革开放的大潮中，引进西方教育思想。中华民族以宽广的胸怀接纳外来文化，彰显着我们民族的气度。

面对经济全球化的潮流，我们顺应它，利用它来推广中国文化，从而与国际接轨。

当然，在处理民族化与多元化的关系时，如果处理得好，就能促进文化教育的发展；如果处理得不好，就会阻碍文化教育的发展。如何处理好这些关系，已成为亟待解决的问题。正确的态度是外为中用，走现代化道路。我们不能闭关自守、故步自封，也不能囫囵吞枣、食而不化。我们必须在保持民族文化特点的前提下，走世界文化多元化发展之路。这样才能在世界竞争中彰显个性。

3. 明确理论体系构建的维度

在经济全球化时代，我们面临着全新的挑战与机遇。我们既没有必要惊慌失措，也没有理由盲目乐观。以外来文化取代本民族文化只能导致中国文化特征的丧失；反之，过分强调本民族文化，一味排斥外来文化，也容易滋长狭隘的民族主义情绪，其结果必然使我们的对外文化学术交流停滞甚至倒退，进而给我们和平、稳定的外部环境蒙上一层阴影。[①]

（1）语文教育哲学的民族化

民族教育哲学理论长期被轻视，语文教育民族化理论"营养不良"，使语文教育教学在异化民族优良传统的轨迹上越走越远。在语文单独设科的百年中，西方教育理论精粹一到中国容易变得面目全非，不能发挥科学的引导作用。其原因主要是忽视了教育理论可行性的文化适应前提，即一种教育理论产生、发展、推行都要有与之相适应的文化土壤，要有涵化这种教育理论的文化心理背景，这样才能真正为人所接受与采纳。中国语文教育的根本改观，要从自身的教育文化改造做起，教育的内在转型也只有在以自身传统文化为基本动力的前提下，才能实现真正的教育转化与演进。这就是建立语文教育民族化的教育哲学体系的意义所在。语文教育哲学是语文教育的认识论系统，是语文教育顺利进行的精神文化层面的支柱。此柱不立，语文教育民族化体系的大厦不成。语文教育哲学体系的构建，要求必须对传统哲学、教育哲学、文化哲学进行扬弃。

（2）语文教育课程理论的民族化

课程改革是世纪之交各国教育发展和改革的一项系统而又复杂的工程，是一个国家和民族的教育哲学、文化价值标准、学校体制、教学模式及评价程序实现规范性整合的指示器。课程改革在本质上是在文化选择中培养和造就一代适应现代化社会的文化新人。我们应努力探求现代课程科学的价值观、模式观和评价观，在对传统课程的文化选择和文化重构中实现课程的现代化。

课程是一种独特的文化模式。就课程文化的功能而言，课程文化本质上是传递、交流、重构和创造文化的高级文化体；就课程文化的内容而言，课程文化是科学文

---

① 王宁：《全球化时代的文化论争和文化对话》，载《东方文化》，1999（4）。

化、道德文化和审美文化交融渗透的复合体；就课程文化的形式而言，课程文化是一个开放有序的教育文化模式，是多元文化的交汇处和结合部。①

（3）语文教育策略的民族化

传统的语文教育策略在很大程度上显示了文化传承的有益经验。今天我们要构建语文教育民族化的体系，必须挖掘传统语文教育的方法、策略，继承在今天还适用的精华部分，改造那些可以为我所用的，剔除糟粕。传统语文教育的方法、策略都是针对汉语的特点形成的，容易被我们在心理上、认知上、情感上接受。只有发挥其内在转化的潜能，才可能使其成为语文教育现代化的促进力量。

以上三个方面都是从对传统的继承方面论述的，是古为今用。此外，我们也必须参照国际文化开放、多元的趋向，探求语文教育现代化的文化价值取向和共同规律，构建现代化语文教育的价值观、模式观、评价观等理念，从而构建中国特色的语文教育体系。

综上所述，我们应有的正确态度是顺应国际潮流，与之沟通对话而非对立。对话得以进行的物质条件是自己的文化底蕴和鲜明特色，如鲁迅所说，民族的才是世界的。在当今社会，广大语文教育同人通过对话与沟通，共同构建语文教育民族化体系，让它与世界教育对话，让它走向世界，让世界进一步了解它。

“原生态”教学观溯源

我的生活经历与职业生涯高度重合，用“涉世未深”来描述我的经历恐怕都有点夸大，因为我一直在学校的大门里，几乎还没有“涉世”。

“不要把鸡蛋放在同一个篮子里”，在经济领域这肯定是真理；但在我的生活经历和职业生涯中，却未必是。我把生活与职业都放到了同一个篮子里，还自以为比分别放到不同的篮子里收获丰硕。“原生态”教学观就是我唯一的篮子里的重要“物件”。

---

① 谢登斌：《跨世纪课程现代化与课程文化新思维》，载《广西师范大学学报（哲学社会科学版）》，1999(1)。

"原生态"教学观孕育的温床

贫乏的生活经历也是一笔财富。从少年到青年的经历，概括起来就是虽然物质贫乏，但没有任何束缚，因此可以放任自流地发展自己的个性。这固然存在走偏的风险，但我并没有走偏。我在生活中适应能力强，在彰显个性的同时表现出了对既定环境的优化。

我凭借努力不断改善物质生活条件，但我始终没有把物质追求放在首位。我率真、耿直，这是性格中最稳定与突出的特征。在任何场合都敢于直言，不懂得顾及别人的感受，这肯定是不成熟的标志，但是这样的不成熟也被执拗地保留下来，并张扬到了极致。我虽然因此遭受了一些坎坷，但与成长相比，代价是值得的。我因为一直在校园里，没有"涉世"的经验，又总是坚守着率真、耿直，所以把人际关系弄得很简单。这倒是一种偏得，眼中、心中只有简单、率真。虽然陌生人、不熟悉的人是难以理解的，但在长时间的相处中，这种性格特征往往能得到公正的评价，甚至喜欢。在与人相处中坚持个性，虽本质上与人为善、替人着想，但在言语上却常常桀骜不驯，这就是我的"原生态"生活。

珍惜能得到的所有资源，充分利用，物尽其用，这是我对外在环境的态度；坚持自己率真、耿直的个性，坚信把"己所欲"，尽量恰当地"施于人"，这是我内在人格的追求。

"原生态"教学观脱胎的"产房"

30多年的教学经历是教研结合的过程。我越来越清晰地认识到，要将自己认可的合乎语文教学之道的"想法"落实到"做法"上，再不断地把"做法"上升到"说法"。这种意识很强烈，贯穿于教学与教研的始终。

1."蒲柳之姿"难授"桃李之教"

如果利用得当，自卑也是一种动力。附中的生源条件极好，在相当长的教学生涯中，我都觉得自卑，我的"蒲柳之姿"怎能授"桃李之教"？我从来不敢说"得天下英才而教育之"（《孟子·尽心上》）这样的话。我不是英才，怎能育出英才？所以，除了刻苦努力，我别无选择。

幸运的是刚毕业我的师父李光琦就告诉我，要"长能耐，立规矩"。他当时是不经意地"戏说",但被我奉为专业发展的"六字真诀"。自身资质一般,又有个性,没有绝活儿怎能立足?

对现状的认识促使我以研究文本为重心。学生都太聪明了,我比人家强的一点点,就在于我是中文专业毕业的"职业"教师,除此我可能别无优势,而这个优势弄不好也恰好是劣势。在对课文文本的理解上,学生不比我差。在课堂上,你如果不能令学生信服,学生虽然不会对你表示言语上的不满,但可能公然在你的课堂上做数学题,看别的学科的书。

我必须进一步积累学养,把在大学期间养成的读书习惯、在工作中积累的治学经验派上用场。要让自己脱胎换骨是当务之急。而我当时认识到的脱胎换骨仅仅是从自身的学养开始,这虽然远远不够,但也不吃亏。

我迫使自己划定底线:绝不要因为自己从中文系毕业,为了显示自己比学生强,便用大学中文系的学科话语来云山雾罩地蒙蔽学生,以此得到一点点可怜的自尊。我必须用他们熟悉的、生活化的语言告诉他们一些东西——这正是我的"原生态"教学观的肇始。

2. 教学生学会的自己要先会

张翼健曾经在一次会议上说:"培养学生的创造力,教师首先要有创造力。"我正在现场,对此话深有所悟:使学生会的,自己首先要会。这与我给自己定下的指标——"是骡子是马拉出来遛"暗合。教给学生的东西,自己必须先会,自己首先要成为一位"明师"。至于能否成为"名师",这全看"明"的速度、深度、广度。从"明"到"名"需要艰苦的努力。

我们要教会学生什么?学科规定最基本的就是读写综合能力。关于读,我的积累都围绕这一方面,效果不错。在读的过程中,我不断扩展范围,但都围绕课文选文,见效快。读书,成为读者,才能体会学生的感受。

关于写,受个人狭隘经验的局限,在大学期间我就很看不上写作。那时我认为写作不是真本事。这种狭隘认识的直接后果就是在大学期间我没有形成较好的写作能力。可是现在我要教学生写作,自己不会怎么教别人会?除了跟学生一起写"下水文",别无捷径。

一些教师曾经不无夸张地说,当年附中语文组有"八大金刚",每个人都有自己的绝活儿。他们住单身宿舍时,经常指定一个题目,大家马上就写,然后相互赏鉴、评点。我十分陶醉于老一辈的这种雅好，便暗下决心补上大学时褊狭陋见给自己造成的写作能力欠缺这一课。

3. 努力成为教学的多面手

具备了较为扎实的读写功底，未必就是一名合格的"明师"，因为自己具备了能力与教会学生具备这种能力是两码事，从自己会到教学生会是一个复杂的过程。这就要求教师在具备基本的学科素养与学科能力的基础上，懂得学科教学的艺术，合理运用教学艺术要以不可或缺的技能为前提。我把教学技能分成"外功"与"内功"。

"外功"是我看重的教学技能。语文老师给学生最直接的影响是什么？在我的语文学习过程中，高一年级的一位语文老师讲《荷塘月色》时给我们声情并茂地朗读过这篇文章，这给我留下了深刻又美好的印象，这堂课也是我十多年语文学习印象最深的一堂课。由此我坚信，我如果也在自己的语文课堂上给学生朗读，学生也会喜欢。教学实践证明了这一条。当然，我不是专业播音员，没有专业人员那样的技巧，我的嗓音也可能不算好，可是，在课堂这样的特定情境中，针对特定的文本，面对特定的对象，只要能够把理解读出来，就会受到学生的喜欢。在自己的课堂上重视朗读不用说，2006年我参加中国教育学会中学语文教学专业委员会组织的"特级教师西部行"活动，在西宁市一中执教《赤壁赋》。这堂课就是以读代讲，朗读占了一节课的70％以上，这堂课还算成功。

你无意间看到一位字写得非常漂亮的人士，你一问，原来他的语文老师的字写得特别好，他就去模仿，想得到老师的青睐，就特别在意自己的字，就开始临帖，终于也写了一手好字。我非常遗憾没有福气遇到这样的语文老师，我的字至今也不像样子。每当讲起这个话题，我都要先检讨自己。当年上公开课，总要请写字好的老师写一遍板书，然后我临摹，总是临时抱佛脚，终不成规矩。但我深刻认识到一手好字对于语文教师有多么重要。看着张翼健给我留下的《老子》墨宝那娟秀的行楷，我越发认识到字写得漂亮的重要性。

演讲能力有多重要，现实生活中有多少时间用得上演讲，这且不说，语文老师总要有渲染能力吧，总要把事情说得活灵活现吧。所以这里强调的演讲能力，突出的是现场渲染能力。

综上，用普通话声情并茂地朗读，写一手漂亮的字，能生动地演讲，这是语文教师的"外功"。有了这几项拿手的功夫，可以让你的教学富有艺术性，应对70％的教学状况。

有了这几项技能，我尝试上不同的课型，力图做语文教学的"多面手"。

语文学科的课型相应地大致可以分为阅读课与写作课。阅读课又可分为古诗文阅读与现代文阅读（包括外国文学作品，因为是以现代文方式呈现的，所以也归到这里）。

1989 年 9 月，我参加长春市最佳课、优秀课评选。评委到学校听正常进度的课，正好赶上我讲《祝福》。我向张翼健讨教如何上课。他告诉我，最好的教学方法就是从课文的任何一个角度入手都能把课文讲圆了。此时我刚刚教了四年多，但对此深有感触且深以为然，这表明我从文本入手的个性化解读没有白做。

盘点一下，我当中学教师上的第一节课是《天山景物记》，上的第一节校级公开课是《〈呐喊〉自序》，上的第一节市级公开课是《祝福》，上的第一节省级公开课是《过秦论》，上的第一节东北三省的公开课是《议论文立意训练——逆向立意》。上过的公开课还有《察今》《作文讲评》《作文修改》《阿房宫赋》《词的意义》《打渔杀家》等，课型覆盖面很广，而且不上重复课。我力图给自己更大的压力，每次上公开课都力求有所突破。这些公开课都获得了成功，受到了好评。我在课型上实现了"多面手"的期望，但只是常规教学层面的"多面手"。

另一个含义的"多面手"是指不仅能教课、教好课，还能给同行做专题讲座，这就要有专项教研的优长。我还是青年教师的时候就给长春市骨干教师做过专题讲座，后来省级的（省级骨干教师培训）、全国范围的讲座都做过不少（教育部"跨世纪园丁工程"培训）。我还被邀请走出去讲，其中最有纪念意义的就是参加了中国教育学会中学语文教学专业委员会组织的"特级教师西部行"的义务讲学，我先后去了宁夏（2003）、贵州（2004）、青海（2006）、甘肃（2008），六次活动我参加了四次。

再一个含义的"多面手"是指不仅能做专题讲座，还要会原创命题，这就保证了不被芜杂的题海蒙蔽，有辨别真伪的法眼，避免自身陷入题海后把学生拉入题海。

还有一个含义的"多面手"是指会写教研、科研的文章，就是把自己的"做法"升华为"说法"，让自己的教学实践成果化，具有一定的文献价值。从 1992 年发表第一篇教研文章至今，我发表的教学方面的文章逾百篇。兹选短章以示同人。

扫码获取
拙作两篇

我把这些叫作"内功"。对于"内功"的层级我是这样划分的：知识（本专业、非本专业）要扎实、渊博，这是物质基础；研究能力要务实，还要灵活，就是能坐得住凳子，又勤动脑子；创造力要求你有创造性思维，不墨守成规，研究语文学习的一般规律和特殊规律，帮助学生找到适合自己的特殊规律。

1995 年我在职攻读硕士研究生课程。导师周国韬告诉我，学习的最好的方法是自我调节。我对教学中的课文文本的研究有了信心之后，意识到必须向学生方面倾斜，充分考虑学生的知识需求、情感需求、心理需求，而这诸多需求并不是任何时候（指课堂）都存在的，规定时空内的教学未必是学生当下最需要的，单从学科的角度，学科教学往往是难以奏效的。本着语文学科的学习规律去探索学习方法成为我的追求。

不断加强对学生状况的研究还有一个客观原因，就是办学规模不断扩大，生源条件越来越差，从前的教法不灵验了，导致我不得不以研究学生需求为重心。好在此时个人学养较从前更为丰富，在专业水平上有了底气。

成为"多面手"，是为了从更多的维度适应学生的特点，遵循教育规律，使学生能够从多维度得到启迪，使之身心健康发展。

4. 初步形成教学风格

我师父李光琦人生经历坎坷，博学，富有才气，表达能力超强，富有感染力。他的课堂教学是随性的、生动的、灵活多变的，20 世纪 90 年代在吉林省独领风骚。我作为他的开门徒弟，吸纳了他的教学风格，初步形成快节奏、大容量、灵活多变的特点，十分注重教学形式的创新。甚至可以说，我听李光琦的课，没有他听我的课多。我们在一个年级，都是平行班，没有机会听他的课。我上的公开课都是在他指导下上的，他自然在场听了我的课。

1997 年李光琦被评为特级教师。他曾经跟我戏说："叶圣陶说教是为了不教，我都教了这么多年了，所以我就不教了。"从此他不再教课，做了学校的教研室主任。此时我已经成为语文组副组长，其他两位组长都是 20 世纪 60 年代毕业的大学生，比我年长 20 多岁。他们放手让我全面参与语文组的工作。我开始采取"集团运作"的方式培养青年教师，打造齐头并进的态势。得益于 1997 年那场语文大讨论，我们利用组会时间学习、研讨，在实践中探索。张翼健在一次会议上评价说："附中语文组是吉林省语文教学改革的一面旗帜。"这是语文组老师共同努力的结果。整合一些认识，在吸纳张翼健、奚少庚、王鹏伟等主张的基础上，我逐渐丰富了"语文教育走民族化之路"的主张，并具体实施。这是语文组的共同旗帜，我无疑是这个主张的旗手。

2000年4月至7月，我有幸参加教育部"跨世纪园丁工程骨干教师首届国家级培训"。在北京师范大学中文系经历了三个月的离岗培训，我开阔了眼界，在更宽阔的平台同来自八个地区的40名精英交流、碰撞，尤其是吸纳别人的精华，对自己的教学主张、教学风格进行了一次扬弃。

2002年12月，学校荣誉教师上示范课，催生出古诗教学"九字诀"。我上了一节古诗鉴赏课。本次上课，我总结自己的诗歌教学经验，首次归纳出"懂事儿、知趣儿、品味儿"我戏称的所谓"九字诀"。这是学校首次高级别的"名师"上公开课，我也开始走向中学教学的巅峰时刻：2001年评上了特级教师；2002年评上了学校的首席教师，又成为省首届"科研型名师"。学生正处于高三会考前夕，课文已经讲完，总复习还没开始。为了不给学生增加负担，我决定讲古诗鉴赏。古诗鉴赏从2002年开始以主观形式命题，当时还缺少必要的理论指导，因此选题具有挑战性。我对1994年以来的古诗鉴赏题做了归纳，得出了规律性的东西，并把这些规律性的知识教给学生，然后请学生当堂解决关于鉴赏的问题，学以致用，收到了较好的课堂效果。

本次活动我最大的收获就是尝试在高三总复习阶段真正为学生着想，在课堂上真实再现学习过程。我的出发点不是为了好看。我不搞噱头，避免矫情，不试讲，完全按照课程进度自然进行，没有任何藻饰。我向往绚烂之极，归于平淡。水光溜滑的课不一定是好课，学生屁股不断离开凳子、举手如潮的课堂未必是好课堂。课堂应该是学生学习过程的真实再现。屁股总离开凳子，总是不断举手，可能是问题过浅，学生不假思索就可以作答，那样的问题没有价值。我告诫自己，千万不要搞虚假的繁荣，一定要滤去泡沫。我把这次活动当成自己不断进取的一个新的起点，力图使名实相符。此后的两年，我决定离开一线，我的"九字诀"虽然没有机会在自己的课堂实施，但并没有止步。我从自己的课堂走向别人的课堂，在更广泛的范围内去打磨、完善。

这是一次盘点自己以往的教学特色，又针对教学现状的归纳性的"原生态"课。

"原生态"教学观的传播

做教师的时候，我一般不会轻易听教研员的指导，更不会任其指指点点，这主要是因为教研员未必有中学教学经历。现在看来，这未必不是狭隘的。丰富的教研经历是"原生态"教学观不断传播的条件。

1. 从教员到教研员，把自己定位在形上与形下之间

2004年我从教员转为教研员。虽然转了岗位，但并没有改变专业。根本的变化在于要从以教为主变为以研为主。

研什么，怎么研？必须定好位。2011年5月我撰写的《在形下之作与形上之思间徜徉》一书的书名，就是我的新定位。

我有20年的"形下之作"，这个绝对不能扔掉。同大学从事学科教学论、课程论的教师相比，我有实践上的绝对优势，要保持；同时也有劣势，就是容易以经验为主而拒绝理论学习，这必须避免。我在教学过程中始终坚持做专题研究，不断反思自己，不断调试操作的方向，而且总是不断把思考及时成果化，这是很多中学教师缺失的，要发扬。同大学教师相比，我没有他们的理论话语体系，也不想把自己搞成纯粹的理论工作者。我始终要做有一定理论素养的实践家。这就是我的定位——在形下之作与形上之思间徜徉。

这个定位要求我虽然离开了中学一线岗位，但不能离开中学一线的实践，所以我还偶尔接受中学的邀请去上他们的"示范课"、我自己定位的"研究课"。每次都是他们点课，我按照教学进度上课，从不挑课，而且绝对不计较所谓成功与失败，只管展示我的"原生态"追求。这时的教，是以研为目的的，是通过自己做给别人看的，这是我教研的特色之一。现在能上课又愿意上课的教研员不多，我是这少数中的一个。

和大多数教研员相比，我的教研成果不少，基本保证每年在核心期刊发三四篇文章，几年下来累计已有30多篇。我做教研员不到一年就出版了第一本专著《高中语文教育评价》(东北师范大学出版社2005年版)，紧接着又出版了《张玉新讲语文》(语文出版社2008年版)、《在形下之作与形上之思间徜徉》(长春出版社2011年版)、《怎样上出魅力家常课》(华东师范大学出版社2019年版)、《张玉新原生态语文经典课堂10例》(开明出版社2021年版)，而且没有止步，我还要研下去、写下去。每一本书都是对自己的一次阶段性总结，每一本书都有新的突破。

2."工作室"直接催生"原生态"教学观

2012年3月12日，这是我教研生涯值得铭记的一天，吉林省教育学院"张玉新导师工作室"正式挂牌，学院的书记和院长亲自授牌，全院各教研部的同人和八位学员参加了挂牌仪式。作为学院首个、目前唯一的一个"导师工作室"，我感到自豪。这是吉林省教育学院对我教研工作的充分肯定，对我教研特色的充分认可。结合自己的特点，我以课堂教学为切入点，打造"全能型"青年骨干教师，这是本工作室的发展理念。

既然有实践的底子，许多要传给学员的理念、观点，只用嘴说是不够的，还要"拉出来遛"——为学员上示范课，表达自己的教学观，按照已经形成的说法，重新在做法上实践，扬弃与提纯。

在与学员观摩、切磋、研讨的过程中，我对自己以往的教学案例进行打磨，不断根据现实需要转化、提升，不断归纳、总结，试图提炼出一种说法，使学员能够比较容易理解、接受我的主张，并在他们的教学实践中验证，以期促进他们专业发展，使他们尽早形成自己的教学特色。

一年时间我上了 20 多节课，都随着所到学校的进度上，不试讲，不雕饰，全程真实表现，"现场直播"，然后学员们评我的课，我"以身试法"，全无保留。

学员在评课时称我的课是"原生态"课，而且还帮我总结这些特点，如通化市第一中学的韩春泉这样认为：

"原生态"这个词本身虽然欠严谨，但非常符合您的风格。比如，您的理论之一，语文的民族化，这就是回到语文教学原点；比如，您在教学中特别主张问题从学生中来，学生的实际情况是教学的原点；比如，您特别重视文本的个性化解读，或者说生活化解读，反对无端拔高和术语横行，这是教师面对文本的起点；再比如，您强调教师要读书，读书应该是教师成长的原点。很多的原点构成了一个生态，就是"原生态"。这是我的粗浅理解。您的这种理论是对这几年教学改革的反思和反省，是建立在新理念下的对我们传统教学的一种反省，是符合规律的，是对花架子教学改革的反省，是一种朴素、厚重而不乏智慧的教学风格。

我对此颇为认同，这些都是我说过的或做过的，也是我要求学员们做的。这就是"原生态"教学观的正式登场。

此后，我一直苦苦思索，打算有意识地归纳、总结自己的基本主张，而且向我的同事、领导、朋友王鹏伟讨教，请他帮我归纳一下，凭他的睿智和对我的教学的了解，以旁观者的姿态做一个客观的评价。他培养出多个语文教学的典型人才，其中不乏闻名全国的名家。我们的交情已经有 20 多年，做同事也有 10 个年头，他的许多教学主张我都赞同。一次，他说："我倒是想起一个词，就是不知道你同意不同意，那就是'原生态'。"于是我们一拍即合，我也正在思考以"原生态"这个筐装我的那些玩意儿。

3. 教学"生态破坏"促使"原生态"教学观的构建

在调研中我们发现，很多学校都加快教学进度，延长教学时间，把语文课程窄化为试题训练。很多学校一周只休息一天，教师早晨 6 点到学校，晚上 10 点下班。学生在这样超长教学时间内饱受煎熬，教师只好稀释自己的教学内容，因为无法让每节课都鲜活、生动。结果是教师身心疲惫，产生深度职业倦怠；学生厌学，学习效果极差。有的学校在高一下学期就把必修、选修教材讲完，开始所谓"一轮复习"——完全针对高考的试题训练。这样的教学，无论教师还是学生，都不能进入正常的教学状态。

对于一篇美文，在上课的时候教师总要把它变成一套针对中、高考的试卷，作文教学直接针对中、高考写应试文。一句话，中、高考考什么我就教什么，中、高考不考的一概不教。

"原生态"教学观构建的原因有以下几点。

第一，基础教育环境破坏，语文学科消亡，课堂教学恶化，教学目标与考试机制的矛盾使我开始关注对语文课堂教学的"原生态"保护，寻求可持续发展、保持课堂教学"原生态"的理念逐渐形成。

第二，基础教育异化的状态警示我必须关注教育与考试的联系，研究具有原始意味和生存状态的教育现象，为基础教育的困境提供解决办法并找到出路。

第三，生态学的发展，生态文化、生态美学的研究都为"原生态"语文教学观的描述提供了理论基础。

矫正偏态教学行为催生"原生态"教学观

多年来，通过听评课、评选省教学精英与新秀、评全国"一师一优课，一课一名师"的 100 多节课，我发现语文教学异化的程度令人触目惊心。我在网上向吉林省近1000 位高中语文教师、300 位初中语文教师发放调查问卷，其中一项是自我诊断教学中不良的"典型教学行为"。我从提交的 300 多个问题中归纳出了 8 个具有典型意义的问题。

1. 偏态教学行为的表现

偏态教学行为是指教师在课堂教学中偏离教学规律或教学规范，使教学结构发生异常变化或使教学功能不能得到很好的发挥，对学生身心产生不良影响与消极作用的不正常行为。

(1)教学目标定位失准

教学目标是教学的核心要素，教师在确定教学目标方面存在诸多问题。

一是课程目标(三维目标)替代课时目标。每节课都设三维目标，每个维度还有若干子目标，往往一节课有 5 个以上的目标。在评选省教学精英与新秀时，我发现多个地区的教师都如此，很多大型赛课组委会也把设置三维目标作为评课重要标准，很多学校要求三维目标必须每课都要落实。

二是教学目标难以检测。空泛、失准，不具备独特性，不具有指向性，没有文本特色。

三是教学目标的行为主体错位。主体必须是学生，但很多目标主体仍是教师，不符合教学目标的技术规范。

(2)试题化倾向严重

某中学的大型教研活动有一节高一散文课，由师徒二人联手执教。徒弟前半节课生动地完成了教学任务；师父上后半节课，让学生把这篇短文编制成高考现代文小阅读试题。

赴课程改革基地学校调研时，一些学校就提供纯试题课。有的地区的教育行政部门明确要求，阅读课之后还要上试题课，把课文变成高考样式的阅读题；有的地区则搞大规模的命题竞赛。

应试教育将语文教学绑架到题海战术上，常规的语文课变异成试题课。教师拿着购买的试题，按答案给学生讲解。一旦学生对答案有异议，教师则以"标准答案如此，我也没办法"为由回避。

(3)课堂教学逻辑混乱

课堂教学不讲逻辑，零碎、琐碎、细碎，没有统辖的主要问题，问题之间没有必然的因果关系。

先讲程序性知识，然后让学生用这些知识去完成任务。这是非常肤浅的学以致用。例如，讲辛弃疾的一首词，先讲辛弃疾词的特点，马上让学生写一则描写景物的片段。这样的任务学生不听课也能完成，前半节课的读和后半节课的写没有必然的因果关系。刚讲完《劝学》，就让学生联系自身的实际情况，运用相关的论证方法来谈现在的学习问题。很多学校都搞高三的几轮复习，每一轮复习老师讲很多程序性知识，而这些知识不能直接转化为相关语文能力。作文课给学生讲授写作知识，让学生单纯学习写作技巧都属此类。

（4）背景资料呈现失当

长期以来受凯洛夫教学模式的影响，许多教师在上课伊始就解释题目、介绍作者和背景，用词条的方式、说明的语言，以为这是"知人论世"，要求学生死记硬背这些东西。以为背景资料的堆砌就是知人论世，一方面抹杀了学生的想象空间，堵死了学生"知人论世"的可能；另一方面极大地降低了背景资料的价值。如何将背景资料转化为解读文本的重要凭借，是亟待解决的问题。

（5）教学媒体使用异化

媒体是教学的辅助手段，但多媒体成了推动教学的动力，教师成了回车键的操作手。

一是过度使用PPT，抹杀了课堂中最精彩、最生动的部分。教学过程已经在多媒体课件中固化，课堂变成封闭的系统。有的教师不在研究文本、学生上着力，把精力都用在制作PPT上。

二是课件制作追求所谓画面美感。声光电的渲染分散了学生的注意力，对学生的审美引导存在问题。用三流的二度创作的课件来堵塞学生的想象空间，不利于对文本字里行间的美的发掘。

（6）合作学习活动虚假

表演性的伪学习情况严重。新课程倡导自主、合作、探究的学习方式，但是某些课堂上的小组合作学习十分虚假，合作的时间短，不可能对问题有深入探讨。为了达到"目的"，事前安排学生准备，课堂只是表演所谓小组合作学习。

（7）传统板书处境尴尬

语文课传统板书不可或缺，但很多课的板书被PPT取代。板书是课堂教学结构的重要呈现形式，要简约、精当。板书是动态的、生成性的，应与学生的思维活动同步。有时板书在教学过程中有所修改，往往是课堂顿悟的标志。

一是板书设计追求纤巧。讲《书》一课，最后的板书形成一本书的模样；讲爱心就画一颗心；讲合欢树就画一棵树。文本被肤浅的板书结构解构。

二是板书没有设计，随意书写或者乱写。

(8)课后作业功能性差

课后作业是教学的延续，目的之一在于巩固课堂所学。比较普遍的课后作业是所谓"读写结合"似的"学以致用"，学完一篇课文，就仿写一篇文章。有的非常宏大空疏，不能完成；有的非常局限，仅是对课文的一个不重要知识点的强化，用课后作业来解决一个课内已经学习的问题。

上述教学现状充分显露出当下语文教学的困境。究其原因：一是教师专业水平亟待提高，二是课程资源开发形势严峻，三是评价制度严重滞后。我们难以改变评价制度，课程开发也因评价制度的制约而举步维艰。从教师专业发展入手，通过课堂教学改革，倒逼教师加强学习，是我制定"原生态"教学模式研究方案的主要原因。

吉林省教育学院杨玉宝副院长对教研员提出了省本教研的要求。我根据要求，以"导师工作室"为基本组织形式，制定省本教研的方案——"原生态"教学模式研究。省本教研以提高全省语文教师专业素质为核心任务，以整体提高语文教学质量和教学效率为基本着眼点，以向语文教师提供教学指导和专业发展指导为基本职责，以专业化的教学评估(诊断)能力和教师专业发展评估(诊断)能力为基本依靠或支撑，以课堂为基本工作场，以课堂教学观察为基本工作方式，以教学指导意见和教师专业发展指导意见的编制为基本工作内容，努力实现教研工作的专业化。

我以高中课程改革基地学校、"导师工作室"学员所在学校为实验学校，开展矫正偏态教学行为的研究，在理论上构建了"原生态"教学观，在实践中总结出了"原生态"教学模式，构建了操作范式，并相应建立了课堂教学评价系统。

2. 解决问题的过程与方法

在省本教研活动中，我发现语文教师普遍存在八种偏态性教学行为，对其矫正的过程就是确立"正态"或"正常"教学行为的过程。

我总结了主、客观两方面的原因。主观原因方面，对教师进行教学理念培训，通过课堂诊断与示范课课堂观察统一认识。客观原因方面，一是应试教育导致语文教学异化，教师无时间、精力学习、提高；二是学校或当地教育行政部门违背教育规律，认知偏差致使偏态教学行为成为积习。针对客观原因，我与教育行政部门、教研部门、学校领导进行座谈沟通，以纠正其错误认识。

（1）解决问题的过程

2014 年 3 月制定的"原生态"教学模式研究方案，以矫正常见的八种偏态教学行为切入点，通过大量的课堂观察、示范课、专题讲座等方式，引导教师加强学习、探究，并与相关学校和当地教育行政部门的领导交流新课程理念，以改变其认识的偏差。

第一阶段，项目实施阶段（2014 年 3 月—2015 年 3 月），以课程改革基地校、"导师工作室"学员所在校为实验学校，集中培训教师，以"教师偏态教学行为矫正"等专题讲座统一认识；通过课堂观察诊断，指出问题；我上示范课，引导教师矫正偏态教学行为，确立典型教学行为规范，在此基础上形成"原生态"教学模式的两个方面、四个基本操作范式。

凭借"原生态"教学模式的操作范式，李崇崑获"第三届全国初中语文教师教学基本功展评"一等奖。

第二阶段，成果完善阶段（2015 年 3 月—2016 年 3 月），我在全省大型教研活动中上示范课，实验学校教师上研究课，评选"原生态"教学模式课堂教学精品课，推荐实验教师参加全国大赛，推进"原生态"教学模式的四个基本操作范式的落实。

在这一阶段，王春获第五届"圣陶杯"全国中青年教师课堂教学大赛一等奖，纪少昆获第四届"全国高中语文教师教学基本功展评"一等奖，侯雪、韩培华获首届吉林省初中语文"教学精英"称号。

第三阶段，成果推广阶段（2016 年 3 月—2018 年 3 月），通过国培、省培、"张玉新导师工作室"微信公众号推广"原生态"教学模式，矫正偏态教学行为，吉林省教师在全国语文教学大舞台上展示"原生态"教学模式，取得了优异成绩。

在这一阶段，周瑜获全国第五届"中语杯"中青年教师课堂教学大赛一等奖；石柳获第六届"圣陶杯"全国中青年教师课堂教学大赛一等奖；杨虹获第十一届"语文报杯"全国中青年教师课堂教学大赛高中组一等奖；赵博获第六届"高中语文教师教学基本功展评"一等奖，并获最佳教学语言奖；杨虹、付敏获吉林省高中语文"教学精英"称号，黄河等八人获吉林省高中语文"教学新秀"称号；我发表文章 32 篇，与刘勇共同主编了《语文"原生态"教学模式初探》（吉林教育出版社 2018 年版）。

（2）解决问题的方法

一是不断听评课，上示范课。我是省级教研员中为数不多坚持在一线教课者，对教师偏态教学行为的诊断令大家信服。

二是首创"张玉新导师工作室"微信公众号，为教师策划提供动态、前沿、丰富的学习资源。每天推出一篇语文名师文章，将理论学习化整为零（已推出近1700期，2万多人关注）。此举不仅受到全国语文教师的热烈欢迎，名师也以在本公众号发表文章为乐事。

三是通过国培、省培开展"矫正偏态教学行为"主题讲座。2014年9月以来，累计培训来自15个省份的600多人，我被学员们称为"纠偏教授"。

四是建立主题讨论微信群，将专题讨论过程形成文字成果发表。

五是在吉林省中小学教师研修网不定期搞专题讨论直播，剖析、矫正偏态教学行为。

以上举措有效矫正了偏态教学行为，为构建"原生态"教学观及实施"原生态"教学模式奠定了坚实基础。

"原生态"教学观的内涵

"原生态"这个新生的文化名词，最近在各种媒体中广泛流传。我只是借用它来总结自己关于语文教学的一种主张。

1."原生态"概念溯源

"原生态"是从自然科学中的"生态"一词延伸出的，即在生态学研究的启发下，把在自然状态下保留下来的环境、生物、人和文化所组成的完整的生态性的链条叫作"原生态"。

自然科学是严谨的，十分重视概念的界定，但是由自然科学演化出的"原生态"却不具有科学、规范的界定，即什么是"原生态"、判断是否为"原生态"的标准，从来都是模糊的。

在人文领域，"原生态"一般被定义为没有被特殊雕琢，存在于民间的原始的、散发着乡土气息的表演形态，包含着原生态唱法、原生态舞蹈、原生态歌手、原生态大写意山水画等。很显然，这是借用了生态学科的"生态概念"，是"原生态"的泛化。

我只是借用"原生态"来概括自己关于语文教学的一种主张，这种主张其实是对在 30 多年的教学实践中呈现出来的一种比较稳定的、外显的教学风格的比附。

"原生态"教学观是"导师工作室"团队根据我的教学风格归纳与概括出的个体性实践知识，其内涵是语文学习的返璞归真。主要体现在以下六个方面：

第一，教学要立足于方便学生学习，而不是方便教师教学；

第二，教学艺术摈弃雕饰与浮躁，讲求朴实、扎实、真实；

第三，课堂回归到学生真实的生活世界，尊重学生的自然本性，以学生的现实水平为基础，使其在教师的指导下得到普遍提高；

第四，课堂氛围是学生在场的，学生真实参与的，没有虚饰的，诗意、灵性、激情、浪漫、朦胧、神秘的，自然真实的课堂教学状态；

第五，学习方式是学生在自主、自由的学习中体会到学习的快乐，激发学习的热情、内在的潜能，主动地探究、发展，并形成良好的学习习惯；

第六，课堂教学魅力是学生在语文学习过程中经常产生高峰体验，即使人豁然开朗、幸福快乐、欣喜若狂、自我实现的体验。

我的"原生态"语文教学观，着眼于使语文教学返璞归真。"原生态"语文教学就是以生为本、让语文学习回归到其内在规律上来，在语文学习中启迪灵性，探索语文学习之道。

2. "原生态"教学模式

"原生态"教学模式是在"原生态"教学观的指导下建立起来的较为稳定的教学活动结构框架和活动程序，主要包括阅读、作文教学两个方面四个基本操作范式。

范式一，诗歌教学"九字诀"：懂事儿—知趣儿—品味儿。此范式是针对诗歌作品或短篇幅文本的操作程序。"懂事儿"关注核心内容，"知趣儿"关注章法、技巧，"品味儿"关注风格流派。

范式二，文言文教学"一指禅"：充分研究文言文的章法，深刻剖析文言文的结构脉络，抓住"肯綮"之处，"四两拨千斤"，既注重趣味性，又注重效率与美感，为学生指出学习的途径，把文言文学习化枯燥为生动有趣，不仅引导学生学习古人锤炼语言之精妙、文章结构脉络之严谨，而且将文言文经典文本作为重要的审美对象

图 2-5　导师工作室学员大赛获奖合影（左五为作者）

去鉴赏。

范式三，阅读教学三部曲：宏观阅读—微观阅读—比较或归纳阅读。此范式是针对长篇文本或长篇节选文本的操作程序。宏观阅读关注"写什么"，微观阅读关注"怎么写"，比较或归纳阅读关注"为何这么写"。"三部曲"并非固定、封闭的流程。初中低年级宏观阅读、微观阅读比较重要，对比或归纳阅读相对次要；初中高年级微观阅读、归纳或比较阅读比较重要，宏观阅读比较次要。高中低年级宏观阅读应该课前通过预习完成，微观阅读是主体；高中高年级归纳或比较阅读是主体。

范式四，作文教学两阶段：如水附形—装水入瓶。此范式是针对作文教学无效甚至出现负效的现状提出的操作程序。"如水附形"指教师先要有写作经验——"水"，才能根据学生作文的现状给予相应的指导——"附形"；"装水入瓶"指学生具备了一定的写作能力——"水"，教师根据其特点，打造其个性化的风格——"装瓶"。

要教会学生，教师就要先会，写作更是如此。现实情况却是教师基本不写、不会写，却要教学生写。"以水附形"是"装水入瓶"的前提。首先教师要写"下水文"，体会写作的甘苦，获得体验，再将体验形成实践性知识与学生分享，而不是一味地以写作知识为作文教学的内容。有了这个前提，"装水入瓶"才能有着落。即便教师有了写作体验，也不可以己度人，把自己的想法强加给学生，而要针对学生的习作"点石成金"，使学生更像他自己，而不是成为教师的影子。

3. "原生态"教学模式的评价系统

我依据"原生态"教学观以及"原生态"教学模式，针对矫正八种偏态教学行为，制定了独特的课堂教学评价标准。

教学：立足于方便学生学习，目标定位准确，重视学生先拥知识，主问题突出，朗读、板书技能，创设情境，教学机智，教学魅力，作业有效。

学习：学习习惯，学习方法，参与程度，高峰体验，自我实现的状态，发展状态。

课堂氛围：学习热情饱满，呈现真实学习，充满诗意、灵性、激情、浪漫、朦胧、神秘、美感。

4. 效果与反思

参加实验的教师的八种偏态教学行为得到了矫正。除了教学目标定位准确性、试题化倾向矫正效果不够明显之外，其他六个偏态行为的矫正效果十分明显。

"原生态"教学模式是"原生态"教学观指导下的教学实践行为。我将这一教学模式的研究立足于课堂，"导师工作室"全体学员均是"原生态"教学模式的实践者和推广者。我主张教研员要先教后研、边教边研、能教能研。我亲力亲为，率先垂范，是"原生态"教学模式的提出者，更是率先垂范的践行者。我先后带领学员到通化市第一中学、四平市第一中学、白山市第二中学、延吉市第一中学、扶余市第一中学、吉林毓文中学、吉林省实验中学、吉林大学附属中学等30多所学校，依托现场教学进行"原生态"教学模式的调研。每次调研活动都将课堂教学与现场讨论结合起来，采用导师上课、学员上课、学员同课异构、导师和学员同课异构等多种授课形式和自评、互评、小组评价等多种评价方式，对课例进行诊断，并且提倡"延时评价"，即未在现场听课的教师以授课者的教学实录为参照，以微信群为平台进行教学评价。这些做法为"原生态"教学模式的构建和完善提供了宝贵的过程性资料。

构建"原生态"教学模式基本理论，并在此理论的指导下开展课堂教学实践活动，是"原生态"教学模式研究的主要内容。"导师工作室"的学员通过上"原生态"

精品课、录制微课、参加各类教学大赛等对"原生态"教学模式进行教学实践，取得了优异成绩。我将"导师工作室"的学员的精品课和微型课上传到"吉林省中小学教师研修网""导师工作坊"，以推广"原生态"教学模式，对实践成果进行检验。

"导师工作室"在培养、选拔优秀青年教师参加各级各类教学大赛中发挥了重要作用。从 2014 年到 2019 年，学员参加各级各类语文教学大赛获奖共 75 项，其中全国范围的大赛获奖 20 项，省级大赛获奖 28 项，市级大赛获奖 34 项。培养了一批在全国脱颖而出的青年教师，引荐已经有一定名气的教师走向全国。例如，教师会写文章是一项基本功，也是一种专业能力。提高教师的写作能力是"原生态"教学模式研究的内容之一。"导师工作室"尤其提倡针对"原生态"教学模式的应用和实践进行思考，将"做法"提炼成"说法"，将"实践"上升到"理论"。我要求学员要能写、会写、善写，通过写文章提高自身的文字表达能力和理论水平。"导师工作室"将写文章确定为教师科研能力提升、个人专业成长的一项重要测量指标。

从 2014 年到 2019 年，我们在《人民教育》《中学语文教学》《语文建设》《语文教学通讯》《语文学习》《中学语文教学参考》等语文期刊发表文章共 110 篇。多篇论文被《人大复印资料》全文转载，彰显了其在语文教学专业领域的重要意义，在全国范围内有广泛的影响。

"原生态"教学模式研究以"导师工作室"为平台，力求培养更多的优秀教师，使优秀教师在教育教学工作中发挥骨干、核心、示范、引领作用，以此带动学校学科建设，进而推动全省学科建设，从点到线到面，达到普惠的目的。"导师工作室"成立以来培养了省级学科带头人 18 名，省级学科骨干教师 26 名，省级学科教学精英 15 名，教学新秀 27 名。"导师工作室"学员在 2012—2014 年取得的荣誉称号共 97 项，担任省市级兼职教研员、教育硕士实践导师等社会兼职 33 项，担任指导教师指导本校教师参加教学活动获奖 16 项，指导学生参赛获奖 80 项。"导师工作室"学员的自身成长对所在学校的学科建设起到了推动作用，也对在全省推广"原生态"教学模式起到了推动作用。

从矫正偏态教学行为的效度上看，教学目标定位准确性的改变不够明显。我经过访谈得知，教师对教学目标理解偏差占 17%，把课程体系的三维目标当成课时目标；教师消极的教学态度占 20%；学校、教育职能部门的错误规定占 63%。我们发

图 2-6　与导师工作室部分学员合影（左五为作者）

现，多个地区硬性规定必须按三维目标设定课时目标。对此我充满无力感，这也是今后要继续探索的问题之一。

试题化倾向程度的变化也不够明显，实验前 60％，实验后仅下降 16.5％。访谈得知，是应试教育导致教师唯考试马首是瞻，教师讨厌以试题化取代语文教学，明知道题海战术不好，但为了考试只好这样做。

虽然"原生态"教学模式制定了评价系统，但倾向于质性评价，量化程度不够，还停留在经验层面，亟待进一步完善。

"原生态"教学模式的四个操作范式具有可操作性，但对其变式的总结与提炼不够。

从学段上看，虽然有初中学校参加实验，但与高中相比采样不典型。

"原生态"教学模式还停留在课堂教学层面，没有上升到课程建设的高度。

走进课堂

"原生态"教学模式从宏观上把握了教学活动整体及各要素之间内部的关系和功能，其活动程序突出了有序性和可操作性。阅读教学方面的三个操作范式虽然相对独立，但在具体的教学情境中存在"互文"性。诗歌教学"九字诀"也适用于其他文体的短文本；文言文教学"一指禅"同样适用于诗歌等短文本；阅读教学"三部曲"虽然就长文本而言，短文本也同样可用。"原生态"教学模式从 2014 年 3 月开始在实验学校进行实验，取得了较好成绩，并开始在全省推广。

诗歌教学"九字诀"

"九字诀"是"原生态"语文教学模式的范式之一，来自我在中学期间的教学实践，是将教学实践提升为个体实践性知识的一个重要标志。这个范式是在高三诗歌总复习阶段归纳出来的，也称诗歌教学"九字诀"。

九个字包含三个层面，教学中不是平均分配的，而是不同阶段有不同侧重，整体上是动态平衡的。

例如，初中阶段的古代诗词学习，应该遵循低年级关注"懂事儿"，即内容的概括；高年级在此基础上关注"知趣儿"，即艺术手法的体悟；语文积累比较好的班级可以适当关注"品味儿"，即风格的欣赏。

高中必修课《念奴娇·赤壁怀古》，"懂事儿"可一笔带过，是"赤壁怀古"。"知趣儿"要用心体会苏轼如何在赤壁之地想赤壁之事，以及由赤壁引发的情思。"品味儿"要勾连初中学过的《江城子·密州出猎》《水调歌头·明月几时有》，体会词人豪放的风格。若学生水平比较高，可

图 3-1　母校留影

以进一步与学过的婉约词作比较，如李煜、温庭筠、晏殊、李清照等人的词。高中选修课周邦彦的《苏幕遮》在教材中比较靠后的位置，讲这首词就带有总结性，"懂事儿""知趣儿"都不是重点，"品味儿"才是重点，即盘点学过的近 20 首词，从婉约词入手，品鉴周邦彦词的独特性。

"九字诀"是"原生态"教学观在诗歌教学上的呈现。它虽然是从唐诗鉴赏课堂上最早提出的，但对诗歌文体的教学具有普遍意义。

"九字诀"之肇始

2001 年，我有幸成为 21 世纪吉林省第一批特级教师群体中的一员，也是附中历史上到目前为止最年轻的特级教师。名实相符一直是我对自己的告诫，成名早，就可能过早衰落。在教学上创新是我始终的追求。

孕育于唐诗研究性学习

2001 年 12 月，我承办了吉林省首届高中研究性学习研讨会，并上了一节具有挑战性的"唐诗研究性学习"课。作为教研组长，我带头尝试小组合作学习，尝试引导学生探索收集和整合信息的方法。为了实现"放开手，自己走"的目标，我在课前准备阶段投入了大量精力，上课前半个月就指导学生分组、选题，利用网络、图书馆、书店收集相关资料并归类。

这是一堂研究性学习成果的展示课，不同于常规课。由于研究性学习的重点是过程，而课堂特定时空恰恰不能展示学生研究的过程，因此，本课有其客观上的不足之处。但从主观上看，在语文教育的转型期，我甘愿成为"靶子"，上一堂自己也不曾上过的课，表达希望超越自己的愿望，为探索转型期的语文教育出路尽一点力。

我强烈地意识到，语文课在信息时代面临着巨大挑战，课堂已经不再是学生获得语文知识的主渠道。教师不能总以学科权威的姿态进行以教师为主导的教学，应转变为课程的参与者、辅导员。从前的所谓"讲深讲透"不再适应现在的课堂，课堂教学应该注重学习策略的指导，而不是知识的传授。

我还强烈地意识到，现代教育观的封闭型教学设计存在着巨大缺陷，教师预先设计好一切教学步骤，引领学生跳进自己设计的圈套，并以此为成功的标志。我反对刻意讨巧的设计，反对自我表现的设计。我主张建设开放课堂，请听课教师参与提问，教学步骤视课堂现场氛围而定，力求体现课程的超越性。

这节课没有留下视频资料，在此仅凭记忆对教学过程进行描述。在学习唐诗的过程中，学生结合对课本的学习展开了广泛的课外阅读（每天晨读都有一名学生介绍一首唐诗），按照爱好自愿组成了9个学习小组，并选择感兴趣的研究专题，对专题进行较深的研讨，在课堂上展示阶段性成果。

组	人数	研究内容
1	5	唐诗中月的意象
2	3	唐诗与音乐
3	8	送别诗
4	9	边塞诗
5	4	李商隐
6	9	李商隐
7	9	李白和杜甫的对比研究
8	1	李白
9	1	李白

一节课的时间，不够所有小组展示学习成果。我请前来听课的5位教师根据屏幕上同学们的题目进行点题，点到的小组选代表展示其研究成果，这是第一个阶段。第二个阶段请听课教师自由点题，提问可以超越其研究专题，然后请同学们抢答。

反思这节课，其研讨价值是巨大的。这次活动被吉林省高中语文教研员王鹏伟教授誉为"吉林省高中语文教育的新时代"，也是附中以语文组为组织形式，着意追求自主、合作、探究学习的开始。吉林省的高中在2007年才进入新课程改革，此时我已成为吉林省高中语文教研员。作为吉林省首届语文排名第一的学科带头人，我自以为带了好头。

脱胎于唐人七绝鉴赏

2002年9月，我成为附中第二届首席教师（全校仅2人），被评为吉林省首届"科研型名师"，正走向中学教师时代的巅峰。

2002 年 12 月，附中举办首次高级别的名师公开课活动。我思考着这样的问题：盛名之下其实难副，激励过强可能导致惰性。我要避免这种情况发生，把这次活动当成一个新的起点，力图名实相符。

面对这样的挑战，在众目睽睽之下，选择适合展示自己特长的课文是最保险的办法。但这样的选择即使很精彩，却仍是教师本位的自我展示，也是我一向抨击的。我重视以学生的语文学习为本位，围绕其真实需求为他们策划语文学习活动，并不以展示自己的特长为本位。

学生正处于高三会考前夕，课文已经讲完，总复习还没开始，客观上已经没有可以讲的课文，从课外选篇也有悖我的初衷，弄不好又搞成自己厌恶的"显才露能"。

我坚持这样的主张：即便是名师的公开课（学校称之为"示范课"），我仍然将其定位为研究课、常规课。课程设计的初衷必须是为学生策划恰当的学习活动。

高考的新题型促使我上一节"唐人七绝鉴赏"课。2002 年高考的古诗鉴赏题把从前的选择题变为主观题，成为当年抢眼的新题型。当时还缺少必要的理论指导，学生渴望得到有效指导。我决定在盛名之下、众目睽睽之下对自己发出挑战。把课定位为研究课、常规课，意味着我并不以看戏般的叫好、喝彩为成功，而是同学生切磋如何进行古诗歌鉴赏，顺便为到场的同行提供批判的靶子、研讨的例子。

这是一节顺势而为的课，不是刻意为之的课。在课前准备时，我对 1994 年以来古诗鉴赏的试题做了归纳，得出了规律性的知识，并把规律性的知识教给学生，然后请学生当堂解决关于鉴赏的问题，学以致用。

在某种程度上说，学生准备的时间足足一年。2001 年 12 月，我上了一节唐诗研究性学习课。读本和教材中涉及的古诗一共 57 首，在学习唐诗单元的时候，每天晨读时学生自选一首给大家介绍，再加上最近一个阶段给学生布置的任务，让每名学生选取五首能打动自己的诗，然后对这些诗进行鉴赏。这样，读过甚至熟悉的古诗不下 100 首。我要求学生针对所选古诗最好能提出问题，并试图寻求解答。

高三自然不能回避古诗阅读的应试性。但是，我不认为应试就一定得做大量的试题，会做题的前提莫过于自己会命题。

在本次公开课后，我总结了诗歌阅读经验，把自己的体验作为个案同学生交流，激发他们在课堂上交流学习古诗的经验、感受。

我从施蛰存的《唐诗百话》中得到启发，以 2002 年春季高考试题北宋王禹偁的

《村行》(七律)为例，进行结构上的整、散剖析：

①马穿山径菊初黄，散句

②信马悠悠野兴长。散句

③万壑有声含晚籁，整句

④数峰无语立斜阳。整句

⑤棠梨叶落胭脂色，整句

⑥荞麦开花白雪香。整句

⑦何事吟余忽惆怅，散句

⑧村桥原树似吾乡。散句

再将这八个整、散句组合成七言绝句的四种体式，并用高考考过的古诗加以验证：

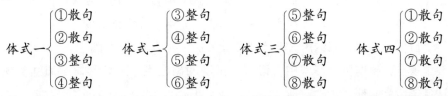

我以李白的《春夜洛城闻笛》为例，分析七绝的内在结构。起句扣题目"闻笛"；第二句承接，前两句非对仗句，有"起"和"承"的关系；第三句是"转"，高考题即就转句命题，因为转句直接引出了对主旨的表达，这是升华部分，是一个非常关键的连接部，把写景和抒情集中连接到一起；第四句是"合"。本诗在结构上是非常典型的起、承、转、合。高考考过的诗歌中，刘禹锡的《望洞庭》、雍陶的《题君山》、元稹的《菊花》都是这种"散、散、散、散"体式。

春夜洛城闻笛　李白

> 谁家玉笛暗飞声，起
>
> 散入春风满洛城。承
>
> 此夜曲中闻折柳，转(命题点)
>
> 何人不起故园情。合

（体式四）

在学生对七绝的结构体式、内在结构有了初步了解之后，我又引导学生对王昌龄的《从军行(其二)》、贾至的《巴陵夜别王八员外》、李益的《汴河曲》、罗隐的《蜂》、郑谷的《淮上与友人别》进行验证性剖析。学生虽然在此前读过很多古诗，但对绝句没有体式上的了解。学生因为有古诗阅读基础，吸纳了我所总结的规律性知识，所以能在公开课现场用刚学到的知识解决问题。我的一贯看法是，语文学科的很多知识不能被直接转化为能力，因此不要用演绎的方式先入为主地把知识灌输给学生，让学生去记忆，而是尽量根据学生的相关积累、生活常识归纳出他们具备的感性认识，然后去解决问题。

对七绝进行形式上的解读之后，进入对内容的解读。

1994 年以来高考考过的古诗，内容上主要是记游、情谊、田园三类。

我着眼于用规律化、非术语的语言激发学生对古诗阅读的兴趣，概括出了古诗阅读的"九字诀"——懂事儿、知趣儿、品味儿。

我从五首诗中随机抽取一首，请学生按照这样的程序解读，又请学生随机抽一首诗歌（《汴河曲》）。在讨论的基础上一名学生做了精彩的阐述，相关情况如下。

课前准备：大量阅读，挑选适合命题的唐人七绝，并尝试命题。

教学目标：总结、归纳唐人七绝的阅读方法，探索应试规律。

教学重点：根据历年高考中古诗阅读试题的出题点，总结其命题的基本规律，并尝试自选诗歌验证。

请看以下片段。①

生：首先我觉得这首诗在内容上并不像许多诗一样，是描述一个完整的事件，只不过是截取了片段。诗人站在长堤之上，回望回家之路，这是主要事件。通过对时空的对照，看到汴水东流和无限的春光，看到眼前已经成土的宫阙，就想到了历史的变迁和一些人为不能控制的因素。他想到了一种时空的纵深感。我想这就是他写到的"趣儿"。"味儿"就是他通过时空的纵深感，引出了自己对命运的理解，对岁月不饶人、时间的流逝使昔日的辉煌变成废墟的遗憾，进而引出了他对生命和历史独特的感悟。让人感受到了时间流逝，历史推移的悲凉感。

师：你如果设题的话，从哪儿设题？

生：从"味儿"上，人们怎样从作者的描写中体会他的情绪与他对时间和历史的感悟。

---

① 刘勇整理。授课时间：2002 年 12 月 14 日。授课对象：附中高三 5 班。

师：我再问一句，"汴水东流无限春，隋家宫阙已成尘"，第二句你有没有一种联想，唐代很多诗人都写了关于古今变化的诗。

生：能够想到"淮水东边旧时月"。

师：你看最接近的是不是刘禹锡的一首诗？

生：《石头城》《乌衣巷》。

师：都写出了一种今昔的变化，然后发出人生之感慨。从这个意义上讲，在怀古的同时，他必须伤今。如果仅仅是怀古，那就成凭吊了。要立足于现实，借古讽今是中国古代文人表达的一种基本传统。其他同学对这首诗还有没有别的体悟？

生：李益是中唐诗人，根据诗歌中的景象，我觉得这是一种借古讽今的手法。中唐是唐朝由盛转衰的时期，这样写是让当权者以隋朝灭亡为诫，让唐朝有机会重兴。

师：有句话叫作"诗无达诂"，对诗歌的解释没有一个统一的答案，因此在这里我尽量不说我的想法，让同学们都能阐发自己的观点。刚才这两位同学的视角各不同，但都达到了一定的深度。我最近一直在思考，对文本的解读固然重要，但是对文本的解读仅仅是开始，而不是最终目的。我们以往，包括我自己，把它作为终极目的。于是我们总在古人的圈子里转，转不出来。所以现在我们的阅读要讲建树性的、建构性的阐发。由此我又有了一个想法，我们要以文字、符号、色彩线条为载体，引发我们的创造力和想象力。刚才这两位同学谈的就是这样一个意思。有的同学说，现在我还理解不到位怎么办啊？没关系，老师就理解到位了吗？对文本的解读，尤其是对经典的解读，随着年龄的增长，随着人生阅历的不断丰富，反复鉴赏，都能够不断出新。能够成为艺术品的东西，就要具备被人反复欣赏而不生厌的特点。我们的人生阅历还不够，我们对诗歌的解读在建构性上还没有达到一定的高度，这都不是问题。关键是我们在建构着，我们在成长着。

师：还有没有同学对这首诗发表别的见解？重复的就不说了，主要是不同意见。关于"懂事儿"我们不提了，关于"趣味儿"问题也不大了，最难的就是"品味儿"，要反复回味，这个咀嚼的过程就是一个个性化的过程。

生：关于这首诗我觉得我还没有理解透彻，具体是如何怀古伤今，表达出这种感情的。但是我觉得对于最后一句"风起杨花愁煞人"，出题者肯定会抓住"杨花"这两个字，我总觉得这两个字有一种一语双关的意味，这就说明我们在欣赏诗歌的过程中应该注意一些字词的特定含义，表面上描物或写景，深层的可能是写情。和老师一样，对于鉴赏诗歌，我也写了几句像打油诗的话。（学生的实物投影并自己讲解）

诗路觅津

破题犹坐半春风，斟字酌句且徐行。

见得曲中吟何物，道尽千景在秋冬。

动静虚实应犹在，情景时空纵相生。

独携天上旧相识，来振人间诗之铃。

以诗解诗声声诗，以情动情处处情。

龙睛妙语花生发，绝处生姿上九乘。

师：很好。这位同学从一个应试者的心理、鉴赏者的角度给同学们做了一些借鉴。实际上诗歌阅读重在一种经历，这种经历的最大好处就是给你一些感悟。诗人用有限的字句表达丰富的内容，在表达的过程中已经进行了抽象、概括。作为读者，我们恢复诗人抽象、概括的东西。这就是鉴赏诗的第一步：读懂诗，读懂诗人。第二步，应该在诗中读出自我，如"为谁辛苦为谁甜"，表面上来看是在咏物，就是写蜂，但是除了咏物这个层次以外，它给我们一种人生启迪。我们下一个阶段还要展开对宋诗的阅读，宋诗最大的特点是理趣。陈子昂的"念天地之悠悠，独怆然而涕下"，没有具体的形象，只有一种情感。我们读宋代大诗人，如苏东坡的许多理趣诗的时候，会有一种豁然开朗的感觉。今天的课是唐诗鉴赏，是古代诗歌鉴赏的开始，而不是结束。在最近一个阶段，同学们和我共同徜徉在唐诗的海洋了。我们面临着考试，我希望同学们取得优异成绩。

在中学教学生涯中，这是我给自己的"亲学生"上的最后一次公开课。

这节公开课是我教学的常态课。毫不夸张地说，我的每节课都是"公开课"，因为每节课几乎都有青年教师听课。即便是在高三总复习阶段，我也贯彻在课堂上真实再现学习过程的目标。

两年后，我决定离开中学，我的"九字诀"便没有机会在自己的课堂上实施了。

"九字诀"之致用与质疑

　　一种课型或一种模式的出现，创立者的学养、教学经验、学情都是关键因素。对其赞同或质疑，反映出观点持有者的学养、教学经验等。并非"众人誉之"的一边倒才是好的。

图 3-2　执教《植树的牧羊人》

从校内到省内，有称许有质疑

　　所谓从校内到省内，是指我在附中课堂上总结出的"九字诀"，随着我工作范围的扩大而走向全省。甘当"靶子"是我的选择，经受批评有利于调整和改进，因为总结出一种模式不是为了立山头，而是为了追求对教学规律的表征。

　　2004 年 11 月，在教了 20 个年头的语文课之后，我成为吉林省高中语文教研员。因为"技痒",我还时常到中学去"玩票"——上课。上得最多的,就是唐诗宋词。这一方面固然是我喜欢唐诗宋词,赶上的教学进度又大致总是唐诗宋词;另一方面是所到学校总希望我上一节完整的课,唐诗宋词恰好满足这一条件。"九字诀"也就有了更广阔的使用场所。我是从中学教师岗位走上教研员岗位的,在中学教书时的声名还在扩散。一些学校邀请我去上他们命名的"示范课",而我将其更正为"研究课"。

1. 检验说法:一讲《苏东坡词二首》

2008年5月,我组织吉林省各市语文教研员赴长白山脚下的十五道沟踏青。回程中应通化市教研员赵大威老师邀请,我在辉南县第一中学上了一节《苏东坡词二首》。这节课是临时决定的,也没有留下音像资料。我在网上看到了一位语文教师发表的听课感言。①

在愉悦的心境中听了高中语文名家张玉新老师的示范课《苏东坡词二首》,在感叹的同时又有一些遗憾。感叹的是学生的学习是丰富多彩的,教师的指导是灵活多样的,只要师生互动学习,教学相长,师生的智慧都是无穷无尽的。语文课堂也就自然而然地充满了文化韵味。遗憾的是教师在这种课堂上的"文"表现不一:有的如蜻蜓点水,浅尝辄止;有的如神龙见首不见尾,故弄玄虚;有的如水中之油,曲高和寡。是学生不了解中国文化,还是老师对中国的文化不甚了了?依我们看,后者不在少数。

张玉新老师的课从背诵学过的苏诗苏词入手,教学生文本阅读的"九字诀":懂事儿、知趣儿、品味儿。为验证这"九字诀",张老师把教材的《苏轼词二首》改成《苏东坡词二首》,请同学们分析该课题的原因和目的。之后再反复诵读,师生进行个性化理解:人道是——懂事儿;怀古伤今——知趣儿;怎么表达豁达情怀的——品味儿。

另一首词《定风波·莫听穿林打叶声》从懂事儿——道中遇雨入手,补充写词背景,再品味儿——用原文中的一个词来概括作者的心境,有学生说是"任",有学生说是"轻",有学生说是"醒",从中来知趣儿。教者亮出自己的牌:喜欢"啸"。一反

---

① 丰忠波:《从夹缝中看高中语文新课改》,载《现代交际》,2011(9)。

常态，插入苏轼的人生经历，看到他乐观、纵容、潇洒、恬淡的人生境界，化用《归去来兮辞》，以归隐之心看世界万象——也无风雨也无晴。"晴"如何理解——人生对我无所谓风雨也无所谓晴——追求恬淡。就这样学习语文。

今天在高考指挥棒不变的情况下，让高中语文教师讲这样的课是不现实的。有的高中语文教师当场就说：这样的教学很精彩，也很无奈——在高一和高二都可以这样上，这样教，但到高三的时候还是要回到题海战术上来，真是一语道破天机。

作者在现场听课有感而发，我同意"今天在高考指挥棒不变的情况下，让高中语文教师讲这样的课是不现实的"，也理解这位教师说的"这样的教学很精彩，也很无奈——在高一和高二都可以这样上，这样教，但到高三的时候还是要回到题海战术上来"，可是却同样质疑上述观点，对他的"遗憾"表示"遗憾"，但不想辩论。立场不同，对语文教学的体认存在差异。下面以王鹏伟对二讲《苏东坡词二首》的评点对此聊作解答，但对高三回到题海战术上来的观点不敢苟同，也不想展开辩论。这些可贵的质疑之声也有一定的普遍性，其中自有对语文之道的不同体认。

2. 赢得赞誉：二讲《苏东坡词二首》

2009 年 4 月，我应邀在长春市汽车经济开发区第六中学讲了一次《苏东坡词二首》。与第一次讲这一课不同的是，在辉南县第一中学讲课之前要求学生背诵两首词，课堂的起点是学生对两首词有了一定的理解；本次课前不告诉学生授课内容，当堂检验学生的背诵。下面刊出课堂实录(节选)及相关评论。

《苏东坡词二首》课堂实录(节选)[①]

一、问题导入，务求简洁

师：今天的课文没有老师指导，我们要共同探究怎么样去读宋词更便捷，所以我没有安排预习。我们共同研究《苏东坡词二首》，研讨怎么读。请同学们把书翻到 36 页。这两首词同学们可能初步读过，但是没有认真读过，现在给大家一个任务：我们共同探究如果没有老师指导我们该怎么读。大家可以默读，也可以出声读，但不是齐读。为了保证课堂气氛，我主张大家放任读。读的同时思考，第一遍我能读懂哪些，还有哪些不懂；第二遍我结合注释能读懂哪些。讲究效率，挖掘文本固有

---

① 王春梅整理。授课时间：2009 年 4 月 12 日。授课对象：长春汽车经济开发区第六中学高一 6 班。人教版必修 4。

的美感,这是语文学习非常重要的两个层面。先突出效率,美就像吃饭时吃菜一样伴随效率而来。先请同学们放任去读第一首词。

随机板书:苏东坡词二首

(学生放任读课文,老师查看)

二、反复诵读,校音析意

师:请同学们稍停,是不是第一遍已经读完了?同学们感觉到字词层面有没有问题?有的请举手。

生:是不是多情应笑我早生华(huā)发?

师:非常正确。多情应笑我早生华(huā)发,还有没有?

生:一尊还(huán)酹江月,还是还(hái)酹江月?

师:huán,古诗中一般读这个音,意思与 hái 一样,还有没有问题?

生:初嫁了(liǎo)还是了(le)?

师:初嫁了(liǎo),因为词有平仄的要求。还有没有?

师:可见同学们在读第一遍的时候除了几个字音外没有别的问题了。在意思上有什么不懂的?请同学们读第二遍,开始。

(学生读第二遍)

师:好,第二遍同学们已经读完了,为了给同学们思考的时间,老师先把词读一遍。同学们思考字词层面以外文句上的问题。

(教师朗读,学生鼓掌)

师:同学们在文句上是否有问题?

生:小乔初嫁了,初,为什么不是出?

师:初,当初,开始之意,这个问题涉及本文作者的章法,实际小乔不是刚刚出嫁,而是已经出嫁多年。中国古代有这样的写作传统,英雄美人相配,显得周郎越发潇洒,还有没有别的问题?

师:为了延缓思考时间,请同学朗读,哪位同学愿意?大家可以公推一位。

(学生朗读)

师:请这位同学评价一下。

生:挺好的,声音洪亮。

师:比我还洪亮吗?

生：感情充沛。

师：比我充沛吗？

师：刚才这位同学在这种场合主动读，精神可嘉，但是朗读技巧稍差一点，刚性不足，节奏的缓急不太讲究，匀速。有的时候要加速、减速，如江山如画，一时多少豪杰。总之是不错的。下面请大家齐读一遍，老师起头。

（教师开头，学生齐读）

师：齐读的效果非常好，烘托了一种气氛，我们的思维一下子就和苏东坡联系在一起了。现在我要提出一个高的要求，请一位同学背诵。这位女同学能不能尝试背上片？

（学生背诵）

师：好，那位男同学能不能把全词背下来？

（学生背诵）

师：同学们知道他为什么能背下来全词吗？因为我教给了他方法，那位女同学我没教。请看，我重新把词按照诗的形式排列了，而书是按照散文的形式排列的，这就叫效率。以后希望同学们背诵诗歌的时候，把散文排列的诗按照诗歌的形式排列，这对你的记忆是有直接帮助的，这是今天张老师教给同学们的方法，改变文本的呈现方式能给你带来超常的记忆力。这位女同学，我把方法传授给你，这两名同学是例子。

师：既然同学们认为这两首词在文句上已经没有问题了，那我有问题，接招吧！第一个问题，本来这两首词叫《苏轼词二首》，我把它"篡改"成《苏东坡词二首》，道理何在？

生：一样。

师：一样吗？我肯定不会多此一举。

生：我认为是一样的，东坡就是苏轼。

师：不一样，你们是否学过《赤壁赋》？

生：学过。

师：时间，元丰五年，在黄州期间是苏东坡人生的低谷时期，但是造就了一个苏东坡，为什么？同学们的知识储备不足，苏东坡在黄州写一首《临江仙》(PPT)。

临江仙·夜归临皋

夜饮东坡醒复醉，

归来仿佛三更。

家童鼻息已雷鸣。

敲门都不应，

倚仗听江声。

长恨此身非我有，

何时忘却营营！

夜阑风静縠纹平。

小舟从此逝，

江海寄余生。

（教师朗读，简单解释）

师：在黄州期间，苏东坡在东坡种庄稼，于是开始自号东坡。今天要学习的两首词都是他在黄州做团练副使时写的，所以说没有黄州贬谪，就没有苏东坡。希望同学们以后再读课文时尽量多积累背景材料，这就是知人论世的方法。

师：刚才我给那位男同学传授的方法是用这种方式呈现（PPT）。为了加深大家的印象，我们按照这种方式齐读一遍。

（学生齐读）

师：同学们是否能尝试齐背？

（学生齐背）

师：好，只有三四个同学口形不太对，但是不是毛病，因为我们是搞挑战，这种方法同学们可以课后自己运用。

师：我问第二个问题，你们以前都读过诗词，有没有想过任何诗词都可以抽出情节人物？用一句非常简练的话概括《念奴娇·赤壁怀古》。

师：它最核心的情节因素就是"赤壁怀古"，这是第一个层次。那么现在同学们用自读的方式来读《定风波》，就读一遍，也把它的核心情节因素归纳出来。

（教师随机板书：赤壁怀古）

师：好，同学们都读完了，现在我们齐读，要读小序。

（学生齐读）

师：下面同学们再按老师这种（PPT）呈现方式，齐读一遍，同时尝试背诵。

（学生齐读）

（学生齐背）

师：非常好，现在同学们已验证了老师的一个预设，只要方法得当，只要大家用心投入，在短时间内背诵下来经典篇章是完全可以的。

师：那我们把它延伸一下，同学们如果不仅在课堂情境中，而且在自己的自学情境中，也经常给自己这样一种暗示，那你的阅读面就非常宽阔了。那么你的语文学习就不仅仅停留在课堂上了，你的精神文化内涵就越来越深厚了。

师：那么今天这节课的上半节想和大家交流的就是这么一个问题。古代诗歌的学习包括文言文的学习，必须通过反复大量诵读，把它化成自己的，仿佛是自己说出来的，这时再运用自己的人生阅历对它进行感悟，那你的语文学习就会越来越轻松。

师：现在我们看第二首词最核心的情节因素是什么。

生：遇雨。

师：加上地点呢？

（教师随机板书：道中遇雨）

师：老师再给它概括一下，用东北"儿化音"的特点。分析先要"懂事儿"，这是分析的第一个层次。第二层次还要知道诗词好在哪儿，概括为"知趣儿"。这样概括便于记忆。

（教师随机板书：懂事儿　知趣儿）

师：那现在我们进入第二个层次，你认为这两首词最有味儿的是什么？更喜欢哪一首？

生：《定风波》。

师：你认为哪儿最有味儿？

生：最后一句。

师：请读出来，你为什么觉得它最有味儿呢？

生：联系到苏轼当时是在被贬期间，这句话能体现出他有归隐的想法。

师：实际情况是这样的，当时苏轼被贬为黄州团练副使，后面还一句"着本州安置"，也就是说"画地为牢"啊。他在东坡开垦了荒田，又到沙湖去买田，想在此终老此生，那这位同学说这里是不是有人生的隐喻呢，东坡想归隐？我们不能说他没有，我们读懂作者，然后按自己的方式解读文本，只要言之成理就可以。但这位女同学还有言外之意没有说清楚，你看老师揣摩的对不对。你是想说"也无风雨也无晴"是眼前景色，更是人生的况味，是不是你要表达的意思啊？

生：我没说完。

师：好，请你接着说。

生："回首向来萧瑟处，归去，也无风雨也无晴"表现出了一个在人生最艰难时期但心灵旷达的苏东坡。

师：好，有道理。这位同学品出味道来了。

师：这位同学来谈一谈，看你的眼神就知道你想说。

生：我更喜欢《念奴娇·赤壁怀古》，我前几天刚看了《赤壁》这个电影。

师：你先打住，电影和这堂课能比较吗？这是题外话，你先接着说。

生：我按我的思想给它归纳了一下，苏轼先由"大江东去，浪淘尽。千古风流人物"想到"三国周郎赤壁"，又由"雄姿英发。羽扇纶巾，谈笑间，樯橹灰飞烟灭"想到"多情应笑我，早生华发。人生如梦"。

师：你把我要说的都说了，太好了，请坐。

师：她认为作者在上片描写一个宏阔的场面，令人感到精神振奋。"乱石穿空，惊涛拍岸，卷起千堆雪"这样一种场面，波澜壮阔。所以她感觉到一个人在倒霉的时候，还能如此旷达、如此豪迈，这的确是与众不同的，这都是趣味。所以，人说苏东坡在黄州时是倒霉的，他生在眉州，被贬到了黄州，被贬到了惠州，又被贬到了琼州，最后死在了常州。

师：这两位同学品读得都非常好。还有哪位同学想说？

生：我也喜欢《念奴娇·赤壁怀古》。

师：和刚才那位同学一样的就不说了。

生：我觉得"人生如梦，一樽还酹江月"，表现了苏轼对官场的厌恶。他当时被贬，应该已经人在中年了。

师：好，这两位女同学阐释的观点基本是一致的，她们都从第一印象去体会这两首词。但我们不能把感情强加于文本，我们需要了解作者，还要有一定的人生阅

历。当然现在这没关系，只要我们已经按照这样一种途径进入文本就成功了。

师：我们把这两位同学的理解再做一下比较的话，会发现这位同学是从眼前景去引发人生况味的，用这种思路去分析就是"由事到理"（板书）。

师：另一位同学是说词中写到了眼前的景，景中又隐含着苏轼的人生感觉，那实际上就是说，他通过描写景物，来做什么呢？如果仅仅停留在感情上就不是苏轼了，于是他将这种感情上升到一种理，"一时多少豪杰"（板书）。

师：实际上我还有一种感觉没和同学们说，词句"大江东去，浪淘尽。千古风流人物"。大江在向东流去，这可以被看作描写。"大江东去"，苏东坡站在赤壁看到了，但巨浪淘尽了千古风流人物，苏东坡看不到。淘任何历史人物，苏东坡都不在现场，但是为什么知道结果呢？因为他们都不在了。那么历史人物是被长江的波澜壮阔淘洗掉的吗？也不是，但是苏东坡在他们之间建立了关系。总之，大江在那儿，而你们将被淘尽，当然也将淘尽我苏轼，这就是在写一种"理"。最后，他由景到情，上升到了理。

师：这就是趣味。类似的趣味还有，如第二首词里老师非常喜欢的"莫听穿林打叶声，何妨吟啸且徐行"。我最喜欢的是"吟啸"，"吟"就是朗读诗歌，那"啸"是什么意思呢？大家查字典就知道，"啸"是把嘴噘起来打呼哨，也就是打口哨。这多么可爱啊！此时，遇雨，雨具没了，大家都在受着淋漓之苦，"余独不觉。"已而天晴，他写了此词。"何妨吟啸且徐行"，在雨中，他慢慢地行走，边走边朗诵，时而还打着呼哨。我感觉到这是一个老顽童的形象，那种洒脱是学者的旷达。

师：我品味的就是"何妨吟啸且徐行"这里的"吟啸"。我和同学们品味的基本是一样的，但又有不同。我之所以比同学们体会得深，是因为人生阅历比你们丰富。另外，这首词，我研究的时间也比你们长，我是专业工作者，你们是业余工作者，而你们如果能在专业工作者的指引下按照这样一种方法，上升到这样一种水平，那你们就超越一般了，那种语文学习境界该有多美好啊！我也只是给学生们举这样一个例子。我课前已经和同学们强调了，这节课是一个方法指引的开始，不在于把这两首词严谨地、完整地分析透彻。

三、归纳概括，方法点拨

师：那么最后还有步骤是"品味儿"。这里我们主要来品风格，刚才同学说了这首词那么壮阔，东坡词被认为是什么词啊？

生：豪放词。

师：豪放，有哪些字眼啊？"大江""千古""穿""拍""卷"等。但你能说《定风波》是豪放的吗？你能说是婉约的吗？

师：老师给大家朗诵下苏轼的《蝶恋花》，大家感觉下这首词的婉约。

（教师朗诵）

蝶恋花

花褪残红青杏小。

燕子飞时，

绿水人家绕。

枝上柳绵吹又少，

天涯何处无芳草。

墙里秋千墙外道。

墙外行人，

墙里佳人笑。

笑渐不闻声渐悄，

多情却被无情恼。

师：这婉约吧，肯定比《定风波》婉约吧。《定风波》里面隐含了一种俏皮幽默，大家再去体会下"何妨吟啸且徐行"。总之，通过品味这两首词，我想和同学们交代这样一个问题——并非一个词人的作品都是一个基调。

师：这堂课仅仅是方法引导课的开始，是开端而不是结束。我们把黑板上的概括一下，就是这节课需要掌握的。这堂课和大家共同学习很愉悦。谢谢大家。

附板书设计

苏东坡词二首

	念奴娇	定风波
懂事儿	赤壁怀古	道中遇雨
知趣儿	事、情、理	事、情、理
品味儿	旷达、壮阔	洒脱、俏皮

王鹏伟认为，我讲授的《苏东坡词二首》（教材中为《苏轼词两首》）是"常规课"。

　　这节课中的一些做法是"常规"的，但在目前追求教学手段翻新已经成为时尚时，"常规"做法却显得"反常"了。①

　　主要表现在如下几方面。

　　一是当堂熟读成诵。语文素养的形成是一个涵养的过程，类似中医，标本兼治，但见效慢。教师普遍抱怨学生不重视语文。"重视"和"喜欢"不是一回事，不重视不等于不喜欢。日常教学的常规做法是课前预习。所谓预习也就是熟悉课文。在课后作业穷于应付的情况下，语文预习只是个"美好的愿望"。一节课40～45分钟，学生连读课文的时间都没有吗？当堂读课文有一个好处，就是及时获得新鲜的阅读体验，形成阅读期待，有利于及时生成。但人们很少考虑阅读心理。与其强求不得，明智的做法就是当堂开读。《苏东坡词二首》这堂课就是如此，"常规"教学看似无新意，但确实很有效。让学生自由读、再齐读，接下来才是教师范读与朗读指导。流行的做法是，教师先范读，声情并茂，学生叹服。应该注意的是，阅读是一个逐渐深化的过程，教师的范读其实是对作品的直观阐释，学生的阅读体验在某种程度上被"省略"了。本课在学生熟读的基础上教师才范读，看似无心却有意。人们比较关注教师讲得是否"深透"，很少留意教师的阅读经验。教学是个性化行为，从本质上看，教学是教师用自己的学习经验阐释课程内容的过程，教学效果取决于此。这节课把诗句的"散文式"排列变成分行排列，两相比较，效果明显。奥妙常在细微处，细微之处见功夫。新课程倡导"学会学习"，教师的学习经验是必要条件。

　　二是"写意"式解读。语文教学低效的表现之一是，环节多，内容少，密度小，"讲深讲透"，文本阐释胜过文本阅读。一首诗百八字，学生竟然不能当堂背诵。课后给学生留下深刻印象的不是文本本身，而是文本阐释。在这方面，《苏东坡词二首》的教学给我们以有益的启示——"写意"式解读。

　　关于这一点，教者在"教后思考"中说："由于本课的立意是针对教师喜欢'讲深讲透'的教学常态，颇有'矫枉过正'的纠偏意识，因此没有细致分析文本，使得教学流程呈现'写意'的特点。这用通常的语文课堂标准衡量，可谓解读不足。可是从教者的'方法引导'教学意识看，注重宏观方法的引领自然有其独特的价值，况且这节

---

　　① 王鹏伟：《"常规"语文课的"反常"》，见苏立康：《品课·高中语文卷001》，151～153页，北京，教育科学出版社，2013。

课只是一个开头，还有待后续课程'工笔'式的剖析，只是这一节课没能体现出这一特点。"

这里教者的表述借用了国画技法，"写意"与"工笔"，二者是相对的。其实，教学的写意性也可以从教学艺术风格的角度来理解。

写意性是中华民族文化通约之一。课堂教学是一门艺术，自然也可以从文化通约的角度来看待。课堂教学不是教者对课程内容的直接陈述或阐释，而是对课程内容的艺术呈现。解读的多元性和人文内涵为文本解读的写意性提供了依据。

这节课的"写意"特征是很鲜明的。讲《念奴娇·赤壁怀古》，学生理解到核心情节是"赤壁怀古"；讲《定风波·莫听穿林打叶声》，学生说"回首向来萧瑟处，归去，也无风雨也无晴"表现出苏东坡的旷达；继而回头解读《念奴娇·赤壁怀古》，触景生情，由壮阔之景联想到风流人物，由豪杰故事引发壮志未酬的慨叹，再由"豪放"之作拓展到"婉约"之作。整个教学过程行云流水，不事雕琢，看似"随意"，颇具匠心。这节课教材篇目2首，课外篇目2首，教学要点各有侧重，浑然一体。

教学艺术的写意性与虚实感密切相关。教学艺术的写意性形成了独立思考的"空白"。正是这个"空白"突出了教学重点的质感，提高了教学效率。

三是文本重构与教学生成。文本重构与教学生成是这节课的一个亮点。一般情况下，讲这两首词，先要交代作者的身世或时代背景之类的；有时也会提示词作风格，除了"豪放"还有"婉约"。当然这些都是必要的。但如何呈现这些教学内容，却是教学机智。

授课伊始，教师问：这两首词教材中题为《苏轼词两首》，我把它"篡改"成《苏东坡词二首》，道理何在？由此引出作者被贬到黄州的坎坷经历和"东坡"名号的由来，顺势补充苏轼被贬到黄州的另一篇词作《临江仙·夜归临皋》，这也为后面引导学生掌握"知人论世"的解读方法埋下了伏笔。在这节课的结尾，教师又由《念奴娇·赤壁怀古》的"豪放"风格，引出"婉约"之作《蝶恋花·花褪残红青杏小》。

这二首词作的"随机"引入，别具匠心。《临江仙·夜归临皋》中"小舟从此逝，江海寄余生"，诠释了苏轼被贬到黄州的坎坷仕途，旷达的胸襟以及其词作风格也与《定风波·莫听穿林打叶声》互为印证。《蝶恋花·花褪残红青杏小》在词作风格上恰与课文《念奴娇·赤壁怀古》形成鲜明对照，拓展了学生的阅读视野。此举很有针对性。一般情况下，学生以为苏轼既然是豪放派代表，其词作自然多为豪放风格，其实不然。《蝶恋花·花褪残红青杏小》的引入消除了学生的这种误解。

从上述情况看，文本重构与教学生成是密切相关的。文本重构是预设的，要使重构的文本转换为课程生成的有机资源，教学契机的选择至关紧要。

以上是学习本课教学的一点心得。

若提一点商榷意见的话，我以为要在一节课里涵盖解读古诗词的一般方法，似乎面铺得大了些；着重讲一点，可能效果更好些。

以上是王鹏伟的点评。我无意间在陈娜的博客上读到了她对这节课的评论。

一是全面体现了新课改"注重语文应用、审美与探究能力的培养，促进学生均衡而有个性地发展"的理念。

张老师在开课前就说了今天的课没有安排预习，我们共同研究《苏东坡词二首》，研讨怎么读，奠定了本节课的课型，即诗词学习方法指导课，只不过是以《苏轼词二首》为例子罢了，希望通过这节课的学习让学生学会自学。

在学生自读环节中，张老师鼓励学生放任读，讲究效率，达到效果，要挖掘文本固有的美感，美就像吃饭时吃菜一样伴随效率而来。我们在后半部分的教学中也看到，张老师没有逐字逐句地翻译，而是从整句入手，从宏观的感受来谈，从整体的美感来谈。在美感的得来上他也没有直接告诉学生，而是从苏轼其他诗句的辅助中让学生自己去悟去感受。

二是在教学中，合理使用教科书和其他有关资料，充分发挥主动性和创造性。在本堂课的教学中，张老师共引用了苏轼的两首诗来作为助读材料。第一个问题"本来这两首词叫《苏轼词两首》，我把它'篡改'成《苏东坡词二首》，道理何在？"学生说一样，老师引用了苏东坡在黄州写的《临江仙·夜归临皋》，告诉学生如果没有黄州就没有苏东坡，希望学生以后再读课文时尽量多积累背景材料，这样也就介绍了词二首的创作背景"苏轼被贬黄州"。第二次引用苏轼的词是在"品风格"的环节，目的是告诉学生并非一个词人的作品都是一个基调，要根据具体内容来定。张老师通过引用词人的其他作品，既帮助学生理解了课文内容，也扩展了课堂的广度。

三是一场学习方式的变革。张老师在本堂课中特别注意自主、合作、探究的学习方式，特别注意对学生方法的指导。

朗读方法：读的同时思考，第一遍我能读懂哪些，还有哪些不懂；第二遍我结合注释能读懂哪些。

记忆方法：今天张老师教给了学生新的方法，即改变文本的呈现方式。

文句理解方法：如果没有黄州就没有苏东坡，希望同学们以后再读课文时尽量多积累背景材料，这就是知人论世的方法。

学习诗词的三步：懂事儿—知趣儿—品味儿。

在方法的指导下，让学生自己去悟，如让学生说自己认为最有趣味的地方。

此外，在张老师的课堂中，我们也感受到了老师和学生平等的对话合作。

四是教师在课堂中的地位问题。张老师在本堂课中表现过于强势，牵着学生走，给学生留出的思考时间太少。

我十分认同陈娜说我"在本堂课中表现过于强势"的观点，而且觉得她是一位非常敏锐的老师。这一点不仅在这堂课上，在我很多课堂上都存在，也是我一直力图克服的。

本课是我应邀到长春市汽车经济开发区第六中学一年6班上的一节教学研究课。我的定位就是常规课，体现我对高中课堂教学的一般思考。为了体现课堂效率，我没有事先安排预习，学生是上课后才知道我的教学内容的。我觉得只要注意力集中，方法得当，古代诗文的学习完全可以在课堂上熟读成诵。因此我确定的教学目标就是当堂背诵，在熟读成诵的基础上探究鉴赏的一般方法。教学难点是如何根据生活体验恰当解读文本，不追求术语化的解读，追求生活体验式的解读，在解读中共同体验审美愉悦。

我确定的当堂熟读成诵的目标在恰当方法的指导下顺利完成，这种方法有两点值得关注。第一点是诵读指导，又分两点：一是教师暗示、强化，使学生注意力集中，这是提高学习效率的重要保障；二是恰当的方法指导充分体现了语文学科的特点，将课文的散文式排列呈现为诗歌的分行排列，使学生在关注汉语的四声音律中完成背诵，这是终身受益的方法。第二点是诗歌鉴赏方法指导，可以概括为三个层次九个字：第一个层次是"懂事儿"，就是对文本"写什么"的归纳概括，通常的语文课堂把这一层次放大到几乎占课堂的大部分时间，而我只把它限定在较短时间，而且主要是通过诵读来实现的；第二个层次是"知趣儿"，就是对文本"怎么写"的剖析，通常的语文课堂总喜欢用比较专门化的术语解读，学生必须艰难地掌握一些超越文本理解程度的概念，然后再验证这些概念，我则通过引导学生从生活常识中感悟文本的真髓，使学生没有"爬坡"的感觉；第三个层次是"品味儿"，就是对文本"为什么这样写"的剖析，通常的语文课堂较少关注这样的问题，或者简单介绍作者的风格，以知识介绍代替风格体悟，我则是通过适当扩充阅读面，对同一作者不同作品的分析，自然归纳其风格的多样性。

从执教的效果看，学生积极投入表明其任课教师注意从培养学生的自主学习习惯入手，使学生基本形成了课堂注意力集中、积极主动与教师交流的习惯，这是这节课能够实现高效率的保障。从执教的效率看，由于注意诵读方法的指导，学生当堂背诵了两首词，而且没有什么障碍，这就避免了通常把背诵留作课后作业的弊端。从执教的效益看，因为课堂语言生活化、风趣幽默，所以虽然师生陌生，但互动没有隔阂，合作默契，使得课堂的流程具有酣畅、洒脱的特点。课后许多学生还津津乐道。

一节课是局限的，不可能面面俱到。有所舍弃才能有所突破。

3."延迟"的成功：三讲《苏东坡词二首》

"导师工作室"成立之后，经常开展以课堂教学诊断为目的的教学活动，本次活动是落实每学期听学员一节课的工作。吉林省实验中学语文组长、特级教师、吉林省名师工作室主持人卢军良老师也应邀上了一节课。"导师工作室"学员、吉林省实

图 3-3　执教《中国石拱桥》

验中学王秀艳老师上了一节课，我也上了一节课，根据教学进度，所讲的都是高中语文必修四的宋词单元。

《苏东坡词二首》课堂实录(节选)①

（上课，老师同学相互问好）

（首先请四名学生上前朗诵《念奴娇·赤壁怀古》以及《定风波·莫听穿林打叶声》，并逐一点评，引出本课内容）

师：今天，我和省实验的各位同学在20年之后再一次学习中国古典诗歌，我把它命名为《苏东坡词二首》。

（教师板书：苏东坡词二首）

师：我问大家，为什么我不写"苏轼词二首"，而是写"苏东坡词二首"？

生甲：我觉得您可能是考虑到，对于苏轼这个人，大家首先想到的是苏东坡，如有东坡肉（众生笑）。然后，我觉得是百姓觉得叫苏东坡更亲切一些，所以就叫"苏东坡词二首"。

师（笑）：你这个说法不对，你再想想，苏东坡在哪里写的这两首词？

生甲：黄州。

师：黄州是哪儿？

生甲：苏轼被贬的地方。

师：这是个关键。

（教师开始展示课件，并展示至《临江仙·夜归临皋》）

师（对生甲）：请朗读一下。

（生甲有感情地朗读了该词）

师：好，现在明不明白为什么叫"苏东坡词二首"了？这首词也是在被贬到湖北黄州时所写的，也就是说因为苏轼遭贬到了黄州才有了苏东坡。以前只有苏轼苏子瞻，东坡就在黄州诞生（众生悟）。这就是我写这个名字的寓意，绝不是东坡肉。（对生甲）请坐。

师：那么，怎样去读词？既然同学们在课前就已经到达了课的终点了，那么我

---

① 王秀艳整理。授课时间：2012年5月16日。授课对象：吉林省实验中学高一文科实验班。人教版必修4。

们显然要用一些非常规的办法。那我就和同学们共同商讨一下怎样读能理出个头绪来。我们就先看这首《念奴娇·赤壁怀古》。

（教师板书：念奴娇）

师：同学们首先想一下，这首词从内容的角度主要写的是什么。如果就用四个字来概括能不能概括出来。

（生乙举手）

师：好，这位同学请说一下。

生乙：赤壁怀古。

师：好，很对。

（教师板书：赤壁怀古）

师：这就是我们所说的内容的核心。省实验学校文科班学一首古典诗词还用在内容上做更多的反复吗？不用。一读一背就知道了。因此，这个层面不是我们学习的重点。那我们是不是要考虑他是怎么怀古的？这恐怕不是一两句就能说出来的了。我们看他是怎么怀古的。是不是应该先确定一下作者的立足点呢？肯定是在赤鼻矶那一带，看书上的注解，这首词同样是写在元丰五年七月，也就是和《赤壁赋》写在同一时间段。我想，苏东坡先生在赤壁游览一圈，写下了《前赤壁赋》，也顺手写下了这首词；后来在十二月又去了一次，写下了《后赤壁赋》。那么苏东坡站立在赤鼻矶的某一点看到的景物是什么呢？词的上片写的都是眼中所见。第一句就是，大家齐读。

学生齐读：大江东去，浪淘尽，千古风流人物。

师：停。浪淘尽，千古风流人物是看到的吗？不是，那是什么？（对生丙）你来回答一下。

生丙："浪淘尽，千古风流人物"是词人总结历史，通过自身感悟得来的。

师：感慨总结，非常好。同学们再想一想，初中时背过苏东坡的诗，如《饮湖上初晴后雨》《题西林壁》《惠崇春江晚景》，这些都有一个特点，有生活常识，如"蒌蒿满地芦芽短，正是河豚欲上时"，是看到的吗？不是，是联想的。还有"横看成岭侧成峰，远近高低各不同"，有形象吗？没有。"水光潋滟晴方好，山色空蒙雨亦奇。欲把西湖比西子，淡妆浓抹总相宜。"说西湖像西子一样美，但西子到底有多美，苏轼没见过，也没有具体形象。苏东坡的诗和词非常注重理趣，同学们可以记一下。

　　李清照曾经讽刺过他的词不合乎乐律。其实在北宋年间，主流的是婉约词，都能填词来唱。但苏东坡的词一般都不能唱，它不合乎乐律。但苏东坡不管那一套，我就写我的词，跟唱有什么关系？这种写词的风格也能显出一种个人的追求。好，我们知道了第二句不是看到的，像刚才这位同学说的，是对人生阅历的一次整合，是一次逆推，这次逆推就引出了下文。"故垒西边，人道是，三国周郎赤壁。"老师非常喜欢"人道是"，那么，同学们知不知道其中的原因？（对生丙）来，你说一下。

　　生丙：我不是太清楚，但我觉得是这样的：因为周郎与赤壁之战有关，由于赤壁之战发生在很久以前，因此苏轼也不敢确定这就是赤壁之战的地点，所以用了"人道是"。

　　师：非常好，苏东坡表现了一个学者最基本的气度和风范，我不把它当作赤壁，但不当作赤壁又无法怀古，如果连赤壁都不真实，那么怀古就没有依托了，所以苏东坡就非常巧妙地用了三个字——"人道是"。大家都说是，我同意；或者，至少我现在同意，因为我现在要怀古。正巧我在赤鼻矶下，我就把它当作赤壁，并且明确地写出"人道是"，既巧妙又表现出他的严谨。之后按照正常人的写法，是不是应该写周郎赤壁都有什么东西啊？但是他不说了，然后说了什么？（对生丁）你来说一下。

　　生丁：与现在所看的景物联合，我想还有一定的联想。

　　师：又写了眼前之景，对吧。一般说来眼前之景啊，我们的语文课讲到现在都要重点分析这幅景象，并且不同的版本对某几个重点的动词的注释是不一样的，但是我们今天不分析它。根据你们课前的背诵情况，我知道你们肯定能背诵得很好，总之我们知道——（让生丁坐下）——他又回到了眼前的景。那么同学们再从思维的向度上看，如果说大江东去是一个视觉形象的话，那么"浪淘尽，千古风流人物"就是一个思维的向度，又想到了三国周郎赤壁，这又是时间维度上的一个拓展。我们现在都讲究三维学习目标，苏东坡这首词的上片就有三个维度，既有空间的景象，又有时间的维度，还有思维的空间。大家看，仅仅49个字就有三个维度，你说妙不妙？还有，这几个字当中有描写，议论也有很多。同学们再想一下，上片以写眼前景为主，连带着说到了怀古的地点以及与那个地点相关联的人物。下片该说什么了？我想给同学们介绍几种基本的方法，就是读词一定要注意"过片"。什么叫"过片"？下片的第一句就叫"过片"。"遥想公瑾当年，小乔初嫁了"就是"过片"。你有没有体会到它的妙处？我们先说他写了什么，"遥想公瑾当年，小乔初嫁了"与上片有没有关联？

生：有。

师："三国周郎赤壁"，刚才点到了。写眼前景，写到"过片"的时候，你看像不像草书那种形断意连，一笔甩出去，看似跟下一个字是连着的，但实际是断的，这就是过片的妙处——意断神连。看似没什么用处，实际点到了上片的"三国周郎赤壁"，怀古就因此被引起了。具体是哪些内容呢？"小乔初嫁"。据考证，赤壁之战时，小乔都嫁了十年了。但是，苏东坡非常巧妙地把她写成新妇。这是为什么？

（学生沉默不语）

师：大家现在都变得很深沉，这样吧，我们齐读，看看有什么效果。

（学生齐读下片）

师：大家有没有感觉？

生戊：我觉得是以小乔的美丽来衬托当时周郎的英姿飒爽的。

生己：我觉得是以周郎年少有为来对比作者不得志的。

师：两个人说得都对，综合起来就是正确答案。一方面，英雄美人相配；另一方面，在中国古代，无论是哲学还是诗歌，都讲究阴阳协调，这里面就是一种阴阳协调。大家想想，如此年少英雄，又有如此美人相伴，又建立如此功勋，三美齐聚，简直太美妙了。再看看当时的苏东坡，当年他 47 岁，因为乌台诗案被贬（找同学简述了乌台诗案的背景）。大家再看这首《临江仙·夜归临皋》，这首词说明了苏东坡当时的处境十分悲惨。一个人在仕途上得意，忽然间变成了失意，这种心情是我们无法理解的，因为我们没有在宦海沉浮过。我们只能想象他可能的心情，总之不太好受吧。但是在词中能看到那种不好受吗？不能。这就怪了，难道苏东坡在作假吗？在掩饰自己的心情吗？如果不是，那恐怕就是一种气度、一种禀赋了，要诉诸笔端，就是一种风格了，那就是豪放。接下来就是"故国神游，多情应笑我，早生华发"。对这一句的解释是有争议的，书下注解说，多情应笑过早地长出了花白的头发，没有主语，但是书中认为这个主语就是苏东坡自己。据研究，这个主语应该是周瑜。你们觉得是苏东坡好呢，还是周瑜好呢？如果是周瑜，那这句话该怎么翻译呢？这节课先不讨论这个问题。我个人认为，这句话的主语应该是周瑜。我不同意书下注解，但我不给同学们讲了，大家可以回去自己琢磨。然后，"人生如梦，一樽还酹江月"。用一杯酒祭奠月亮，仕途的坎坷都在这杯酒中。

　　老师教大家一个"九字诀"。第一层是"懂事儿"，就是知道它的内容。刚才我和同学们共同剖析这首词的时候，说他为什么这样写，即我们在技巧或者表达手法上进行了一番研讨，这一层也用三个字来概括，就是"知趣儿"。我们刚才涉及"品味儿"。老师将其戏称为读古代诗词的"九字诀"。明确赤壁怀古这个基本事件之后，作者怎样去写赤壁的景色以及怀古呢？有用典，还有许多修辞手法。从风格的角度来看，苏轼处于人生低谷时，表现出的却是一种昂扬，或者说，这是对现实遭遇的一种反调。这种反调表现了苏东坡的一种豪迈。由于老师说得太多，同学们没怎么说，现在大家齐读一遍。

　　（学生齐读，老师讲解朗读的技巧）

　　师：那么这首词我们暂时就到这里。下面同学们看下一首《定风波·莫听穿林打叶声》。从它记载的事件上看，我们也用四个字来概括，是哪四个字？

　　生：道中遇雨。

　　师：谁说"道中遇雨"？我同意，你们同不同意？

　　生：同意。

　　师：这个小序非常巧妙，元丰五年三月七日，这首词反倒写在前面。"道中遇雨，雨具先去，同行皆狼狈，余独不觉。"注意，这够性情吧？然后，"已而遂晴，故作此词"。如果没有"已而遂晴"，一直下着雨的话，不作，为什么？没法作。

　　（教师朗诵全文）

　　大家喜欢哪句？这个恐怕不一样。老师最喜欢"何妨吟啸且徐行"，大家知道老师喜欢其中哪两个字吗？就是"吟啸"。"啸"本意是噘着嘴吹口哨，引申意义是鸟兽拉长声音叫，再一个意思是风雨等自然物发出高而悠长的声音，还有一个意思是呼唤。为什么我最喜欢这个字？我跟同学们简单说一下。大家想一下把"啸"和"吟"这两个动作放在一起，吟诗是文人的基本功课，作为苏东坡这样的文豪来讲很正常，但别忘了，这是在雨中行吟，这是不是更增加了诗意呀？除了雨浇在身上的"湿意"外，还有一种诗意，那就是诗情画意。但是，这种情况又加上了一个"啸"。关于吟啸的解释，书上是这样说的：吟咏长啸。大家知道，吟咏就是吟诗，那么长啸是什么？岳飞的《满江红》中的"仰天长啸"就是呼号的意思，按照书下注解，他就是在呼号。老师认为还是把它解释为本意，更能体现苏东坡的旷达，这就是我喜欢它的原因。

我们假定，一个词人穿着芒鞋，拄着竹杖，他还说"轻胜马"，当然他没马可骑。他穿着农民的服装，但满腹书卷，吟诗作赋，没事还咂嘴来么两下，并且周围还有一行人。别人都觉得狼狈不堪，他却是吟啸雨中行。大家要知道，苏东坡认为自己没有被起用的可能了，所以才到沙湖去买地。他在黄州一开始连住的地方都没有，寄居在一个禅院里面。所以他才去买地，自己称"相田"，已经安心啦。在这样一种人生的纠结之中，他还能保持这样一种洒脱，是不是值得我们钦佩啊？还有就是老师不大同意把这首词当作豪放词，我认为他表现了一种豁达、平淡甚至带有闲适，还不乏几分俏皮。一个人在低谷的时候，还能表现出一种旷达淡泊是不容易的。这时候他来这里已经两年半了，他的生活已经基本上稳定了，所以他表现出了这样一种人生的基本形象。

今天的时间我没有掌握好，有几首没给大家看。我是想说不要一想到苏东坡就是豪放，豪放词在苏东坡的作品中是很少的。

（教师向学生展现苏东坡其他并不豪放的词）

今天，给同学们留一个作业，借此机会，把苏东坡在黄州写的诗词做个小集。通过阅读，把它们集到一起，并编成一个薄薄的手抄本。自己写序，起个名，这就是你在高中时段和张老师共同学习语文课的一个收获。

今天非常愉快地和同学们在省实验学校一个特定的空间内，神游千年前苏东坡所在的黄州。虽然同学们表面有些深沉，但我看到了同学们心中的激动，希望以后还有时间和同学们一起共同学习。

谢谢大家！下课！

（师生相互问好，下课）

就课堂而言，我认为这是一节失败的课：一是我的掌控性太强，牵着学生走，没有给学生自主发挥的空间，压抑了学生的表现欲；二是我讲得太多，犯了我自己讨厌的"讲深讲透"的毛病；三是节奏上前松后紧，缺乏有效调控，这也是我的老毛病。

求其原因，一是我高估了学生自主学习的能力以及预习的效果。虽然按照要求，课前学生把两首词都背了下来，但是长期以来学生都是"刷题"长大的，没有形成诗词解读的基本能力，即便是文科实验班，也同样存在这种"先天不足"。二是班主任是我工作室的学员，出于对我的尊重，课前过度介绍我，把我"吹"神了，使学生产生了敬畏之心，总担心自己说错了被笑话。

从课后的反馈看，这又是一节成功的课。其最大的亮点是我布置的作业。这节课后不久，班主任就给我送来40多份手抄本的苏东坡黄州作品选。有精美的封面和版面设计，有恰当的手绘配图，有前言、后记，当然，还有苏东坡在黄州的作品。若是一节失败的课，因为留了有创意的作业而让学生收获了自主学习的能力，就可以"功过相抵"了。可是学生完成了我布置的作业，仅仅因为我的作业有创意吗？当然不是！这又要说起"失败"的原因之一：班主任对我的"吹捧"，学生因为信任她而选择相信我。当然，更是因为学生具备一定的学习的能力和热情，被恰当的任务激活，就焕发出惊人的创造力。

课堂上也有一个令我满意的环节，就是用归纳的方式介绍"九字诀"，而不是用演绎的方式。这是一节"延迟"成功的课，得法于课堂，获益于课外。

课后工作室学员对本课进行讨论、点评，真实记录了研讨的氛围。择要如下。

第一，赞同题目改写。

※巧妙地把《苏轼词二首》改为《苏东坡词二首》，引出了苏轼被贬的经历。

※在黑板上写下"苏东坡词二首"，在讨论中让大家明确此时此地的人是"苏东坡"而不是"苏轼"。一处小小的变化，体现了对学生思维的引领，没有囿于原文，这是个性化的切入，体现了教者的独创性。

※通过题目为什么不写"苏轼词二首"而是写"苏东坡词二首"，在学生们的种种判断和猜测中，自然引出苏东坡被贬到黄州的写作背景。

※将题目改写，让学生从中感受到此时的苏轼在人生低谷，巧妙地将写作背景渗透给学生，既引起了学生的读书兴趣，又能将作者的经历有声有色地交代出来，高屋建瓴地把握着课堂，开始将他的招数传授给学生。

※课堂是真诚而灵动的。例如，在板书课题时，写的是"苏东坡词二首"。正当学生满腹疑团的时候，张老师马上发问："为什么不写成'苏轼词二首'呢？"问题一出，犹如一石激起千层浪，学生们众说纷纭。有的学生甚至还想到了"东坡肉"。当然也有学生提到了苏轼曾耕作东坡的典故，这一点才是张老师所要强调的重点。于是张老师又顺势启发学生记住元丰五年，因为这时的苏东坡正处于仕途的低谷，进而引导学生了解了作者被贬黄州的历史背景，从而为学生理解诗歌奠定了情感基础。可见，张老师是以对苏东坡的最大同情与由衷欣赏来引领学生走进文本的。试想这

样的课堂又岂是一个真诚了得呢?

第二,欣赏炼字环节。

※诗词教学重在领悟而非肢解。张老师主张教学过程中,不全部嚼烂,给学生一种指引即可。一旦赏析某一句话、某一个词,就一定要品出其中的滋味来。例如,在讲解《定风波·莫听穿林打叶声》的过程中,在谈到"何妨吟啸且徐行"的时候,张老师把重心放在"吟啸"的推敲上。中国的诗歌讲究炼字。诗歌的用字是非常用心的。名篇的每一个字的选用慎之又慎,每一个字都是有其存在的合理性的。

※张老师通过教学告诉我们,可以根据这些特点,找出诗歌中一些用得较传神的字词,做一些炼字练习。我们可以尝试着把一些用得精巧的字换成意思相同的字,让学生分析该句与原句在表达上有什么不同,看看能不能换成这个字。通过这种辨别,学生可以更好地理解一些词语在语句中的表达作用及一些特殊意义,从而更好地理解、体会诗歌的意境。

※为了深化学生的理解,张老师用幻灯片引领学生解析"啸"字的多种含义。这一看似常规的教学设计却洋溢着浓浓的学术探究的氛围,让学生切实体会到读者对文本的认知与感悟往往是要建立在对文本语言的品味与鉴赏的基础之上的。随着学生对"啸"字的准确理解,那个虽然没有雨具,却依旧手拄拐杖、脚穿芒鞋、吟咏长啸的苏东坡已然从容地走进了学生们形象思维的世界里。苏轼那种旷达、洒脱的人生态度又怎能不潜移默化地浸润在学生的血液中呢?

第三,赞同"九字诀"。

※通过本课教大家一个"九字诀",第一层是懂事儿,就是知道它的内容;剖析诗歌的时候,在技巧或者表达手法上进行研讨,即知趣儿;最后在陈述的基础上,感受文字的丰富蕴藉,即品味儿。张老师以此为"过片",引领学生感受词人是如何借赤壁怀古的。

※特别是最后传授给学生的"九字诀",更是令人耳目一新。学生掌握了阅读诗歌的"九字诀",便像令狐冲得到了"独孤九剑"的口诀一样,可以在江湖上行走无碍。当然还是得在实践中检验功夫的真伪。用这"九字诀"去阅读《定风波·莫听穿林打叶声》,学生感到自己掌握了一门秘诀,各个脸上洋溢着欣喜。

※为了引导学生掌握鉴赏诗歌的技巧,张老师还总结了读诗"九字诀",即"懂事儿、知趣儿、品味儿"。由于时间关系,张老师没有为学生展开介绍,但这精辟的九

个字足以使学生领悟到诗歌鉴赏的真谛，甚至让他们受益终生。

第四，肯定作业的创意。

学生得到的不是一首诗、一篇文章的内容情节，而是对今后的阅读有着长远影响的方法和技巧。从这节课走出，学生会看到一条诗意的路。课堂上，张老师和学生对诗歌的解读、品评过程，是一个师生情感交融、人生情感交融的过程。教师的情感呈本真开放态势，这无形中营造和维持了一种和谐的心理氛围。一节课的魅力不仅在此，还在于投石激浪。张老师在教学近结束的时候鼓励大家："借此机会，把苏东坡在黄州写的诗词做个小集。通过阅读，把它们集到一起，并编成一个薄薄的手抄本。自己写序，起个名……"

第五，可贵的意见。

※学生没有达到老师的要求。从课堂效果看，学生无法做到和老师同步思考或者是超越思考，因为教者的学识和阅历远在学生之上，学生更多的时候是在品味儿——师之味，学生在内心肯定是受启发的，对苏轼和两首词的理解也是听之有物，闻道之中自有收获。我也不由得开始思考，课堂中的深刻和广博，是不是应该根据学生的状态做出适时调整，适度的退让不一定意味着褪色。整节课张老师给学生一块"三分熟"的肉，深入地咀嚼应该是学生课后余味绵长之所在了。张老师的课如朴实的散装酒，没有华丽的外表，但是度数有点高。

※张老师授课时的洒脱一如既往，教学方式也很有引导性。对于这两首词我粗浅地谈点自己的看法。

首先，对于像《定风波·莫听穿林打叶声》所表现出来的旷达，学生体会不深，其实苏轼作品的主要风格就是旷达淡泊。因此我认为这两首词的学习重点应该是《定风波·莫听穿林打叶声》，仔细体会。

其次，课堂上的问题有点零散，学生的回答抓不到主线，跟老师没有形成互动，气氛有点沉闷。我认为诗歌的整体感知非常重要，"大问题"是极其必要的。因此，过多的迁移、拓展会分散学生的注意力，不能很好地把握主旨。

然后，《定风波·莫听穿林打叶声》老师讲得多，学生参与得少。"旷达淡泊"是老师给出的结论，不是学生体会或分析得来的。因为留给《定风波·莫听穿林打叶声》的时间比较少，所以老师的分析占了主体，但对于学生最容易忽略的"何妨吟啸且徐行"，张老师的解读相当独特。

最后，学生对"懂事儿—知趣儿—品味儿"的体会还不深，因此，用此来自己解读诗歌还有难度。这个解释的方法说起来容易，做起来很难。从《念奴娇·赤壁怀古》引出这个规律，但一首词是不足以代表一种规律的，学生大量体会诗歌之后，才会总结出方法。所以，学生对这句话的理解还停留在理论层面，要想灵活运用还需要一段时间。

"九字诀"之流传

省级教研员肯上课的不多。即使上课，省内的教师也不好意思指出缺点。作为教研员，我十分清楚这一点。在语文教学改革的大前提下，提供研讨的案例，我非常愿意。

从省内到省外，有"常式"有"变式"

2009 年 5 月，我在长白山管委会第一高中上了一节《辛弃疾词二首》。这标志着"九字诀"的致用在全省范围内展开。

如今只剩豪壮句：《辛弃疾词二首》课堂实录(节选)①

学生齐背《水龙吟·登建康赏心亭》《永遇乐·京口北固亭怀古》。

师：同学们通过预习把这两首词都背下来了，那我们的课就好讲了，就是讲和不讲都行。学习古典诗词、古文的最高境界就是把它背下来，至于你知不知道每一句是什么意思，暂时无关紧要。随着人生阅历的丰富，渐渐就懂了。对于我们都关心的考试来说，高考只不过出 5 个填空，那么你背下来并会写了就足矣。所以，你会不会、理解不理解这个词都没关系，只要背下来就可以了。

下面我向同学们展示一下在课前我做了些什么。这堂课我想和同学们共同探究一下如何读古典诗词。大家都知道我们必须了解作者的有关情况，我把《宋史·辛弃疾传》抄写了一遍，共 3000 多字。抄写的过程当然就是读的过程，从这个意义上讲，

---

① 周慧整理。授课时间：2009 年 5 月 14 日。授课对象：长白山第一高级中学高一 1 班。人教版必修 4。

抄写你想读的东西效果是很好的。此外,我对这两首词进行了分析,这就是我备课的全过程,也就是我读这两首词的全过程。我想请同学们学习我读这两首词的方法。怎样写效果好呢?如果就像书的排法,即按照散文的排法,这样背起来就比较难。把它像诗一样分行抄下来,韵脚非常鲜明,很快就能背下来。所以我建议今后读诗读韵文,把它按照韵脚抄下来,很轻松就能记住。这叫作改变文本的呈现方式。大家都是怎么背的?不会是死记硬背的吧?

生:是啊(齐答)。

师:那这位女同学,你来告诉我你是怎么死记硬背的?

生:速读,一直速读。

师:有没有更智慧的方法?后面那位男同学,你背没背下来?

生:背下来一首半。

师:你用了多长时间?

生:一节课。

师:读了几遍?

生:不知道。

师:用一节课的时间背肯定有点超时。如果我们能把文章的脉络厘清的话,先改变文本呈现方式,然后来一个脉络的整理,效果会更好一些。

…………

同学们对辛弃疾并不了解,我有必要介绍一下他。据《宋史·辛弃疾传》记载,辛弃疾生在被金朝统治的山东,少年、青年时期是在沦陷区成长的。到了20多岁的时候,济南有一个著名的起义人物叫耿京……耿京被杀。辛弃疾又收集了残部,投靠了南宋,不久就被委任很重要的领导职位,但都是副职。辛弃疾一生的抱负就是收复失地,但南宋只委派他去安抚内乱,镇压农民起义,不让他到抗金前线。写《水龙吟·登建康赏心亭》时,辛弃疾刚刚为朝廷写了《美芹十论》,阐述了如何收复失地,但朝廷不采纳他的意见,他抑郁不得志。这就是他将自己定位为"江南游子"的原因。

…………

上片没有难度,情景交融,交代出自己是一个游子。下片有点拗口,同学们甚至对内容不甚了解,那是因为作者用了几个典故。都用了什么典故呢?从回答问题情况来看，同学们对课文注解信息没有很好地吸纳，这是不能很好地回答问题的原因。所以今后在预习中除了要很好地了解作者背景外，还要尽量认真阅读注释提供的有效信息，把它转化为自己的东西。

下面同学们考虑一下这几个典故意在何处。

"休说鲈鱼堪脍，尽西风，季鹰归未？"此一。"求田问舍，怕应羞见，刘郎才气。"此二。"可惜流年，忧愁风雨，树犹如此！"此三。下面，同学们自主读《水龙吟·登建康赏心亭》的注解，最好是出声读。

（学生大声诵读）

师：好，请同学们回答一下这三个典故表达了什么意思。

生：第一个，季鹰就是汉朝的张翰。他思念家乡，弃官回家，然而辛弃疾的故乡被金军占领，只能思念但回不去。第二个，以刘备自比，具有收复失地的志向。第三个，桓温北伐时，看见自己植的树木，叹息时间过得比较快。辛弃疾是在南渡很长时间后写下的这首词，他也应该是感叹时间过得飞快，而自己被杂事缠身，无法收复失地。他借这个典故来表达自己的叹息。

师：我很佩服这位同学在这么短的时间就能组织出这样的答案。请问谁进一步思考了，还有什么不同观点？

生：第二个典故，我认为应该是贬低那些只在乎自己的利益而不关心国家的人。

师：也就是辛弃疾想不想做许汜那样的人呢？

生：不想。

师：对，这个很关键。还有没有别的？读辛词的难点就是典故。第一个典故，季鹰归未。同学们想一想，辛弃疾想不想做张翰那样的人？

生：我认为他不想，虽然他思念自己的家乡，但是他如果弃官的话，就更没有机会收复失地了。

师：我们把这几位同学的意见综合一下。第一个典故，辛弃疾不想做张翰那样的人，想起了家乡的美食就弃官回家了；第二个典故，辛弃疾也不想做许汜那样的人，在国家危难时候为自己谋取利益；第三个典故，辛弃疾想做桓温那样的人，因为他想用自己抗金的举动建功立业。但是这一切都不能实现，那么只能"倩何人唤取，红巾翠袖，揾英雄泪！"把典故弄清楚了，问题就会迎刃而解。现在我想找同学来背一下全词，要主动地背，而不是被动地背。

（学生背全词）

师：尽西风，尽是副词，读三声。

现在，我们共同来把这首词总结一下。我们首先要了解作品写了什么，即"懂事儿"。

《水龙吟·登建康赏心亭》的事儿是什么呢？就是登建康赏心亭抒怀。怀是什么怀呢？就是壮志难酬，英雄有泪。

然后还要品趣味，就是"知趣儿"。比如，写景，景色就是水天一色、远山近楼，眼中都是愁，而这愁转成英雄泪的时候，就不仅是愁了，还有愤，这就是其中的趣味；还有通过用典故来婉转地表达自己的苦闷和愤慨，这也是趣味。

还有"品味儿"。品什么呢？大家都知道辛弃疾是豪放派的词人，但这首词悲而不壮，放而不豪。

以老师传授的"九字诀"来看第二首词，大家可以出声地读原文，也可以认真地看注解。先来理一理这里的典故。

"千古江山，英雄无觅孙仲谋处。"有一个孙仲谋。"舞榭歌台，风流总被雨打风吹去。斜阳草树，寻常巷陌，人道寄奴曾住。"这里有刘寄奴。"想当年，金戈铁马，气吞万里如虎。"还和刘寄奴有关。这是上片，涉及两个人，即孙权和刘寄奴。这两个人都有什么特点？都在南京建功立业，所以在登北固亭时就想起了和北固亭有关的两个英雄。接下来就开始过渡了。看下片。"元嘉草草，封狼居胥，赢得仓皇北顾。"提到刘寄奴的儿子，也想建功立业，结果狼狈逃窜。"四十三年，望中犹记，烽火扬州路。可堪回首，佛狸祠下，一片神鸦社鼓。"也有典故。"凭谁问：廉颇老矣，尚能饭否？"这个是辛弃疾的自况，以廉颇自比。同学们应该大致明白此词的意思。

先是"懂事儿"。北固亭怀古，怀什么古？想到历史上与此地发生联系的英雄人物。要做英雄，这是作者用典的取向。

在这首词中，作者仍然是简单地写景，更主要的是怀古。怀古就要有人、有事儿。因此从"知趣儿"这个角度来说，作者写景都是虚的，关键是典故所负载的思想内涵。

最后我们来看一下这两首词在风格上有什么不同。请同学们来说一下。

（师生讨论）

师：辛弃疾想表达的是自己还不如廉颇。因此这首词的韵味，除了悲之外，还有壮，可以说是悲壮。辛弃疾在如此悲壮的情况下还要表现出明知不可为而为之的愿望，所以还有豪的一面，具有豪放的情怀。而《水龙吟·登建康赏心亭》悲而不壮，放而不豪。所以这首词被公认为是辛弃疾词作中的压卷之作。

黑板上的内容就是这首词简要的提纲，下面我们就把这首词深情地齐背一下。

（学生齐背）

师：还有点时间，同学们可以略谈一下感想。你觉得这么学效果怎么样？有没有现场学以致用的？

生：苏轼的《念奴娇·赤壁怀古》，"懂事儿"这方面，他被贬到黄州，当时也是遭到陷害，这首词抒发了自己的郁闷之情；"知趣儿"这方面，他运用了赤壁当时的风光和当时周瑜雄姿英发的形象自况，希望自己还能做出一番事业。"品味儿"这方面，就是自己怀着一种英雄气概，希望能像周瑜一样，建功立业，为国家出力。这首词的趣味儿就是写景、抒情、议论紧密结合起来，并且情景相生，最后以情为主。景是宾，情是主。从品味儿这个角度来说，我认为应该是抒发了自己的感情，风格是豪放的。

师：苏东坡此词可以说是豪放词，但我总觉得更多是一种旷达和超脱。因为他顶多是倒霉和官场失意，而没有面临国破家亡。而辛弃疾的词，除了不得志，更主要的是国破家亡。在不同的历史时期，一个词人的胸襟所表现得也不一样。所以，苏东坡的词更多地表现出来的是文人士大夫面临人生低谷的达观。说不尽的苏东坡，说不尽的辛弃疾，今天因为时间的关系就不能说了，希望我们还有机会再说。

下课！再见！

这是我做教研员之后第三次上课，课堂实录根据录音整理，限于篇幅，"导师工作室"学员对其进行了删减，因此不能看出全貌。读者不要以为本课没有缺点。用网络教研的方式讨论问题，是"导师工作室"行之有效的评课形式之一。本课是我有意识地按照"九字诀"教学的例子，虽然不是自己的学生，但我还是本着"家常课"的心态去上的。

评课沙龙：《辛弃疾词二首》的启发之处

主持人：黄河（吉林市第一中学）

参与人：马丽秋（东北师范大学长白山实验中学）、周慧（长白山保护开发区教师进修学校）、田立辉（吉林市教育学院）、苏鹏（永吉实验高中）、高福才（桦甸市第一

中学)、韩春泉(通化市第一中学)、王巍帝(辽源市实验高中)、于志伟(敦化实验中学)、肖阳(吉林市五十五中学)

时间：2017 年 3 月 23 日 19：30—21：30

形式：微信群交流研讨

黄：各位老师晚上好，本群今晚将对张老师讲的《辛弃疾词二首》一课展开讨论，讨论重点是张老师讲授本课的突出特点，请各位老师畅所欲言。

周：张老师讲这堂课时，我恰好就是授课学校的老师，有幸现场听课，着实兴奋好久。本堂课给我最大的感受就是"出乎意料"。第一次听一位语文老师说，这节课学的这两首词你只要背诵下来了，讲和不讲就都行。第一次看到一位语文老师课上给学生细数自己是如何备课的，一边展示厚厚的一沓手抄备课稿，一边阐述这样做的缘由。第一次听到有人把这么难的两首词放在一起讲，而且把诸多典故捋得那么清晰。授课结束，板书上简化的表格将两首词的重难点和盘托出，同中见异，异中寓同。第一次听到老师给学生传授"九字诀"，这对于听惯了以意逆志、知人论世、因声求气这些词语的学生来说，老师的"懂事儿、知趣儿、品味儿"这几个词语显然更容易被记住，且细细玩味还会发觉这三个浓缩词语低调奢华有内涵，这是何等的大气！

马：当时我也在场，时隔八年，重温玉新老师讲的《辛弃疾词二首》，课堂场景在脑海中再现，老师风采犹在眼前。有一点感受与周老师不谋而合，就是课堂的高效性。本节课讲两首词，辛词又善用典，理解分析有一定难度，我们一般都安排两课时，尤其第二首《永遇乐·京口北固亭怀古》是高考要求的默写篇目，更是强调再强调。但玉新老师只安排一课时，不仅让学生背了下来，而且分析得非常深刻，触及了辛词"悲壮豪放"的本质特征，这是我们望尘莫及的。

黄：两位现场听课老师的感受是最真实的，概括一下，本堂课的突出特点就是高效、深入。高效、深入的内在原因是什么，这更值得我们深入探究。

田：张老师的课堂高效的原因在于得法。这节课以教给学生阅读古典诗歌的"九字诀"为主要目标，在教学操作过程中以《水龙吟·登建康赏心亭》为主要课例，引导学生按照"懂事儿—知趣儿—品味儿"进行阅读和鉴赏，让学生学会抓住主要信息，包括怎样的季节、怎样的主人公、怎样的历史人物、怎样的真实情感，在此基础上归纳出打鱼之法——"九字诀"。授之以渔之后，张老师又以《永遇乐·京口北固亭怀古》为实训之例，让学生照葫芦画瓢，依"九字诀"来进行阅读和鉴赏。从实录中可以见到，在解决典故之疑难后，"懂事儿—知趣儿—品味儿"也可以由学生独立运用了。在其后的相似联想之中，学生也完全可以借助"九字诀"温习苏轼的《念奴娇·赤壁怀古》。正因得法，所以高效。

王：诗词鉴赏"九字诀"是张玉新教授通过总结近十年高考原题、精挑细选几十首诗歌进行实践后独创的诗歌鉴赏秘籍，也是张老师解读诗歌的"常法"。据我所知，张老师于2009年4月在一汽六中讲《苏轼词二首》时就使用了此法。我认为这种方法简单、实用、有效，十分适合推广。

马：善用典故本是辛词的一大特色，"懂事儿"对于讲解辛词至关重要，仅仅是学生借助课下注释去理解肯定有困难，所以玉新老师的课前准备就是了解作者的有关情况，并把自己的备课过程交代给学生，也指导学生如何全面把握一首词，课上涉及典故时指导学生适时展开讨论，在点拨中有效突破重难点，真正做到了"不愤不启，不悱不发"。

高：我也认同田老师说的"得法"是本堂课成功的根本原因，最明显的是"九字诀"的传授。此外背诵方法的指导也是一大亮点。张老师采用改变文本的呈现方式的方法指导背诵，切合实际，实用性很强。学生背诵差是让语文老师头疼的问题，可能就是我们在教学中缺少背诵方法的指导。

周：当时学生采用此种方法，确实提高了背诵效率。后来我也把此法运用到了我的教学之中，受益匪浅。而且张老师最后的板书呈现，也体现出了诗词的重点，便于学生进一步夯实记忆。这些方法都很实用，值得我们借鉴学习。

肖：我认为本课还有对比解读方法的使用。在阅读过程中将有关内容不断进行比较、对照和鉴别，从而达到开阔眼界、深化认识、区分差别、提高鉴赏力的学习效果。对比又分为纵比和横比。在本堂课的教学中，张老师先是把《水龙吟·登建康赏心亭》与《永遇乐·京口北固亭怀古》进行纵向对比，突出《水龙吟·登建康赏心亭》"悲而不壮，放而不豪"，《永遇乐·京口北固亭怀古》"悲而既壮，放而又豪"的特点，肯定了《永遇乐·京口北固亭怀古》的"压卷之作"的地位。随后又将辛词两首与苏轼的词进行了横向对比，得出辛词"豪放"，苏词"达观"。可见，课堂的升华、认知的超越都来自对比解读方法的灵活使用。

黄：张老师的备课方法是否引起了大家的注意和思考？

韩：这堂课非常经典地展示了张老师的一种教学理念，先有教师对文本阅读的体验，才有教学。张老师甚至不惜时间，向学生展示了他的备课过程，即从抄写《宋史·辛弃疾传》、课文，到写点评。这不是为了炫耀，而是授之以渔——学习的方法，治学的方法。张老师有一个身份和我们不同，他是教研员。我总觉得他有些话不仅是对学生说的，而且是对我们这些一线老师说的，这可能是老师的潜意识，但又何尝不是一份苦心？我从去年起将写教案改成了抄课文、写点评。其实张老师五年前就给我讲过，那时我并没有完全理解。

苏：教师与文本的对话，就是在备课的过程中深入文本，并探索与之相关的内容。对文本的精读深思在很大程度上成就了课本身的深度与广度。精读深思说起来容易，但实践起来着实需要功夫，这也体现着教师的职业素养和自身魅力。张老师与文本的对话，在课堂上以显性和隐性两种形式体现出来。显性方面，张老师以手抄3000多字的《宋史·辛弃疾传》，并对词进行分析呈现，并且对学生直言"这是我备课的全过程"。隐性方面，便是张老师"润物细无声"的教学风格。教师为学生展现的是对祖国文化的热爱、对教学活动的认真以及对生命高度的仰望。这种隐性的影响是潜移默化式的，让学生内化于心。

王：张老师一直倡导语文老师"书底"决定"功底"，老师在这方面身体力行，为我们树立了榜样。

黄：大家对本堂课上张老师的传授方法总结得很全面。我再补充说明一点，就是演绎与归纳方法的灵活使用。玉新老师在授课过程中先归纳后演绎，通过《水龙吟·登建康赏心亭》的讲解，归纳出解读诗词的"九字诀"，然后再用此法自主解读《永遇乐·京口北固亭怀古》。这样做符合学生从具体到抽象再到具体的认知规律，把课堂讲活了，从而提高了课堂效率。

于：我觉得张老师的这节课最大的优点是激发了学生学习诗歌的性灵。这种激发不是生硬的，而是水滴石穿的、不着痕迹的，但它又是单一的、无序的。学生课上有触动，也许课后就忘了。如何强化学生的这种学习意识，如何把这些触动序列化，如何全面激发学生学习诗歌的兴趣，是需要教师探索的问题。张老师本课的可贵之处就在于他把仅有的这节课变成了学生日后的很多课。这才是教育的真谛，教是为了不教。

黄：我们的讨论渐入佳境，由方法到思维再到性灵。"得法方才高效"，语文老师的成长也是如此。如何由模仿到独创，由耽技到悟道。如何缩短这一过程，快速成长、成熟，张老师的这堂课给了我们丰富的启示，希望大家在以后的语文教学中都能得法、高效、悟道。今晚的讨论到此结束，收益颇丰，谢谢大家！

从东北到西北：《宋词二首》"同课异构"

2009 年 8 月，我在甘肃天水、临洮、敦煌三个地方讲《宋词二首》，这是中国教育学会中学语文教学专业委员会"特级教师西部行"的送课活动。在三地上三节课，对我自己而言也是一个人的"同课异构"。因为三地学情各不相同，我相机采取了不同的方式。其中天水的活动最有典型意义。我在课前同学生交流的时候发现，学生的书上有很多勾画、涂抹的痕迹，便夸赞学生有良好的预习习惯。不料学生小声告诉我说他们即将上高三，两首词虽然已经学过了，但是一定好好配合我，请我放心。学生说"配合"我的话强烈地刺痛了我。我不允许自己知道了学生学过了课文还要假装不知道去讲，这除了是对原任课教师的极大不尊重外，更为可怕的是把学生当作自我展示的棋子。于是我当场宣布，既然同学们已经学过了，我们就把这节课当作高考古代诗歌鉴赏的专题复习。在对学过的词进行必要的归纳后，我直接提出了"九字诀"，请学生以此鉴赏《宋词二首》。

这节课没有留下资料，我有幸在网络上看到听课教师的一些评价。

甘肃省清水县六中的王根代老师写下了他的听课印象：

吉林省教育学院的张玉新教授的新课程教学展示的是《宋词二首》，即柳永的《雨霖铃·寒蝉凄切》和苏轼的《念奴娇·赤壁怀古》。

简洁明了的开场白，拉近了师生关系。之后，自然导入新课。在教学中，他重视诵读在高中语文或者说文学课中的作用。指名学生朗读、集体朗读、教师范读、师生互评，营造了良好的教学氛围。在鉴赏中，问题提得平实，即本词主要写了什么，然后在师生对话中结束了教学。值得一提的是，他的教学板书具有浓郁的东北风味，富有地方特色，显得朴实而明快。

教学板书：

	宋词二首	
	雨霖铃	念奴娇
懂事儿	情人离别	赤壁怀古
知趣儿	景—情	景—情—事

品味儿　婉约　　　旷达

教完本节课后，清华大学附属中学特级教师赵谦翔做了点评。

语文教师要有严谨的教学作风，特别是在字词教学中要重视其语用功能，即要把字词放在具体的语境中去解读。比如，张教授的教学板书，很多人都会认为，一个词是"婉约"，下一个词一定是"豪放"，但张教授写的却是"旷达"。因为苏轼在这首词里主要表现的是"旷达"，而在《江城子·密州出猎》里主要表现的是"豪放"。

另一位教师的听课感言如下。

听了专家名师的讲课，受益颇多。给我感受最为深刻的是注重方法、培养能力是语文教学的终极目的。

在语文教学中，要注重方法的点拨、能力的培养。在这方面，专家做得非常到位，甚至达到了炉火纯青的地步。

张教授讲的《宋词二首》一课，注重对学生朗读能力的培养。他通过不同形式的朗读，让学生反复训练，在训练中提高，在训练中展示。我们真切地看到，通过他的示范朗读，经由他的精心指导，一名学生的朗读水平有了很大提高，听课者的掌声就是证明。另外，一节课讲授两首词，他并不平均使用力量，而是有主有次，整个教学显得张弛有度、轻松自如。在详讲《雨霖铃·寒蝉凄切》后以比较法自如地完成了《念奴娇·赤壁怀古》的教学。

从东北到东南：《渔家傲·天接云涛连晓雾》"记梦"抑或"记实"

2018年5月中旬，我应邀到江苏省宜兴市上了一节课，执教统编教材八年级上册第六单元第24课《诗词五首》中的《渔家傲·天接云涛连晓雾》，这也是初中学习的第一首宋词。由于学生课前预习得十分出色，因此原计划有较大调整。这里结合课堂教学的实际情况，通过本设计谈谈我的"原生态"教学模式的基本操作范式。

教学设计

课前准备

1. 阅读教师印发的材料或自己查阅书籍，了解词的相关知识以及李清照的有关情况，尤其是了解李清照对于词的主张。

2. 在已经初步形成自学习惯的基础上，借助工具书和书下注释尽量扫除文字障碍，反复诵读课文，尽量弄懂词的内容。

3. 熟读，最好能背诵这首词。

教学目标

1. 继续积累古典名篇，背诵并默写本词。

2. 学习用典的方法，探究本词是"记梦"还是"记实"。

教学重点

探究本词是"记梦"还是"记实"。

教学难点

弄懂本词用典的好处。

课时安排

1课时

教学过程

一、导入

(一)询问课前预习情况

1. 齐读课文，整体了解预习情况，抽查背诵情况，重申诵读的重要性。

2. 询问预习时解决了哪些问题，还有哪些问题没有解决，从而筛选课堂教学的重点和难点。

明确：本词文字晓畅明了，"懂事儿"，即弄懂词的大意比较容易。关于词的文体知识，即了解词与音乐的关系、词的结构以及词的长短句特点。

(二)朗读、范读课文

1. 学生朗读课文，教师引导学生矫正读音，强调朗读要注重节奏、强弱和韵律。

明确：《渔家傲》押"u"韵，是仄声韵，韵字有：雾、舞、所、语、处、暮、句、举、住、去。韵脚密集，给人以情绪激动猛烈之感。

学生朗读贯穿教学过程，并非只在此环节读完就结束。

2. 教师范读课文。

明确：容易读错的句子：我报路长/嗟日暮，九万里风/鹏正举，蓬舟吹取/三山去。

教师范读与指导学生朗读贯穿教学过程，并非只在此环节读完就结束。

二、课文探究

懂事儿

(一)解题

1. 大家知道词有哪些文体知识(结合课前印发的资料,请学生回答,教师归纳)?

明确:词有词牌、特殊的格律及押韵要求,这是音乐性的标志。"渔家傲"是词牌。早期的词一般没有题目,有小令、双调、多调之分,双调的词分为上片和下片,句子往往长短不一。

2. 大家学过的《送元二使安西》也称《阳关曲》,还被称为什么?体会在音乐性上有何特点。

明确:还被称为《阳关三叠》。人们通常认为就是把这首七绝反复唱三遍,这与下面的"叠"法有很大差别:

渭城/渭城朝雨/渭城朝雨浥轻尘,

客舍/客舍青青/客舍青青柳色新。

劝君/劝君更尽/劝君更尽一杯酒,

西出/西出阳关/西出阳关无故人。

这样的"三叠"从句式上看长短不一,从抒情性上看就优于整齐划一的七绝句式。这是一首"声诗",是可以配乐来演唱的。可见长短不同的句式更有利于抒情。词这种文体在句子上多长短不一,所以也被称为长短句。

(二)上片主要写了什么

1. "天接云涛连晓雾,星河欲转千帆舞"写的是什么景象?

明确:词人在船上,"天接云涛"写远处海天茫茫,"连晓雾"写近处云雾缭绕。"星河欲转"是说时间在黎明之际;"千帆舞"是说海上的船只很多,云雾迷蒙之中船的移动仿佛在跳舞。开篇这两句意境高远广阔,气象万千,写出了从天上到人间无际的浑茫,引人生发无限的遐思。

这两句写的是不是真实的海上经历,还要从全词来探讨。

2. "仿佛梦魂归帝所"是"梦境"吗?

明确:很多学者认为是写梦境的。但从词义与结构上分析,"仿佛"是好像的意思,"好像是在梦里回到了天帝居住的地方",表明不是梦境。

梦境与否,还要从全词来看。

3."闻天语，殷勤问我归何处"表达了词人怎样的情绪？

明确："闻天语"表面写仿佛听见了天帝的询问，其实表现了词人想要向天帝究问的情怀。李清照是才女，官宦人家的女儿与妻子，但在南宋初年并没有显赫的社会地位，"天帝"是不会询问她要归向何处的。天帝之"殷勤问我归何处"，正是作者对人生终极目的与意义的一种郑重的反思。此时作者南渡不久，丈夫赵明诚去世，她在颠沛流离中寻找、证明着什么。"天帝"离凡人很远，竟然对我"殷勤问"，态度和蔼可亲，这是我愿意回答"天问"的重要原因。

词人到底要回答什么应该是读者心中最大的困惑。有人认为是作者对自我生命之价值与意义的最后究诘。

综上，词的上片写词人从天地浑茫的追寻中借天帝之口提出了对我之终"归何处"的答问。

知趣儿

(三)下片主要写了什么

1. 大家知道"过片"的作用吗？

明确："过片"也叫"换头"，指双调词的下片第一句。它的作用通常是过渡、转接，讲究"意断神连"。"我报路长嗟日暮，学诗谩有惊人句"就是"过片"。上片的尾句是天帝的询问，下片开头就回答天帝之问。

2. 大家知道什么叫"用典"以及"用典"有什么好处吗？

明确：用典也称用事，引用古籍中的故事或词句为用典。用典可以丰富、含蓄地表达有关的内容和思想。

下片用典多，对用典的作用的辨析关乎对词的内涵的理解。

用典一："我报路长嗟日暮"的典源是屈原的《离骚》："欲少留此灵琐兮，日忽忽其将暮。……路漫漫其修远兮，吾将上下而求索。"书下没有注释，也没解释此处用典，学生不可能了解句意。屈原的意思是我要在天帝的门口(灵琐是仙人宫阙的大门)休息一下，可是眼看着天就要黑了。……道路还很漫长，我还要继续艰辛求索。

用典二："学诗谩有惊人句"的典源是杜甫的《江上值水如海势聊短述》："为人性僻耽佳句，语不惊人死不休。"强调自己在诗歌创作上很认真、很执着。

李清照用两个典故回答天帝的询问：(我到了"帝所"，天帝问我要归向何处)我只是暂时在这里("帝所")停留一会儿，白天虽然很漫长，可是一会儿就要天黑了，我还要赶路；我也是耽于性情的人，虽有诗才无可任用。

从中可以看出词人自感怀才不遇，情绪郁闷。

用典三："九万里风鹏正举"的典源是庄子的《逍遥游》："鹏之徙于南冥也，水击三千里，抟扶摇而上者九万里。"原句描写大鹏起飞的浩大声势，足见不同凡响。词人以此表达自己也要有壮举。

用典四："蓬舟吹取三山去"的典源是《史记·封禅书》："此三神山者，其传在渤海中，去人不远；患且至，则船风引而去。"这三座山是传说中的神山，据说神仙居其上，有不死之药。秦始皇曾派人寻找，有去无还。

结合上句的"风休住"，传说船快要到三山的时候，风把船吹跑了，使船并不能靠近仙山。所以词人希望"风休住"，把自己吹到神山上去。

这种解释存在一个问题，"九万里风鹏正举"本是豪壮之举，怎么可能仅仅是希望风把自己吹到神山去呢？

下片的用典，有的委婉表意，有的减少词语的繁累，有的内容充实、语句优美。由于对典故的理解不同，因此不同人对这首词的风格有不同的评价。

品味儿

（四）这首词到底是"记梦"还是"记实"

1."记梦"是通行的、传统的观点。

明确：有的专家认为，这首词全以想象之笔。这种想象和理想已然突破了现实中性别文化的拘束，是一种高远飞扬的超越。她表现出来的既不像杜甫的伤感，也不似陆游的遑气，颇具李白的健笔豪情，又未落入对现实失败的考量。

一般来说，宋词中所写的景物大多是现实中的实有。这首词从整体来看，却表现出一种非现实的理想意味。它表现的境界和美感是易安词中有别于婉约词风的一种特殊的成就，说它具有"豪放"的气质也不为过。

2."记实"存在较充实的事实依据。

明确："三山"的意思是关键。通常"三山"指渤海中的三座神山，但李清照在词的结尾突然说要上神山去，与"九万里风鹏正举"的希望不相符。

有研究者认为，这首词是作者"追"渡时特定的情景和心情巧合的产物，是"记实"而非"记梦"。原因如下。

一是从《金石录后序》中可以觅得创作缘由。南渡之后，丈夫赵明诚去世，留下的大量金石文物被人觊觎，坊间传言赵明诚曾经"玉壶颁金"（把玉壶献给金人，卖国求荣）。李清照十分恐慌，想要跟皇上说明没有此事，并要把大量的收藏贡献给国家。但皇帝因金兵南下而乘船从海上逃亡，李清照不得已"雇舟入海，奔行朝"。她赶到皇帝的落脚点，皇帝又跑了，只好"从御舟海道之温，又之越"。她有航海的经历，这就能理解词的头两句不是想象、幻想的"记梦"，而是真实经历的"记实"了。

二是"三山"是位于台州椒江的"三山"，是地名，而非传说的三座神山，在唐代、北宋都很有名。南宋初年，李清照追随宋高宗的船队时必须经过栅浦"三山"之地。据当地人考证，"蓬舟吹取三山去"的描写很符合她从黄岩"雇舟入海，奔行朝"的路径。此后，明清两代人的诗或书中还不断提到"三山"这个地方。原来李清照到"三山"是为了见皇帝申明事由，不是要去神山成仙。

三是从李清照的《漱玉词》中可以看出，她的词作都是写亲身经历的，没有写幻想、想象的。若没有渡海经历则难以有这样的描写。她对词的创作主张为"词别是一家"，她对苏东坡的"豪放"持批评态度。我们很难想象她创作了"豪放"词。

（五）小结

"懂事儿"是指读懂作品的内容与情感；"知趣儿"是指弄明白作品的艺术手法，本词的关键就是用典；"品味儿"是指体悟作品的风格，本词是"记梦"还是"记实"直接影响我们对其风格的判断。这首词传统的理解是"记梦"，风格上属"豪放"；但根据新的研究，"记实"有更充分的事实依据，我也同意这样的观点。希望大家今后能用自己的知识积累与思维方式，个性化、合乎逻辑地解读文学作品。

"九字诀"是阅读诗歌的基本程序，同学们可以在今后的学习中不断体悟。

三、作业

1. 背诵、默写这首词。

2. 课后阅读李清照的另一首《渔家傲》，尝试用"九字诀"鉴赏。

课堂实录（节选）①

师：同学好！今天我和大家共同用一节课的时间，探究一下李清照的一首著名的词《渔家傲·天接云涛连晓雾》。课前同学们已经预习了。我刚才调查了一下，我

---

① 李百芝整理。授课时间：2018 年 5 月 25 日。授课对象：南通市实验中学。人教版七年级下册。

们班的任课老师吴老师给同学们打下了良好的预习基础，同学们竟然背下来了。我现在请一位同学展示一下可不可以？好，有请这位同学背一下。不要紧张，面向老师们来背。

生：(稍显局促)背诵全词。

师：好，请坐。(指向右手边一男同学)这位同学也来背一下，你刚才很踊跃地举手。

生：(自信、流畅)背诵全词。

师：两位同学的声音都很洪亮。但是从你们背诵时语气的快慢、强弱可以看出，同学们对这首词的本意没有特别清晰的了解，只是把它背下来了。大家同不同意老师的这个判断呢？

生：(齐答)同意。

师：那么今天呢，我们就在已经背下来的前提下，在现有的学习程度上，看看能不能再往前迈一步。为了检验一下背诵的整体情况，现在老师来起头，同学们齐背好不好？我们不用说题目和作者了，就从第一句开始，"天接"一、二！

(学生齐背全诗)

师：很好。同学们百分之九十以上都已经背了下来。刚才，(走到最先背诵的两位同学身边)我跟这两位同学交流的时候，我们达成了一个共识：如果课前能够预习，我们在课堂上就是第二遍学；如果没有预习，在课堂上就是第一遍学。第二遍学习的效果怎么样啊，肯定比第一遍好对吧？只有养成了良好的习惯，才会有较高的学习效率，语文素养就是在平时的学习习惯中形成的。(走回讲台)我在课前给同学们留了一些问题，现在我们共同来看一下。

(屏显)

学过的词

辛弃疾：《清平乐·村居》《南乡子·登京口北固亭有怀》

秋瑾：《满江红·小住京华》

范仲淹：《渔家傲·秋思》

师：(指屏幕)同学们回答了我的一个调查：你学过哪些词？大家知道辛弃疾的两首，学过了秋瑾的一首，还学过范仲淹的《渔家傲·秋思》。

(屏显)

对词和李清照的了解

一、对词的了解

1. 宋代是诗词的全盛期。

2. 词有词牌和题目(不一定)。

3. 词一般分两段，上、下片或上、下阕(也有三、四片的)。

二、对李清照的了解

1. 婉约派代表，千古第一女词人。

2. 生于书香门第，早期生活优裕，金兵入侵流寓南方，境遇孤苦。其词前期多写悠闲生活，后期多悲叹身世(本词属于前期还是后期)。

3. 提出词"别是一家"之说，有《漱玉词》。

师：对词同学们有哪些了解呢？大家都知道，词是从宋朝开始全盛的。同学们还说词有词牌和题目，我在这里面加一个括号：词不一定都有题目，早期的词就没有题目，所以这个跟同学们纠正一下。同学们还知道词一般分为上片或下片，说得很对，但这里老师给大家做一个补充，那就是词也有三片、四片的，我们平时看到的比较多的是两片的，也叫双调。这些都是同学们知道的，老师就不说了。关于李清照，同学们又有哪些了解呢？大家知道她是婉约派的代表。但是这首词婉约不婉约呢？我们一会儿再说。同学们还知道李清照被称为"千古第一女词人"。这加上了性别的限制，不是第一词人，是第一女词人。实际上中国古代女词人不多。大家还知道她出身于书香门第，早期的生活很优裕，注意啊，不是那个"忧郁"，是非常富裕富足，知道金兵入侵以后，她流落到南方，境遇很孤苦；还知道她前期多写闲适的生活，后期多悲叹身世。老师在这里给同学们提一个问题：本词属于前期所作还是后期所作呢？

生：(齐答)后期。

师：(走到学生中间)这么确定吗？你们是怎么知道的啊？

生：(杂乱地)仿佛梦魂归帝所。

师：为什么做了一个梦，就知道是后期呢？你怎么知道李清照前期没做过梦啊？你的根据是什么？(走到学生中间，笑对右手边一名男同学)来，大胆点，说说你是根据什么知道的。

生：我是根据"我报路长嗟日暮，学诗谩有惊人句"推测出来的。从"嗟"和"日暮"可以看出她此时的生活并不是特别好，所以我觉得这是她后期的作品。

师：你这个直觉判断的结果很正确，但是推理过程未必完全正确。那也很好，学习语文，直觉很重要。

（教师走回讲台）

师：大家还知道李清照提出了词"别是一家"之说，有《漱玉词》传世，这都很好。了解这些知识是我们今天共同学习这首词的必要前提。为了帮助大家解决学习中的困惑，展示真实的状况，张老师也让同学们在预习的过程中提出了问题，一起来看。

（屏显）

自读提出的问题

1."天接云涛连晓雾"中的"接""连"和"星河欲转千帆舞"中的"转""舞"分别好在哪儿？

2.词人在何种情况下，才会有这样和天帝对话的联想？

3."闻天语，殷勤问我归何处"蕴含了怎样的情感？

4."我报路长嗟日暮"中的"嗟"体现了词人什么情感？

5."学诗谩有惊人句"，"惊人句"指什么？"谩"体现了词人怎样的思想感情？

6."风休住，蓬舟吹取三山去"表达了词人怎样的感情？

7.整首词是在什么背景下写的，抒发了词人怎样的情感？

师：同学们提出的第一个问题是"天接云涛连晓雾"中的"接""连"和"星河欲转千帆舞"中的"转""舞"分别好在哪儿。这个问题很有趣。大家首先强调它好，但是我不问它好不好的问题，我问它好在哪儿。那么同学们可以归下类，"好在哪儿"关注的其实是文章的写法或者艺术特点，也就是"怎么写"的问题。

（板书：问题1——怎么写）

师：同学们再看第二个问题：词人在何种情况下，才会有这样和天帝对话的联想？这个问题问的是什么？

生：（杂乱地）心境、心情。

师：所以大家要问的是，作者为什么这样写。

（板书：问题2——为何写）

师：大家再看第三题："闻天语，殷勤问我归何处"蕴含了怎样的情感？这里关于内容和情感方面的问题，其实都属于写了什么的范畴。

（板书：问题3——写什么）

师：第四题，"我报路长嗟日暮"中的"嗟"体现了词人什么情感？这应该和哪一个问题是一类？

生：上一个，和第三个问题同类。

（板书：问题3、4——写什么）

师：再看，"学诗谩有惊人句"，"惊人句"指什么？"谩"体现了词人怎样的思想感情？注意，同学们不理解"惊人句"是什么意思，这是关乎文章为什么写这个内容的问题，所以还是问"写什么"的。

（板书：问题3、4、5——写什么）

师：那第6个问题，"风休住，蓬舟吹取三山去"表达了词人怎样的感情？这应该算哪一类问题呢？

生：（杂乱地）写什么，为何写。

师：看来这里有点儿争议。大多数同学认为这是"为何写"的问题，老师认为这是"写什么"的问题。但是没关系，我们不妨先把它放到这里，标记一个问号。

（板书：问题2、6——为何写）

师：最后一个问题，整首词是在什么背景下写的，抒发了词人怎样的情感？第一问是哪一类？

生：（异口同声地）为何写。

师：好。大家对这个问题的意见非常一致。

（板书：问题2、6、7——为何写）

师：那么，第7个问题第二问呢，"抒发了词人怎样的情感"属于哪方面的问题？

生：（少数人）属于第一类问题。

师：好。这样看，第7个问题分别属于"写什么"和"为何写"。

（板书：问题3、4、5、7——写什么，问题2、6、7——为何写）

师：厘清这节课要研究的问题以后，我们一起来看同学们的预习情况。

（屏显）

对《渔家傲·天接云涛连晓雾》内容的理解

天空连着云，看起来就像雾一样包围着云涛。银河似乎转了千百回。梦中仿佛回到了天帝的住所。听天帝说的话,情意恳切地问我来自何处。

我回答"路途漫长,估计到达要日暮。"学习作诗出现惊人的语句,大鹏鸟正在飞向九万里高空。风不要停止,把蓬草一样的小船吹往三座神山。

师:"天空连着云,看起来就像雾一样包围着云涛。"你们觉得这句话的翻译好不好?"天接云涛连晓雾"中的"晓"是什么时间?

生:(齐答)早上。

师:"银河似乎转了千百回"的意思对吗?原文说的是"星河欲转千帆舞",是星河转了千百回,还是……

生:时间转了千百回。

师:"时间"怎么转?这个概念很空。同学们看着这句话,齐读,思考到底是什么在舞(师领读,重读"帆")。

生:是舟上的帆在舞。

师:词人用"帆"代替船,所以其实是"船"在舞。刚才有位同学说特别喜欢这两句,你可以说一下理由吗?

生:这句话很有意境美。词人躺在船上,遥望漫天的星河,这是一件很浪漫的事情。

师:好,看来你很愿意想象。大家接着往下看。

(屏显同上)

师:"梦中仿佛回到了天帝的住所"这句话和词人的原意一样吗?是"仿佛梦中"还是"梦中仿佛"?词人的原句是怎样说的?

生:(齐答)仿佛梦魂归帝所。

师:"帝所"是什么意思?

生:天帝的住所。

师:对"仿佛梦魂归帝所"这句话,可以有两种表达:她仿佛在梦中回到了天帝的住所,梦中她仿佛回到了天帝的住所。这两者有没有差别?

生:有差别。梦是不真实的,如果没有梦中的话就是真实地存在着。但是天帝不是真实存在的,所以只能写梦中。

师:你觉得前面的两种说法哪一种更好?

生:前一种。

师：也就是你同意词人的说法。词人的说法和同学们给出的说法差别在于，同学们确定词人在梦中回到天帝的住所；词人说"仿佛梦中"，不一定是真在做梦。所以大家对此处的理解有些误差。我们接着往下看。

（屏显同上）

师："听天帝说的话，情意恳切地问我来自何处。"对这句话的理解没有大问题。然后，"我回答'路途漫长，估计到达要日暮'"。这里没有解释清楚，但不能责怪同学们。因为李清照在这里使用了词人写诗惯用的一种方法，叫作用典，就是她把古书、古籍当中的文句化用作自己的语言，从而委婉地表达她的一种情感。同学们读这首词的难点，也就在这儿。同样，下一句"学习作诗出现惊人的语句"这句话解释不通也是这个原因，你不知道她化用了杜甫的一句诗：为人性僻耽佳句，语不惊人死不休。杜甫的意思是，我这人有个坏毛病，我就喜欢写优美的句子，这个句子要是不惊人，我宁死都不休。就是我一定要把句子写好。他表达的是自己有写诗的才华，或者说有写诗的天赋。那李清照化用这个句子，要表达什么呢？"谩"是什么意思？

生："谩"的意思是徒然，白白的。就是我有写诗的才华，但写出来没有用。

师：对。就是表明自己具备写诗的才华，但在现实情境当中没有用武之地。因为多次用典，大家对下一句话的理解也有问题：大鹏鸟正在飞向九万里高空。风不要停止，把蓬草一样的小船吹往三座神山。从字面看，这样理解没有错。但是老师有一个疑问：词人为什么要写展翅高飞的大鹏呢？

生：希望自己也能像大鹏那样高飞。

师：这就意味着词人对自己是有一种期望的，这与现实中的处境正好截然相反，委婉地表明了现实处境的艰难。同学们已经断定这是李清照后期的作品，多写生活的悲凉，可见词人很想摆脱这样的情境。但是，她希望借助风力，去往三座神山，这难道就是她的志向吗？"风休住，蓬舟吹取三山去"该怎么理解？

生：这句话体现了词人远大的抱负。

生：她想去往神山，寻仙访道，发挥自己的才能，让世人记住她，名留青史。

师：你这个理解很独特，你让老师耳目一新。可以保留你的观点，也给你布置一个任务：你怎么能证明你的想法是对的。这可以作为你的一项课后作业。其他同学是怎么想的？也来说一说。

生：这是词人对理想生活的追求和向往。

师：那这种追求和前面说得像大鹏那样高飞一样吗？

生：这两种追求不同。大鹏高飞有方向、有目的，风吹是随便地吹。

师：风吹没有方向吗？借助风力要去往哪里？

生：去往"三座神山"。

师：你为什么说"三山"就是"三座神山"呢？

生：书上给的解释是"三座神山"。

师：以上是同学们对这首词的理解。大部分正确，小部分有问题，还有一些理解不通。下面老师和大家一起解决这些问题。

（屏显范仲淹的《渔家傲·秋思》与李清照的《渔家傲·天接云涛连晓雾》）

师：我们先齐读这两首词。

（学生齐读）

师：这两首词都有上片和下片，这个大家已经知道了。现在，张老师要告诉同学们一个关于词的结构上的概念，叫作"过片"。在这首词中，是指"浊酒一杯家万里，燕然未勒归无计"，也叫换头，就是下片的第一句。为什么要知道它呢？你如果知道了"过片"的特点，就能知道上下片的转接好不好，就能断定这首词的艺术水准如何。同学们请看，在《渔家傲·秋思》中，上片集中写秋景，下片着力写秋思，秋思从何而来？从秋景当中得来。所以"浊酒一杯家万里"一句就把秋景当中的人的那种寂寞很好地牵引过来，由他乡的秋、他乡的酒，很自然地让人联想到故乡的秋、故乡的酒，于是就由秋景转到了秋思。一般来说，过片的特点是"意断神连"，同学们可以标注一下。

（学生安静记录）

师：接下来我们看李清照的这首《渔家傲·天接云涛连晓雾》（屏显同上），她的"过片"与范仲淹的不同，上片写天帝问话，下片直接回答，非常简洁明快。请同学们在诵读中体会一下。

（学生齐读李清照《渔家傲·天接云涛连晓雾》，语调、停顿与讲解前相比有明显变化）

师：依据预习情况和书下注释，大家都认为李清照的这首词是"记梦"（板书），所以词中所写景色都是梦中之景，所见之人都是梦中之人，这里的问话也都是梦中的问话，回答也都是梦中的回答。为什么都是在梦中呢？

生：我觉得是词人不喜欢现实生活，于是想在梦中追求一种理想生活。

师：你同意她的观点吗？如果按照梦境来理解，有没有讲不通的地方？

生：我对天帝"问我归何处"这个地方不太理解。

师：是啊，天帝为什么要问我归何处呢？你看看天帝是什么态度，是怎样问我的。

生：殷勤、亲切、友好、情意恳切。

师：天帝好像很人情化，很有"人之常情"。那么，词人为什么塑造这样一个天帝呢？

生：我觉得是因为她在现实中遇到的人都不像天帝那样，或者说她希望有人像天帝那样对她。

师：你是李清照的千古知音。天帝如此友好、热情、温暖，很理想化，可惜是在她的梦中。虽然大家所说的都有一定道理，但连缀起来却有一些不太合理的地方。归根结底，还是大家对词中用典的理解存在偏差。大家来看老师给大家提供的资料。

（屏显）

《渔家傲·天接云涛连晓雾》的用典

屈原的《离骚》：朝发轫于苍梧兮，夕余至乎县圃。欲少留此灵琐兮，日忽忽其将暮。……路漫漫其修远兮，吾将上下而求索。

杜甫的《江上值水如海势聊短述》：为人性僻耽佳句，语不惊人死不休。

师：首先是《离骚》当中的典故。请同学们把它标记在书上。这里化用典故的目的是表明自己虽然满腹才华，无人赏识，但是还要去寻路，还要去实现自己的理想。大家会发现，我们知道典故的出处以后，很容易就会明白词人的意图。这也是老师经常鼓励大家多读书的原因。

生：多读书可以积累典故。

师：对。这是读书最直接的好处。用典也有它的好处，就是能使语句委婉，意蕴深刻、丰富。以上是同学们的翻译中解释不通的地方。除此以外，有同学还给老师提出了想知道"整首词是在什么背景下写的"这个问题。为此，老师给同学们提供一些资料。

（屏显）

关于写作背景

此词作于李清照南渡之后。根据《金石录后序》记载，1130年（宋高宗建炎四年）春，李清照在海上航行，历尽风涛之险。此词中写到大海、乘船、天帝及词人自己，都与这段真实的感受有关。

栅浦又名栅川，位于金鳌山南岸，其西有一地名叫"三山"（今属栅浦）。

此词是词人在台州黄岩"雇舟入海，奔行朝"的船上写的。

赵明诚受侮之事：奸商张飞卿请赵鉴壶，又献给金人，坊间传成赵明诚向金人暗中通好。词人欲向皇帝说明真相，故入海追随。

师：关于这首词是在什么情况下写成的，最通常的解释是此词作于李清照南渡之后。根据她本人在《金石录后序》中的记载，1130年（宋高宗建炎四年）春，李清照在海上航行，历尽风涛之险。同学们，李清照曾经在海上航行，那么此词中写到的梦中海景也是她真实见过的，因此本词中的大海、乘船、天帝及词人自己都与这段真实的生活感受有关。这就是认为这首词是"记实"的主要的缘由。同学们认为可以成立吗？

生：可以成立。

师："记梦"是目前对李清照的这首词最通行的一种说法。但是张老师在读此词的时候，却对"三山"产生了一个巨大的困惑：词人既然要像大鹏那样展翅高飞，为什么又要到"三山"去呢？所以，我找到了这样一份资料：有一个人做过考证，"三山"非"三座神山"，而是一个叫"栅川"的地方。现在浙江这一带，就有一个叫"栅浦"的地方，古代又名栅川，位于金鳌山南岸，其西有一地名叫"三山"（今属栅浦）。同学们，你们有没有发现，如果这个"三山"是一个真实的地名的话，那么和"神山"相比，哪一个理解更好呢？

生：我还是觉得解释成"神山"更好，因为这会使词人的理想之地更加缥缈，更加美好。

师：我们不做定论。接着来看另一个专家研究的结果。他认为此词是词人在台州黄岩"雇舟入海，奔（章安）行朝"的船上写的。当时宋高宗赵构因被金兵追赶而渡江，李清照在后面追随。词人为何要有如此举动呢？这件事与她的丈夫赵明诚有关。李清照曾经在《金石录后序》中记录赵明诚受侮之事：奸商张飞卿请赵明诚鉴壶，又献给金人，坊间传成赵明诚向金人暗中通好。词人欲向皇帝说明真相，故入海追随。另外，从李清照的前后期作品来看，她不是一个浪漫主义词人。她的作品都是写实的，即写自己的真实经历。那么了解了这些以后，同学们会发现，我们解读这首词的时候，在"三山"这个问题上就发生了颠覆：原来词人去往"三山"，是为了向皇帝澄清事情的原委。凭你的直觉来看，你觉得这个可能性有没有？真的假的？

生：（杂乱而统一地）有。真的。有这个可能性。

师：张老师并不能肯定这种颠覆。因为对于传统的、经典的文本的解读，固然可以随着社会的变化、新的古籍和考证材料的发现而发生变化，但是仅凭一个人的考据，我觉得还不足以撼动这首词是"记梦"这一说法。这一研究的价值在于，如果认为此词是"记梦"，那么对"三山"是"神山"的理解有些牵强；如果认为此词是"记实"，也的确存在某种可能性。因此，借助这节课的学习，张老师想告诉同学们，对于经典文本的解读，不要轻信所谓专家，要注重证据，要敢于质疑，要尝试自己去解决这个疑问。在这个过程中，你慢慢就会具有探究问题的能力。今天张老师和同学们共同学习了这首62字的词，价值不在于我们同意谁的观点，而是想要告诉大家：即使是经典的文章，也可以有不同的理解。下一步，希望同学们通过自己的求索，也能发现问题，也能尝试着去解决问题，这样你就掌握了一种探究问题的方法。

（在"写什么"处板书"记梦或记实"）

师：下面，我们来回顾一下，这首词是怎样写的。首先是词人很注重"炼字"，如"接""连"等。其次，诗中化用了屈原、杜甫等人的诗句，这是——

生：（齐答并记录）用典。

师：我们今天第一次学到用典这种方法，要记住它的好处是可以使语意深刻、婉转，表达丰富、含蓄。它其实也是在炼句和炼意。这是这首词很重要的一个特点。

（在"怎样写"处板书"炼字和用典"）

师：关于词人为什么写作此词这个问题，前面张老师给出了两种不同的背景知识的介绍，那么这里也应该有两种结论：一种说法是写词人自己的遭遇，表达她对现实生活的不满；另一种说法是她要为丈夫雪污。

（在"为何写"处板书"遭遇、雪污"）

师：现在，通过黑板上的表格，张老师想给大家传达一种认识，就是我们对于文本的学习，应当建立一种问题意识。问题意识从哪里来呢？就从你课前的自读当中来，这一点同学们已经做得很好了。你们的解疑意识也很不错。需要注意的是，你们还需要在漫长的读书过程中，多多储备相关的知识，为自己能够独立解读一首诗或者一本书提供必要的准备。

最后，让我们在对这首词的诵读中结束这堂课的学习。

（学生声音洪亮地、流畅地、整齐地、有感情地诵读全词）

（师生告别，下课）

反思教学设计与具体实施，是进一步调节教学的重要手段。这个教学设计是在课堂教学的基础上形成的。课前我给学生布置的预习作业如下。

第一问：你对此词有哪些了解？

第二问：你对李清照有何了解？

第三问：你对本词的内容能理解多少？

前两问学生回答得很好；第三问学生都能比较准确地说出上片的内容，但下片尤其是几处用典，学生理解存在很大偏差。

这些问题是确定教学目标与重难点的重要依据，如何在了解学情、细研文本的基础上呈现出具有稳定性的教学常态，是本教学设计的重要着眼点。或者说，我更关注上"家常课"，而不是所谓"观摩课""示范课"。

首先，"原生态"教学观是"导师工作室"团队根据我的教学风格归纳与概括出的个体性实践知识，其内涵是使语文学习返璞归真。

其次，"原生态"教学模式是在"原生态"教学观的指导下建立起来的较为稳定的教学活动结构框架和活动程序。诗歌教学"九字诀"是其操作范式之一。此范式是针对诗歌作品或短篇幅文本的操作程序，"懂事儿"关注核心内容，"知趣儿"关注章法、技巧，"品味儿"关注风格流派。

以《渔家傲·天接云涛连晓雾》教学设计为例，通常情况下"懂事儿"似乎可以一笔带过。对于这首词的传统观点是"记梦"，知道是写一个梦境就可以了，毕竟文本内容并非教学内容。但下片的用典使词的内容不能一望便知，这是与许多词不同的。"知趣儿"要用心体会李清照用了什么典故以及寄托了怎样的情思。本词的特殊性要求教学中应该把对用典的理解作为重点，因为破解用典的真意既是对"懂事儿"的深化，又是对"品味儿"的铺垫。"品味儿"要体会词人的风格，但学生此前没有学过词，尤其没有学过李清照的词，对其风格也没有感受，所谓了解主要来源于书籍或网络，是概念化的。此环节要让学生对李清照的词有初步的理解，为将来继续学习打好基础。

最后，学生对词的结构只知道上片与下片，不知道"过片"。我在教学中着重介绍了"过片"的特点，这也对探究"知趣儿"起到了积极作用。对"过片"的了解以及对其作用的理解，为今后学习词提供了方法与策略。

根据学生的预习情况，"懂事儿""知趣儿"都不是重点，"品味儿"才是重点。本词的具体情况要求采取"变式"，即以"知趣儿"为重点，前后勾连"懂事儿"与"品味儿"。这就是寻求"懂事儿""知趣儿""品味儿"三者的动态平衡。首先摸清学情。李清照的《渔家傲·天接云涛连海雾》在统编版八年级上册，系首次出现的词。正常情况要介绍关于词的文体知识，但调查得知苏教版此前已经出现过几首词，介绍词的知识环节便免去。从课前调查中发现学生对本词的内容理解不准确，由于此前没有接触到用典，教科书注解又不详，因此学生对下片最后三句的理解存在偏差。读懂内容面临的一个困境就是本词到底是"记梦"还是"记实"。所以用典是本词难解的关键，对典故的不同理解导致学生对"记实"与"记梦"产生分歧，对风格有不同理解。因此解决用典的问题是本课的支点。《金石录后序》相关内容的引入、某些地名的考证成为读懂内容的关键。

现场听课的李百芝老师对这节课做出了具体评价。

同行评课：关注学情，质疑究难[①]

张玉新秉持"原生态"教学观，是"语文教育民族化"主张的倡导者和实践者。2018 年 4 月 26—28 日，在"全国统编初中语文教材教学观摩研讨会"上，我有幸聆听了他执教的《渔家傲·天接云涛连晓雾》一课，从中窥到了些许"原生态"教学观的特征，现择要记录如下。

一、关注学情，以学生现实水平为基础，确立教学目标

王荣生曾经指出，"观课评教的角度，因各种不同的目的而有所不同"，对语文教学的观课评教，应侧重审视这堂课的教学内容，"一堂语文课，如果教学内容有问题，或者只有在考试的试卷上才有用，那么教师的教学再精致，再精彩，课堂的气氛再热烈，再活跃，价值都极为有限"。用这一观点来看，张老师上的《渔家傲·天

---

①　李百芝：《关注学情　质疑究难——李清照〈渔家傲〉听课心得》，载《中学语文教学参考·初中》，2018(20)。

接云涛连晓雾》一课的价值首先就体现在将"教学内容现实化"上,"想教的内容与实际在教的内容一致""教的内容与学的内容趋向一致"。① 在这方面,他的具体做法如下。

(一)课前发放调查问卷,了解学生现实的语文水平

张老师授课的班级是宜兴市实验中学八年级 33 班,授课内容《渔家傲·天接云涛连晓雾》是统编版语文教材八年级上册中的篇目。这也是使用统编教材的学生在语文书中首次接触词这种文学样式。那么他们对词的认知到底有多少呢?张老师在课前以收集调查问卷的形式了解到学生学习这首词的基础如下。

学过的词:辛弃疾的《清平乐·村居》《南乡子·登京口北固亭有怀》,秋瑾的《满江红·小住京华》,范仲淹的《渔家傲·秋思》。

对词的了解:宋代是词的全盛期,词有词牌和题目(不一定),词一般分两段,即上、下片或上、下阕(也有三、四片的)

对李清照的了解:婉约派代表,千古第一女词人;生于书香门第,早期生活优裕,金兵入侵流寓南方,境遇孤苦;其词前期多写悠闲生活,后期多悲叹身世;提出词"别是一家"之说,有《漱玉词》之作。

(注:括号中的文字为张老师展示问题时所作更正和补充之处)

从这些信息可见,学生虽然是在初中课本中第一次接触词,但对词并非一无所知。因此,教师既不必重复讲解词的起源、发展、分类、风格等常识,也完全可以相信他们已经具备初步的自主学习这首词的能力。这成为张老师本节课教学的起点——对学生的预习进行检验、校正和延伸。

(二)课中分类讨论问题,满足学生的语文学习需要

爱因斯坦曾经说过,提出一个问题往往比解决一个问题更为重要,因为这"需要创造性的想象力",是"科学的真正进步"。张老师无疑是很看重这一点的,所以在讲授《渔家傲·天接云涛连晓雾》时,他不是用自己设计的问题引领学生,而是利用学生自读时提出的问题组织教学。

1."天接云涛连晓雾"中的"接"和"星河欲转千帆舞"中的"转""舞"分别好在哪儿?

---

① 王荣生:《听王荣生教授评课》,18 页,上海,华东师范大学出版社,2007。

2. 词人在何种情况下，才会有这样和天帝对话的联想？

3. "闻天语，殷勤问我归何处"蕴含了怎样的情感？

4. "我报路长嗟日暮"中的"嗟"体现了词人什么情感？

5. "学诗谩有惊人句"，"惊人句"指什么？"谩"体现了词人怎样的思想感情？

6. "风休住，蓬舟吹取三山去"表达了词人怎样的感情？

7. 整首词是在什么背景下写的，抒发了词人怎样的情感？

应当说，这些问题从某种程度上反映出宜兴市实验中学八年级33班学生的语文水平非常不错，他们提出的问题很"语文"。而在课堂上，张老师并没有面面俱到地逐一去讲解这些问题，因为这样处理会使课堂显得凌乱、琐碎。他的策略是在和学生共同审视、分析这些问题的同时，将其分为"写什么""为何写""怎样写"这三个问题，然后开始各个击破。这正是"原生态"教学观的基本教学模式之一，即先让学生关注"写什么"，读懂作品的内容与情感，这叫"懂事儿"；再让学生分析"怎么写"，弄明白作品的艺术手法，这叫"知趣儿"；最后引领学生思考"为何写"，即体悟作品的风格，明确本词是"记梦"还是"记实"，这叫"品味儿"。这样的设计也充分体现出了张老师对学生的尊重，学生是他课堂的主体。他在课堂上解决的是"学生想要知道"的问题，而不是"传授自己想要教给学生的"问题。这也体现了"原生态"教学观的另一特征：教学立足于方便学生学习，而不是方便教师教学。

（三）课后掀起头脑风暴，激活学生的语文学习思维

"原生态"教学观主张通过课堂教学激发学生的学习热情和内在潜能，促使其主动探究、发展，并形成良好的学习习惯。张老师在《渔家傲·天接云涛连晓雾》的授课过程中，独辟蹊径，针对教材对"三山"的注释大胆质疑，通过呈现相似、相关、相反的资料，启发学生思考"三山"到底为何物。这一陌生化的问题，不但能在课堂上紧紧扣住学生的心弦，而且能将课堂延伸到课外，在学生头脑中掀起讨论和探究的风暴，从而激活他们的语文学习思维，可谓一举多得、一箭多雕。

二、启迪思维，以学生困惑之处为资源，突破教学难点

在用课件展示学生对《渔家傲·天接云涛连晓雾》的理解后，针对他们对"我报路长嗟日暮，学诗谩有惊人句"解释不明的问题，张老师及时补充和讲解了本词最重要的写法——用典，指出"我报路长嗟日暮"是从屈原的《离骚》化用而来的；"学诗谩有惊人句"受杜甫的《江上值水如海势聊短述》中"为人性僻耽佳句，语不惊人死不休"的

启发。这两句表现了词人虽然遭遇不幸空有才华，但仍然不辞"上下求索"，希求日长不暮，以便寻觅天帝的情怀与意念。

学习"九万里风鹏正举。风休住，蓬舟吹取三山去"一句时，学生按照教材所给的注释，将"三山"按照传说中的"三座神山"来理解，这就出现了前后矛盾、无法圆说的问题：既然要像大鹏高举，又为何要去往"神山"呢？此时，张老师给学生呈现了自己在读书与备课中的另类发现。

1. 据研究者考证，"三山"非"神山"。浙江台州椒江，有一个真实的地方叫"三山"，今属栅浦。据历史记载，1130 年（宋高宗建炎四年），宋高宗赵构逃难至此，在这里待了十七天。

2. 据《金石录后序》记载，1130 年（宋高宗建炎四年）春，李清照在海上航行，历尽风涛之险。此词中写到大海、乘船、天帝及词人自己都与这段真实的生活感受有关。

3. 当地人考证，此词是词人在台州黄岩"雇舟入海，奔（章安）行朝"的船上写的。

4.《金石录后序》中记载有赵明诚受侮之事：奸商张飞卿曾经请赵明诚鉴壶，随后张飞卿献壶给金人，此事后来被传成是赵明诚向金人暗中通好。词人欲向皇帝说明此事真相，故入海追随。

综合以上材料来看，此词当是"记实"而非教材所说是"记梦"。词人希望"蓬舟吹取三山去"是为了追随皇帝替丈夫澄清名誉而不是要去访道求仙。但是，在学生认同这样的观点与说法以后，对于《渔家傲·天接云涛连晓雾》一词到底是"记梦"还是"记实"，"三山"是"神山"还是"栅浦"，张老师并未强求学生一定要有统一的结论，而是适时点拨学生：在学习中应有怀疑精神，有了怀疑后要通过读书和实践去求证。这样，你占有的资料越来越多，那么你对文本的认知和理解也就越来越趋于合理。

我觉得张老师对这一环节的处理，类似于苏格拉底的"产婆术"。古希腊哲学家苏格拉底认为，一切知识均从疑难中产生，越求进步疑难越多，疑难越多进步越大。苏格拉底的"产婆术"集中表现在他经常采用的"诘问式"中。他以提问的方式揭露对方学说中的矛盾，动摇对方论证的基础，指明对方的无知。在这堂课上，张老师也用了这样反诘的方式，引领学生发现自己语言逻辑当中的漏洞，又通过提供给他们与教学内容相关但观点截然不同的资料，在学生心里埋下了一颗怀疑的种子，从而让批判性思维开始在学生的头脑中萌芽。从这一点来看，张老师的"原生态"教学观，着眼的是过去，关注的是未来。他弱化了对知识的枯燥讲解，突出了对学生语文思维的启迪和培养。

三、摒弃雕饰，以扎实、真实、朴实为追求，生成教学效果

教育部组织编写的《语文学科知识与教学能力》（王荣生、宋冬生主编，高等教育出版社2011年出版）一书中规定，语文课堂教学目标的要素之一是要有"集中度"，即目标只有一个，或超过一个，但目标之间要有明确关联。张老师在他的《优秀语文教师的三个维度》（《中学语文教学》，2016年第3期）一文中指出，以"质"为教学目标的"一课一得"，强于以"量"为教学目标的"多多益善"。在《渔家傲·天接云涛连晓雾》这堂课上，张老师也践行着这一观点。他从鼓励学生质疑这一总体设想出发，紧紧围绕本词是"记梦"还是"记实"，"三山"是"神山"还是"栅川"来展开讨论，纵横捭阖，有旁征博引的佐证却没有旁逸斜出的问题。因为目标集中，指向明确，资料翔实，所以很容易就激活了学生的思维，促进了教学目标的实现。这体现了"原生态"教学观的扎实追求。

张老师一贯主张教学目标的确立必须基于对学情的调查和了解。《渔家傲·天接云涛连晓雾》一课教学内容的选择，正是来源于此。张老师认为，同样一篇文章，小学生可以学习，初中生可以学习，高中生也可以学习，但三个阶段各自所要实现的目标却是不同的。同样的道理，你在A班级讲课确立的是A目标；到了B班级，要根据B班级的学情调整为B目标。当然，A目标与B目标并非截然不同、毫无关联，有时二者可能只是为了实现同一目标的不同切入点。深入研究学情，密切关注学情，准确把握学生的学习兴趣、学习动机、学习需要、起点水平和认知倾向等实际情况，才能想学生之所想，讲学生之所缺，解学生之所惑，帮学生之所需；才是真正把学生作为课堂的主体，以学定教，顺学而导，从而优化教学过程，使有效学习发生在每个学生身上。这体现了"原生态"教学的真实追求。

此外，张老师在《渔家傲·天接云涛连晓雾》的教学过程中并没有使用什么纷繁复杂的信息技术和教学手段，他就在师生对话、生本对话、师本对话和师生与文本的共同对话中，咬文嚼字，品咂章法，深入浅出，使课堂渐入佳境。这体现了"原生态"教学的朴实追求。

综上所述，《渔家傲·天接云涛连晓雾》一课的授课时间是有限的，但对我和学

生的影响却是无限的。我们将以这次观摩课作为契机，独立思考，广泛读书，积累智慧，形成能力。

图 3-4　执教《断魂枪》

文言文教学"一指禅"

　　文言文教学存在偏重文字翻译、忽略章法结构的倾向，许多教师只把它视为"古汉语"的文本。这样的教学枯燥无趣、效率低，甚至成为学生厌倦语文的原因。"原生态"语文教学十分关注文本分析简约、精要与实用，注重通过学习经典培养语文素养。"一指禅"就是对这种操作程序的形象描述。

　　"一指禅"系"少林内功一指禅"的简称，是少林七十二绝技之一，为少林独有的练功术，兼具静功与动功的特点，历经数百年的提炼、充实，现在已经成为武术界推崇的"上乘功法"。

　　这里借用"一指禅"一词来表述我的文言文教学的"独门功法"，即充分研究文言文的章法，深刻剖析文言文的结构脉络，抓住"肯綮"之处，"四两拨千斤"，既注重趣味性，又注重效率与美感，为学生指出学习的途径，把文言文学习化枯燥为生动有趣，引导学生不仅学习古人锤炼语言之精妙、文章脉络之严谨，而且将文言文经典文本作为重要的审美对象去鉴赏。

《小石潭记》一课的"一指禅"，就是抓住统摄全篇的一个"清"字。本来环境之"清"是虚，心境之"清"是实，可是作者在行文上却虚者实写，实者虚写，虚实结合，平起波澜。

怎一个"清"字了得：《小石潭记》教学示例

《小石潭记》是我在文言文教学中悟出"一指禅"的重要课文。"一指禅"其实并非仅使用于文言文。从 1994 年以来，我教过六七次，这里呈现的两个课堂实录分别是 2012 年 12 月 19 日和 2017 年 5 月 27 日上的两节课。前者是"导师工作室"成立后我第一次到学员所在学校搞初中教研活动，为工作室第一期学员李崇崑执教的吉林大学附属中学七年级 31 班和 32 班上的一节合班课。《小石潭记》在长春版国家标准教材七年级上册是最后一课。后者是在深圳市龙岗区实验中学八年级某班上的一节课，本课文编在部编版八年级下册。本课据上次那节课已过了近五年时间，这期间我在不同省市上过三次，这一次是第五次，对《小石潭记》可谓了然于心了，但一以贯之的就是"一指禅"。除此之外，个人感觉最大亮点在于根据学情现场改变教学计划与课型。

教学设计

课前准备

1. 学生课前借助课下注释及工具书积累常见的文言实词（清、佁然、去、邃等）和虚词（以、其等）。

2. 学生能够大致疏通课文，并画出有疑问的语句，以便在课堂上提问和讨论。

教学目标

1. 在不断积累文言词语的基础上，提高阅读文言文的能力。

2. 着重学习移步换景、正侧面描写结合、借景抒情等写作手法。

3. 品味文中描写自然风光所引发的作者的情绪变化，窥探彼时彼地作者的内心世界。

教学重点

1. 整体感知文章内容，厘清文章结构。

2. 通过品味环境、景物的描写窥探作者的内心世界。

教学难点

品味"乐"景与"清"境透露出的作者感情的变化。

课时安排

1课时。

教学过程

一、检查学生课前自学情况

第一，检查字词：清、佁然、去、邃、以、为等。

第二，学生提出疑问，教师视情况，可立刻解答，也可在讲析课文时解答。

二、朗读课文

第一，学生朗读课文，大家点评，指出朗读中存在的问题。

第二，学生齐读课文。

反复朗读后，结合学生自读时存在的问题，教师提问：初读这篇文章读出了作者怎样的心情？（快乐、忧伤，学生根据个人理解作答）

三、解决课文文字层面的问题

此环节引导学生借助课下注释和工具书，在自己领悟的基础上和小组同学合作疏通文义。教师对重点词语做点拨，以提高学生阅读文言文的能力。

（一）强调下列重点词语的意义

1. 篁竹；2. 水尤清冽；3. 坻；4. 堪；5. 蒙络摇缀，参差披拂；6. 佁然；7. 俶尔；8. 翕忽；9. 斗折；10. 犬牙差互；11. 悄怆幽邃；12. 隶。

（二）学生概括每段的段意，教师补充

第一段：写发现小石潭及小石潭的景物。

第二段：写潭水清澈，游鱼活泼。

第三段：写作者探究小石潭的水源。

第四段：写作者对小石潭的总体印象和感受。

第五段：记下与作者同游小石潭的人。

四、师生互动赏析文章

古人写文章往往很重视内容与题目照应，或者说题目往往就是文章的脉络提示。《小石潭记》便是如此，行文有"前后眼"。

柳宗元被贬到永州后写的"永州八记"中，多篇题目中都有"小"。例如，第三篇《钴鉧潭西小丘记》，第四篇《至小丘西小石潭记》，第八篇《小石城山记》。永州不大，其景亦小。通行版本中"小石潭"前有"至小丘西"四字，道出了与第三篇《钴鉧潭西小丘记》的连续性。

"小石潭"中的"小"已经明了，而且永州的景物大都"小"，体现出了连贯性。

"石"是怎样体现的？"全石以为底"道出了"石"的特点。不仅如此，还"卷石底以出"，坻、屿、嵁、岩都落实了题目中的一个"石"字。

"潭"是怎样体现的？这是全文描写的主体，跳回到对"石"的叙写之前看。

行文的曲折处首先表现为：未见潭，先闻水声；因水声"如鸣珮环"而"心乐之"，于是闻声觅水，伐竹见潭，对潭的总体印象是"水尤清冽"，这是全文的"前眼"。

上文提到小石潭的"石"，不是"泥沙"，这是"水清"的一个客观因素。那些"青树翠蔓"能够存水、滤水，也是"水清"的一个客观因素。

第一段已经落实了"小石潭记"中的"小""石""潭"三个字。

潭中的鱼历历可数，可见潭水之清；阳光照彻，鱼影下投，是说潭水之清的；鱼之或动或静，或来或往，也是说潭水之清的。由此作者推想"鱼之乐"，颇似庄周的"濠梁之鱼"。

这是第二段，表面上是写鱼，实质是为了写潭水之清，照应一个"潭"字。潭的特点是"清"，所以说都是在围绕"前眼"。这里的"鱼之乐"又照应了第一段闻水声时的"心乐之"（心之乐）。

作者由东向西而行，在潭上向西南而望，缘流溯源，眼光也由近及远。首先映入眼帘的是"斗折蛇行，明灭可见"汇入小石潭的水流。水往低处流，注入小石潭的水当然都是从高处来的。因为山高树遮，水的走向、走势很复杂，所以不能穷尽水源。这是第三段，也是在照应"前眼"。

以上三段从发现小石潭到对清澈潭水的描写，再到望中探源而不得，都是围绕着小石潭本身着墨的。文章接下来描写小石潭周边的环境。

一番行走观赏，不亦乐乎。向着西南方向探寻源头不得，坐下来环视四周，这才发现，"四面竹树环合"，除了作者等一行人，再无别人，此时作者不由得想起了宦海浮沉。或许因为环境的寂寥使作者联想起被贬到永州的寂寥，越发感到这里充满了凄楚忧伤。于是概括为"以其境过清"，这就点出了"后眼"。这样凄清的环境"不可久居"，所以记下行程便离开了。这句"乃记之而去"又坐实了一个"记"字。

这是第四段，点出"后眼"，落实"记"字。

至此，"小石潭记"四个字都得到了落实。重点写的"潭""水尤清冽"作为"前眼"得到充分落实。作为"其境过清"的由环境映衬心情的"后眼"也顺势点出，且点到为止，为读者留下了想象的空间。

五、作业

1. 尝试将《小石潭记》文题统摄内容、内容紧扣文题的特点用在自己的写作实践中。例如，写一个场面、一则故事。

2. 选"永州八记"中的一篇文章阅读，加深对柳宗元所写的"记"的认识。

附板书设计

小石潭记　柳宗元

前眼乐　水尤清冽
- 见潭（如鸣珮环）移步换景（听觉）
- 赏潭
  - 鱼数水清
  - 鱼状动、静
  - 侧面描写（视觉）
- 寻源（溪身明灭可见）比喻

后眼忧　其境过清　记潭凄寒、悄怆

课堂实录（一）（节选）①

师：这堂课，张老师和同学们共同重温一下柳宗元的《小石潭记》，因为同学们在老师上课之前已经和李老师共同把课文的基本内容学会了，并且基本能够背诵。那么现在张老师就提一个问题：你们认为这篇课文值不值得作为一篇课文让你们学？

（学生低声讨论）

生：值得学。这是一篇山水游记。柳宗元被贬官之后作了八篇，非常经典。

师：你提出了"永州八记"，很好。

---

① 李崇崑整理。授课时间：2012 年 12 月 19 日。授课对象：吉林大学附属中学七年级 31—32 班。长春版国标语文教材七年级上册。

图 3-5　执教《小石潭记》

生：我也觉得是值得的。背景是柳宗元被贬到永州。这是一篇山水游记，但是其中有作者复杂的感受。

师：同学们看他没有浅层次地说字面的意思，他联系到了作者当时的政治处境。请坐。非常好。

生：这篇文章中提到的景物很多。我把它翻译出来，很适合我们学习写景物作文。所以我感觉这篇文章很值得我们学习。

师：她认为这篇课文可以作为我们写景物的范文，也就是说，它有指导写作的价值。刚才的那几位同学更多是从内容上、主题上谈对我们的启示的，你认为这篇文章从写作技巧上对我们也有指导价值。

生：我觉得这篇文章用了很多比喻句，而且用这么短的篇幅就把小石潭描绘得特别生动。

师：你是从写作技巧角度，尤其是从修辞手法的运用上及描写的手法上觉得值得一学。那么你和刚才那位女同学对写作手法的理解是类似的。看来，我们两个班的同学在和李老师学习的过程当中，都已经浅层次地理解了文本的基本内容，并且已经意识到了阅读和写作两个方面对我们的指导意义。现在请几位同学到前面来（找了四名同学上前），请用文中的一个字概括小石潭的特点，写在黑板上。

（全班齐读课文，黑板前的同学写完后回到座位上）

师：既然同学们提到了我们可以把这篇文章当成一个写作的范例，那么，张老师也想和同学们共同探究一下，它给我们写作上的指导意义在哪儿。大家看看，文章题目叫什么？

生：小石潭记。

（教师板书小石潭记）

师：那么现在我们出声地读。看一看，这个"小"在原文当中什么地方出现过？

生：（自由读课文）下见小潭。

（教师圈画板书中的"小"）

师：对。下见小潭。那么，出现了"小"，又出现了什么呢？

生：潭。

（教师圈画板书中的"潭"）

师：潭，对，那么"石"在哪里出现呢？

（师生齐读：全石以为底，为坻为屿为嵁为岩……）

师：坻、屿、嵁、岩这几个字是不是都和石头有关啊？那么"全石以为底"，是不是写"石"的啊？

生：是。

（教师圈画板书中的"石"）

师：同学们再看，哪个位置出现了"记"呢？

生：乃记之而去。

（教师圈画板书中的"记"）

师：同学们再看，对"小石潭记"这几个字，作者在行文当中都用具体的字眼去落实。我们常说，文要对题。所以张老师想和同学们达成第一个共识，就是我们将来写文章，不管是描景，还是写事，都要对题。大家再看，"小石潭记"这几个字当中，哪一个字是他要写的重点？

生：我认为是"潭"。

师：还有谁认为是"潭"？认为是"潭"的请举手。

（学生大都举手）

师：我也举手，我也同意，我也认为《小石潭记》的核心内容是写潭。那潭是什么啊？看看字典是怎么说的。

师：它是一个水聚集的地方，潭的特点就必然和水有关。

（教师带学生共同辨析黑板上学生写下的答案，将与"水"无关的"翠""乐""寒""凄""幽""寂""闻""记"等字划掉）

师：还有一个答案是"清"。请写"清"的三位同学起立。

（三位同学起立）

师：你们几位为何要选择"清"呢？

生：因为本文中说"以其境过清，不可久居"，是柳宗元对小石潭周围环境的描述，所以，我觉得这个"清"应该比较适合。

生：我觉得，小潭嘛，第一眼看到的，一定不是旁边的景物，而是这里的水。这里能代表水的是"清"。

师：用原文来概括就是……

生：水尤清冽。

（教师板书水尤清冽   以其境过清）

师：同学们还有没有补充？

生：我是从侧面看出来的，就是"日光下澈，影布石上"。如果这个水潭不清的话，那么鱼的影子也不会映到石底。

生：我补充一下。我也是从侧面描写看到的，是"皆若空游无所依"。

师：好！鱼其实在水里游，而那水就像不存在一样，那该有多清啊！侧面描写非常好。为了掌握《小石潭记》，尤其是"潭"的特点，我们从头到尾把文章的脉络梳理一下。"从小丘西行百二十步"，一个不算远的距离，就"闻水声"。听到了水声之后，他打了个比方。那水声像——

生：玉。

师：古人身上要带许多玉的配饰，一碰撞就会发出清脆悦耳的声音。这样"如鸣佩玉"的声音激发了他内心的愉悦之情，"心乐之"。于是"伐竹取道"，"取道"砍掉竹子，这说明什么呢？

生：我认为这个小石潭已经很久没有人来过了。

生：我认为应该是柳宗元听到水的响声之后，很高兴，然后急于去那个小石潭。

师：然后就看到了小潭了吧？"下见小潭，水尤清冽。"什么叫清冽呢？清澈，清凉。"水尤清冽"是不是看到小潭的第一印象啊？下面那么多写潭的，是不是具体展开写怎么个"清冽"法啊？好，那么我们接着向下看，要写它另一个特点了。"全石以为底，近岸，卷石底以出"，这个小石潭的底部都是石头。"全"怎么理解呢？

生：整个。

师：是整个。近岸指靠近岸边。这个"卷"同学们注意，有的版本注成"全"，张老师不同意，我觉得还是"卷"好。卷的本意是什么呢？古代把书卷成卷的形状，卷成圆筒形。这是它的本意，这就叫卷。当然，由此引发了"读万卷书"的"卷"。那它是个名物性的词了，就不是动词了。在这里是翻卷。这个小石潭底有些部分，不是直着来的，是弯曲着上来的。岸边有高出来的，有平的，有突兀的。总之，有不同的形状，但是都是石头。

接着看，"青树翠蔓，蒙络摇缀，参差披拂"写的是什么？潭周边的植被。植被有什么特点呢？

生：青翠、翠绿。

师："青翠"。说明环境没有遭到破坏。这是不是小石潭水那么清的一个客观因素呢？所以我们好几位同学说喜欢侧面描写，这就是侧面描写。下面更侧面地写了"潭中鱼可百许头"，"百许头"说明什么啊？

生：我认为是能数得清鱼有多少条，这样就可以看出水有多清澈了。

生：从"潭中鱼可百许头"也可以看出人很久没有来这里了，要不这么清澈，鱼早就让人给吃了，捕杀殆尽了。

师：还有侧面描写吗？"日光下澈，影布石上"，这是为什么呢？

生：因为水清。

师：因为水清，因为太阳是直射的。于是水底也是透亮的，鱼的影子就被投到潭壁上了，还是因为清。所以，这个"清"全是那一缕阳光惹的"祸"，让鱼的影子都能被看到。不仅能看到鱼，还能看到鱼的影子，该有多清啊！柳宗元多了不得啊！他就要写潭水，并且拐弯抹角地写，不直接写。你看，是不是像个画家？张老师最喜欢的那句"皆若空游无所依"，你说，一个画家要是画鱼的话，画鱼好画，画水怎么画呢？尤其国画，那么我就画水中的东西，所以根本就不用画水。多么绝妙啊！

这个地方，柳宗元是不是也像一个画家，有非常绝妙的一笔？同学们再看，鱼是什么样的呢？

生：佁然不动。

师：什么叫佁然不动啊？呆呆的，也没人钓我，我也不怕你。然后再看，仅仅都是佁然不动吗？

生：俶尔远逝，往来翕忽。

师：这都是些什么啊？

生：鱼的举动。

师：写鱼的状态是时动时静，并且飘忽不定。忽然跑走了，忽然呆呆地不动，很可爱。"似与游者相乐"。我们绕了这么大的圈，作者无非都是在说"水尤清冽"。下面我们不看水多么清了，换一个角度："潭西南而望，斗折蛇行，明灭可见。"刚才同学们齐读时，我没听清楚。这个"见"其实是"现"。它们是古今字。"明灭"就是或明或灭。"灭"就是暗，若隐若现。所以说"明灭可见"。这就理解了潭周边的特点。那么，岸边的特点是什么呢？

生：犬牙差互。

师：差就是参差，互就是交互、交叉。这个段落写小石潭西南边的环境。作者游览之后，坐在潭边闲着没事就看看周边的环境。"坐潭上，四面竹树环合，寂寥无人，凄神寒骨，悄怆幽邃。"同学们有没有发现，作者此刻的心情和写潭水时不同了，用了哪些表达心理状态的词呢？

生：有"寂寥""凄神寒骨"。

师："凄神寒骨"，使心神感到凄凉，使骨头感到寒冷。所以同学写"寒"写"凄"（指着黑板上学生写的），可能就是从这儿来的。写这个的同学也抓住了心境的变化。还有"悄怆幽邃"。这里更多是环境给心理造成的情绪的变化。我们三位同学写"清"，其中有两位同学认为"清"是特点。为什么出现这样的状况？同学们看一看，"以其境过清"中的"清"和前面的"清冽"的"清"有什么不同呢？

生：前面的"清"是描写水的。

师：老师打断你一下，描写水清的时候，给作者带来什么心境变化啊？

生：感觉水清，环境就清。

师：一个字，黑板也有，就是"乐"。鱼都乐嘛。后半截呢？

生："过清"就是环境让作者感觉凄凉。

师：凄凉，或者说凄清。非常好。三位同学找到的"清"是最主要的特点。我认为是非常准确的了。甚至我们可以说"清"字就是文章的文眼。同学们都知道，诗有诗眼，词有词眼，文有文眼。但是这两个"清"我们可以稍做一个剖析。同学们从这里开始看，把顺序理一下。他先听到的是什么呢？是"如鸣珮环"。这是从听觉的角度写小石潭的水声的。紧接着，他描写小石潭的时候是"全石以为底"，质地就表现出来了，包括"水尤清冽"都是他见到的。所以我们说，这是一个视觉的形象。这就是作者发现潭、看到潭的过程。用两个字来说，就是——

（教师板书见潭）

师：这种手法叫移步换景。就是我走到哪儿，看到哪儿就写到哪儿。因为我的行踪不同，所以景物就不同。

（教师板书移步换景法）

师：这就是小潭的第一个部分。那么欣赏小潭的时候，大家看看是从哪个角度欣赏的？比如，潭中的鱼，他可以察清鱼的数量，这是从侧面说明水清。还有鱼的状态，有时候好像傻傻的，有时候又突然跑了，写了鱼的动态。鱼的神态呢？作者用了一个拟人的手法，把鱼的动作写活了。用侧面描写的手法突出了水的清冽。紧接着作者就要探求潭的源头。他写了潭头的溪身"明灭可见"，就是水源是从高处流到低处的小溪。小溪弯弯曲曲的，被树木遮挡着，有时能看到有时看不到。岸势犬牙差互。这个部分都用比喻。见潭赏潭，然后寻找潭的源头。"水尤清冽"给作者带来一种快乐的心情。写到"其境过清"的时候，情感变得怎么样了？

生：悲、忧……

师：有的同学说"悲"，有的同学说"忧"。"悲"好像是太重，"忧"比较恰当吧。这个"忧"不仅来自环境的清冷，也和文章的写作背景有关。本来他在长安做官，因为参加了一次变革运动，被贬到永州做司马。永州当时是很荒凉的地方。他心情很不好，就把时间用在游山玩水上，于是就写了刚才那位男同学说得"永州八记"。这是其中的第四篇。他用这样的方法排遣心中的忧愁。但是，他并不明确地写出来，而是点到为止，非常含蓄。

师：通过这节课的学习，我们也能得到一些写作技巧上的启示。第一，文要对题。作者行文时就是严格按照"小""石""潭""记"的顺序写的。第二，内容重点要突出。我重点要写潭水，那么我写潭水的时候就突出它的"清"。它清到什么程度？"水尤清冽。"环境清到什么程度？"其境过清。"然后完成了环境和心境之间的巧妙转换。不说贬谪的悲凉，点到为止。若想了解更多，同学们可以从"永州八记"中挑更短小的文章去看，了解柳宗元在这个时期写的散文，尤其是"记"的基本特点。

图 3-6　执教《秋兴八首》

课堂实录(二)(节选)①

师：现在我们开始上课。课前我已经给同学们布置了一项预习任务，可是很遗憾，当我看见同学们的时候，我知道，我今天要讲的你们都已经学过了。我们不能虚假地表演学习，那我们今天就真实地展现一次《小石潭记》的复习课，好吗？

生：好！

师：我先和同学们说一下我布置过的四道复习题。

第一个问题，认真阅读书下注释，查字典，大体上能读懂课文，能熟练朗读，最好能尝试背诵。因为我们班的龙老师是我们学校非常优秀的老师，我已经了解了，

---

① 孙默整理。授课时间：2015 年 5 月 28 日。授课对象：深圳市龙岗区实验中学八年级二班。人教版八年级下册。

同学们已经形成了这样一种学习习惯。

第二个问题，看一看题目和课文之间有什么关系。我看了同学们的作答，状况不尽相同，这也将是我们研究的一个问题。

第三个问题，小石潭的特点是什么？文章中表达作者情绪的词有几个？这个同学们大部分找得非常好。

第四个问题，从课文中找到一个字概括全文特点，你找的是哪个字？这个问题将是我们本堂课从复习的角度重点突破的问题。因为根据同学们的回答，同学们用了十一个不同的字来概括，显然有不同见解。下面我就请几名同学在黑板上把你认定的字写下来，可不可以？好，首先我请刘同学，来没来？没来。你可以代替他吗？（请另一名同学）我告诉你他写的是什么？他写的是"美"。张同学（潭），在吗？请把你自己选择的字写上，你还记得吗？好。王同学（凄），请把你自己选择的词写上，谢谢！还有肖同学（折），唐同学（寂），薛同学（幽），陈同学（游），程同学（静），王同学（寒），吴同学（清），张同学（澈）。

师：同学们和我说已经能把课文背下来了。现在呢，我们回顾一下，张老师起头，不用读题目和作者，大家齐背一遍。我们看一看大家学习的结果。"从小丘西行百二十步，一！二！"

（学生齐背《小石潭记》）

师：好，我观察了一下，大概有三四名同学不是特别熟练，大多数同学非常熟练了。我们能不能公推一名同学朗读一遍？我们班谁朗读得非常精彩？

（学生推荐）

师：在哪里？好，请你背诵一下可以吗？

生：我还不能完全背诵下来。

师：那好，那就请你朗读一下。

（学生朗读）

师：好，请坐。有没有同学能评价一下他的朗读，如你认为最突出的是什么，还略显不足的是什么，请你评价一下。好像这位女同学想评价一下。

生：我觉得他的朗读比较有感情，尤其是在"潭西南而望，斗折蛇行"往后的两段，他读得有点伤感，把作者想表达的那种情感读了出来。但是，我觉得他还有点不足的是，语调有一点平常。

师：有一点平常，我和你的观点一样，那你能否不平常地读一遍？好，鼓励！

（学生朗读）

师：好，非常好。但请你不要坐，你前面读得很快，直至"潭西南而望"开始读得缓慢，你是有意要突出后半部分，因此前面才一带而过，是有话则长，无话则短，对不对？好，请坐。这位女同学在处理后半段的朗读时，节奏、强弱都处理得非常好。那个小伙子读得也非常好，就是有的地方节奏稍微快了一点，没有分清楚重音，是不是啊？比如，我要指出一句"水尤清冽"，逻辑重音一定要放在哪里？"尤"，我们一起读一遍，水，一！二！

（学生读"水尤清冽"）

师：是不是境界就出现了？还有，后面的，这位女同学已经校正得很好了，就是这个地方"以其境过清，不可久居，乃记之而去"，尤其是这位女同学强调的"以其境过清"，逻辑重音找得特别好。这位男同学再思考一下，是不是？好！这个问题一带而过，说明我们班同学有良好的学习基础，这完全得益于你们现任的语文老师。我对龙老师表示感谢，因为我今天能够愉快地与你们一同学习。那么，现在啊，我们就来看一下，这是十一个不同的字，同学们来思考一下，我们这堂课重点就是要归纳出一个代表本文特点的字，这个字是什么？同学们注意，从课文中找出一个概括全文特点的字，我们先可以排除哪些？哪位同学说一说？举手发言好吗？这位女同学。

生：我觉得可以排除"潭"这个字。

师：可以排除"潭"这个字。请说明理由。

生：因为这篇文章确实在写"潭"，但是呢，不仅是要写"潭"，而且要写出它的美、它的环境，还要通过它的环境来突出作者的心情。

师：那么你认为，第一个要删除的就是"潭"吗？有没有不同意见？好，这位女同学。

生：我觉得第一个要删除的是"美"。

师：为什么？

生：因为"美"没有出现在文中。

师：同不同意？对，同学们注意审题，我们要用课文中的字来概括它的特点。美固然是小石潭的特点，它很美。但是，柳宗元居然没有写"美"这个字。然后，还可以去掉哪个字？什么？同学们一起说，"游"，同不同意？游泳的游，旅游的游。可不可以？它和"美"是同样的道理，对吧？同意！第一批次，同学们删掉了"美"和"游"，因为它们在原文中没有出现。还有没有可以删掉的？也作为第一批次。

生：折。

师："斗折蛇行"有"折"呀，课文当中有啊。这位男同学，你来说。

生：静。

师：他说"静"，大家同不同意？小石潭有没有那种幽静的意境？有，但是柳宗元不用这个字眼。同学们我们来看一看，第一批次我们删掉的课文当中没出现的三个字，分别是"美""游"和"静"，同不同意？好，为了节省版面，我们来把删掉的擦掉。

师：第二批次可以删掉什么？我们可以一起说。

生：折。

师：是"折"吗？为什么删掉"折"？

生：这个"折"没有写出潭的主要特点，这只是写出了潭的特点之一。

师：非常好，只写出了潭的特点之一，不是最主要的、最能概括的。是不是？请坐。还有没有？"清""澈"全删掉？好，这位女同学，你来说。

生：首先我觉得"清"和"澈"与"折"一样。虽然《小石潭记》中有"清"和"澈"，但是它们不是小石潭的所有特点，小石潭还有其他的特点，如它的环境非常寂寥，"清""折""澈"都只是小石潭一方面的特点，所以我觉得可以删掉。

师：你认为这是第二批次可以删掉的，后边的女同学很显然有不同意见。好的，这位女同学，你来说。

生：我觉得"清"不一定要删掉，因为"清"不仅形容了小石潭的水清，还可以说小石潭的内部气氛很凄清，还可以暗合作者内心实际上很凄清，所以我认为"清"不一定要删去。

师：是不一定要删去，还是一定不要删去？

生：我选择的是"清"，所以我认为不能删。

师：很好，那么"澈"呢？刚才那位同学连"清"带"澈"一起删掉，不要行不行？

生："澈"的话，我认为可以删掉。

师：好，有没有相同意见？那位男同学，你来说。

生：因为我写的也是"清"，所以在写这个字的时候，我是有一些思考的。首先，是表现它的潭水、它的景物还有它整个的环境都是清的。其次，就在后面，作者的情怀发生了一些细微的变化，也是奠定在这清幽的环境基础之上的，所以我认为"清"是可以保留的。但是我与那位女同学持有同样的观点，就是"澈"是可以去掉的，因为这个"澈"字只是写出了水的清澈，并不能代表这篇文章。

师：同不同意？删掉"澈"的道理像这位男同学说的那样。关于这个"澈"，这位女同学，你是否吸纳了他的观点？吸纳了？也就是说他们打动了你。他们的总结唤醒了你对这篇文章的解读。好，这就是你的进步。好，那么"澈"可以删掉，有没有可以和"澈"同时删掉的？有没有？哪位同学说？

生：潭。

师：你说可以把"潭"删掉，是不是？为什么？

生：虽然这篇文章写的是小石潭，但这个字恰恰不能代表小石潭的特点。

师：大家同意吗？好的，删掉。还有没有？

生："凄"可以删掉。

师：还有没有？

生：有。

师：同学们联想我留的第三个问题，找出表达作者情绪的词。这个词是不是？是！表达了情绪，但没有表达所有情绪。好，请坐。同学们是不是也没有什么意见？还有没有该删掉的？"寒"？同不同意？删掉"寒"的道理是什么？哪位同学说一说？

生：我认为"寒"只是写出了小石潭的一种奇特的氛围，而不是传达给我们的整篇文章的大意，所以我认为"寒"应该删掉。

师：后边这句话我是同意的。尽管"寒"解释了作者的某一种心境，但是不能概括全篇。是不是？请坐。还有没有？现在还要往下擦，寒、凄、折、澈，那么剩下的"寂"和"幽"，这两者可否保留？

生：保留"幽"。

师：那就是说"寂"也不要了。小伙子，你来说。

生：我觉得"寂"比较好，"幽"应该删掉。因为我觉得作者当时特别伤心。他当时去小石潭游玩，后面告诉我们虽然有同游者，但是"坐潭上，四面竹树环合，寂寥无人"，表达出他的心情和周围环境的孤寂。

师：好，所以你也认为它表达出了作者在这种特定环境中产生的一种心理状态。那么我们最后只留一个字，你来说。对，只能留一个字，现在一共剩了三个字。

生：我会选择"寂"，"清"和"幽"可以表示心境也可以表示环境，但是从全篇来说，环境是为了烘托作者在被贬之后的那种心境，心境是悲凉的，"清"和"幽"只是烘托出的气氛，不是作者内心的那种情感，所以我认为"寂"才能概括全文的特点，是作者写《小石潭记》所要表达的情感。

师：好，谢谢！有同学是赞同的，也有同学持有异议，对吧？我们先不说异议，我们先把这个字擦掉。根据刚才同学的意见，我们可以把"幽"擦掉，那恐怕就是在"清"和"寂"之间做选择了。到底是"清"还是"寂"？这位男同学刚才的回答有一个非常精彩的地方，我不知道同学们发现没发现，他把本课的最终集聚点落在了心境的"境"上。他认为前面所有的写景，都是揭示心情的一个陪衬，这一点认识得非常深刻。但即便是这样，我们再想一想，我们找到的这个字不仅概括心情，还要概括环境，对吧？否则，我们就只有心情没有环境了。而心情是由环境引起的，是不是？刚才这边有几位男同学想要表达自己的意见，小伙子，你来说。

生：刚刚我们各位同学都在表达自己的观点，但是我找到了文中的一句话，柳宗元最后写"以其境过清"。我觉得这句话总结和概括了环境。因为"过清"，所以才不可久居，才"乃记之而去"，所以我认为是"清"。

师：这个小伙子，你同不同意？同意。同学们再往前想，前面还有个"清"，是什么啊？"水尤清冽"，这完全是写小石潭水的特点的，对吧？那么这个"清"字肯定能概括小石潭水的特点，而"以其境过清"又足以概括他的心境的变化，因此我们选择了"清"，同不同意？好，这个"官司"我们就断定了。今天我们一开篇就解决了一个很关键的问题，就是学习古人的文章，我们要学会概括。我们要尽量用文本中最关键的、最精彩的一个字来概括。这个时候我们就可能已经与作者进行了思想的交流，这是和同学们今天要达成的一项共识。我们通过分类分析、层层排除的方法找到了关键字，同学们的预习作业有53份，有20人认为是"清"。那么，现在呢，33个不认为是"清"的同学，你现在是不是认为"清"比你们选择的那个字更为关键、更为突出呢？是不是这样的？

生：是。

师：好，那我们解决第二个问题。同学们没有完全把文章题目和内容之间的关系说清楚。这个部分没有像选择"清"一样，达成一种共识。今天张老师就和同学们共同探讨一下，怎样读像《小石潭记》这样的古文，怎样看题目与文章内容之间的对应关系。请同学们读，读到相应的地方我说停，大家就停，好吗？开始读，"从小丘西行百二十步"一！二！

（学生齐读至"下见小潭"）

师：停！这个时候题目当中的什么字出现了？

生："小"和"潭"。

师："小"和"潭"，这个小潭的特点是什么啊？接着读。

（学生齐读至"水尤清冽"）

师："水尤清冽"这是总写吧？好，接着读。

（学生齐读至"全石以为底"）

师：停！又出现了什么？

生：石。

师：石，请接着读！

（学生齐读至"参差披拂"）

师：这里面重点写的是小石潭的"石"的一些特点，是不是突出了"石"的特点？下面不再写它了，因为已经说得很清楚了。下面柳宗元写了什么呢？请同学们接着读。

（学生齐读"潭中鱼可百许头"）

师：停！写的是什么？

生：鱼。

师：潭中的鱼，有多少呢？

生：百许头。

师：百许头，这是鱼的大致数量。再接着读。

（学生齐读至"皆若空游无所依"）

师：停！鱼的"空游无所依"实质上是在写什么？

生：水的清澈。

师：水的清澈，证明我们找的那个字是对的，接着读。

（学生齐读至"似与游者相乐"）

师：鱼那么高兴，有鱼的状态，还有鱼的精气神，因为它"似与游者相乐"。当然，这是作者的揣测，鱼并没有这样的感觉。但是，通段写鱼却是通段在写鱼所依存的水特别清。没有问题吧？好，再接着读。

（学生齐读至"不可知其源"）

师：好，找没找到源头？没有，发现了什么？发现了小溪流的形状及它周围的环境，它周边的绿树围绕着，足以让它那么清澈。虽然寻找潭源没有找到，但作者还是在间接地写水的来源之清，因为树有那么多，所以表面上是写在寻究潭源，实质上是侧面写潭水可以如此之清的客观原因。再读。

（学生齐读至"乃记之而去"）

师：好，又出现了什么字？

生：记。

师：记，同学们看一看，至此，小潭，石，记，作者在行文过程中，注重与文题之间的那种对应关系。我们从这里是否能得到什么启示呢？同学在写文章的时候，可能有这样一种问题，叫作"文不对题"，或者叫"离题万里"。看看这篇文章，这是不是就可以作为平时写文章的一个借鉴？我们一定要让文题和文章内容有一种紧密的对称关系，有一种呼应的关系，这个时候大家一看到你的文章，看到你的内容，就知道你是一个逻辑思维很清晰的人，你的文脉是非常清晰的。所以我想通过复习，和同学们达成的第二个共识是其实一篇优秀的课文，不仅是一个阅读的例子，还是一个写作的例子。我们共同把文章顺序归纳一下。同学们看一看，前面写小石潭的地方，作者首先是在寻找小石潭。他是怎么找到的呢？先"闻水声"，隔着竹林就听到了水声。这说明这个溪流足够湍急，不然是根本听不到声音的。还有一点，叫作什么呢？打了个比方，叫作"如鸣珮环"，像身上带的玉制品的配饰一样，清脆作响，于是引起了他美好的审美向往，就"伐竹取道"。同学们注意，为什么不写"下见小石潭"而只写"下见小潭"？

生：因为刚刚看到，他不足以断定底部是石头的。

师：这就是柳宗元写景的妙处。他根据观察的顺序与逻辑去写，实质是在展现自己的发现过程。一走近怎么样啊？——"全石以为底"。所以他是先闻水声，然后才见到小潭。这里面最能打动他的就是"水尤清冽"。然后他就开始赏潭了。欣赏这个潭，重点欣赏潭中的鱼，这可以看出潭水的清澈。寻潭的过程是"斗折蛇行""明灭可见"，岸势又"犬牙差互"，"不可知其源"。寻源的结果就是没寻到。这个部分还是侧面描写，潭水水源周边环境优美，侧面写出的还是水清的客观因素，还是写"清"。然后就开始"记潭"，具体是怎么写的呢？就是"以其境过清"。前面还有个铺垫，"寂寥无人"，还怎么样呢？"悄怆幽邃"，"凄神寒骨"，"以其境过清，不可久居"，"乃记之而去"，把记的目的写出来了。前面的"寻潭""赏潭""寻源"都是一种"乐"，心乐之得"乐"，都是在贯彻"水尤清冽"这个中心句，突出的还是"清"这个关键词。当记潭的时候，柳宗元没有写自己有多么悲痛，只是借着环境的清幽，点出了自己心情的微妙变化，同学们都已经学过了，当然知道他为什么会有这样微妙的变化了。被贬官，在政治上遭受了不公正的待遇，自己从政的志向被打了折扣，总之，柳宗元没有大张旗鼓地、非常浓烈地抒发自己政治失意，只是点到为止。至于读者认为我是怎么想的，那就交给你们读者吧！就交给同学们吧，你们怎么理解都可以，因为文本的解读在于读者的创造。我们没有办法与柳宗元直接对话，但是有幸，我们能够与他留下来的文本对话，还能够得到他当时某些心情的迹象。"记潭"之后，实际上就形成了可以用"清"来概括本文特点的一个理由，希望同学们在今后的语文学习当中，能够按照龙老师已经教给你们的方法，一定要在老师讲课之前，先行进入文本，解决文本当中那些比较低级的问题，如字词的问题、背景的问题。其实文章大约就二百个字，课前完全能背下来，那么我们的交流就非常顺畅了。好在我们班的同学已经形成这样的好习惯，这个张老师感到非常高兴。我希望同学们在将来的语文学习当中，能够在学习文章之后进行归纳、概括，甚至是进行能力的迁移，最后让你独特的语文学习方法不断给你带来语文学习的效益。我们接下来齐背一下这篇课文。

（学生齐背）

师：今天我们的课就上到这里，还要给同学们提出一点建议，我们班的同学交上来的这 53 份预习题，80％的同学的字都写得比较糟糕，你们一定要认真练字。有的同学的名字我都没有看清楚。告诉大家，将来在中考的时候，你即使写作水平没有提高，但是你的书写水平提高了，就相当于间接地提高了写作水平，因为字写得好，就会给阅卷老师一种赏心悦目的感觉。如果你的文章写得很好，字写得很差，那么你就会和平时成绩差别较大，所以希望同学们能够在未来的一年当中，让自己的字起码写得工整。今天就上到这里，下课！同学们再见！

生：老师再见！

师：请同学们先走，谢谢大家！

教者有话说：抓住"文眼"

从学情调查中确定教学目标、重点及难点是上这节课的初衷。课堂实录（一）这两个班的同学都和语文老师共同把文字层面的问题解决了，尤其值得称赞的是语文老师教学责任心极强，特别重视引导学生形成良好的语文学习习惯，学生都能做到在上课之前把课文背下来。这两个班的学生都要求和我共同学习《小石潭记》，语文老师只好安排上合班课。这些学生课堂发言的积极性高涨，几乎是不假思索地举手。我问一名学生："我的问题还没提，你怎么就举手呀？"他说："老师，我就想回答问题。"这节课我只要求学生在上课之前基本解决字面困难，通过阅读书下注解和查工具书解决字词问题，尝试背诵课文，这些都是语文老师常规教学中强调的。有了这样的准备，这节课上得很顺畅。

由于我上的是第二课时，因此学生没有字词层面的障碍。我问学生这篇课文对自己有什么帮助，没想到学生自然提到了对阅读与写作的帮助，不同学生角度不同。我就首先解决文题与内容的对应关系问题，强化写作时"文要对题"；其次让学生整体感知课文中哪个字能代表本课的特点，请学生到黑板上写出自己认为的那个字；然后做减法，不断排除不适合的字；最后只剩下一个"清"字，由起初的少部分人赞同到全体赞同，完成了本课的教学目标。

这一课的教学用书也是我编写的。作为教材编者、教师用书编者、执教者，我的文言文教学"一指禅"得到了比较完整的体现。

个人感觉课堂实录（二）最大的亮点在于根据学情现场改变教学计划与课型。

根据教学进度报的课，这篇文章在人教版八年级下册比较靠后的单元。我本以为上课时进度差不多，然而我到班级收提前发放的问卷时才得知，不仅这一课学完了，而且正在学九年级上册。我一向反对在课堂上与学生一起假装学习，这不仅是对班级任课教师的不尊重，而且是把上课搞成作秀，学生成为教师自我展示的棋子，成为配合教师表演的道具。我当即宣布，我们把这节课改为《小石潭记》的复习课。

通过对问卷的分析，我确定这节复习课的教学目标如下：

第一，在已经熟读并背诵课文的基础上，对能概括全文的"清"字达成共识；

第二，厘清本课的题目与内容的对应关系。

　　第一个教学目标同时是教学重点，因为多半学生对"清"能概括全文特点存在困惑。解决这个问题的可能性极大，毕竟有一少半学生对此有正确认识。知道的20人与不知道的33人可以通过讨论达成共识，也就落实了重点。第二个教学目标是教学难点。所谓难点本质上并不难，但学生没有形成对传统文体独特性的认知，在学习过程中是从无到有的突破。

　　从教学过程看，以上教学目标及重难点的设定是恰当的，从学情出发是关键的举措。若无视学生已经学过本课的情况，仍臆断教学目标，并按既定程序执教，那么必定使教学出现偏差。

评课沙龙：问"潭"那得清如许

　　主持人：李崇崑（吉林大学附属中学）

　　参与人：汪朝曙（孝感市肖港中学），黄河（吉林市第一中学），杨晓丹（吉化第九中学校），曲元媛、杜莹、袁冬末（长春市第八十七中学），李百芝（长春市第三十中学），罗彬彬（长春市第五十三中学），王帮阁、姜海平、徐强、贾春景、高波（吉林大学附属中学）

　　形式：微信群交流研讨

　　李：各位老师晚上好！今晚我们对张老师讲的《小石潭记》一课展开讨论。

　　罗：张老师在讲解这篇文章时，巧在以"清"字贯穿全篇。首先导入新课，激发学生的期待。然后引导学生品读文本，欣赏美景，与文本对话，与作者对话，体会作者内心的情感。最后酝酿情感，引导学生体会作者坐在潭边环顾四周时所见景物的特点，进而领悟作者这时凄凉悲苦的心境。一前一后的乐、忧变化是全文的重点，循序渐进，使学生理解得更加透彻。

　　汪：张老师对重点内容的分析清晰到位，在前"清"和后"清"的品析中，融入了柳宗元被贬的经历以及柳宗元被贬后的心路历程，促进了学生对课文内容的理解。

　　袁：这节课的主要问题引入得很自然。张老师先抛出一个小问题做引："你们认为这篇课文值不值得作为一篇课文让你们学？"顺理成章地提出了本课教学的主要问题。主要问题研究清源正本。由对"小""石""潭""记"四字的解读到对"翠""寒""幽""闻"的否定，再到对"凄""寂"的分析，最后引导学生找到文章的文眼"清"，这种在主问题的引导下研读文本的方式，构建了教学过程，促进了师生共同参与、沟通对话。

徐：这节课通过对一个"清"字的概括和辨析，培养了学生的思辨能力。在这样的思辨过程中，学生不但完成了对文章的学习，而且体悟到"事不辩不清，理不辩不明"的乐趣。更可贵的是通过这种学习方式，学生提高了独立思考问题、全面认识问题的能力，这为今后发展创新能力奠定了思维基础。

李：张老师真正做到了站在学生的角度，根据学生的所知游刃有余地调整教学。学生用一个字来概括本文的特点，在黑板上写出了不同的字。通常这个环节容易出现"讲散讲碎"或者"分析强调出一个相对合理的答案而忽略其他答案"的情形，但张老师耐心地和学生一起做"减法"，让学生通过品鉴，自然觉察到"清"的准确性和其他字的片面性。在和学生真实的对话中，张老师引导学生自己整体感知，做到"初判断"，并通过进一步阅读实现"再判断"，借此培养学生深阅读和精阅读的意识。

曲：张老师在众多的观点中以"本文的写作指导意义"为切入口进入文本学习，可以说是"洗尽铅华呈素姿，返璞归真得始终"。

杨：可以说，张老师从文本出发，以学生为中心，化有形为无形，循循善诱，让学生在葱幽的竹林中找到这潭清泉的特点。清晰的思路是一条小径，直接延伸至学生的思维丛林中。学生在交流与探讨中达成共识。这不仅需要教师拥有深厚的文化修养，还需要教师拥有娴熟的课堂驾驭能力。

黄：张老师的课让我明确了什么是"以生为本"的教学立场。张老师在授课过程中更多关注学生的知识基础和内心体验，而不是脱离学情，片面传达教师的一己感受。

汪：张老师深钻教材，所以才能发现课文内容的"筋脉"，寻找到与众不同的切入角度，从而让学生迅速产生兴趣，集中注意力和老师一起享受学习的过程。

李：张老师极为重视宏观问题的架构。他说过，语文教师作为教材的从教者，既要有宏观的架构，对全套教材有较明晰、恰当的认知，清楚哪一册、哪一篇适合落实什么知识点、能力点、素养等，又要有微观的考察，明确每一篇文章独特的文本价值。这节课就很明确地贯彻了"用'主问题'来带动全篇，突出文本个性"的思想，讲得清透如潭、流畅自如。

姜：还记得玉新老师说过："要启迪学生的灵性，教师首先要有灵性，教师职业不是谁都能胜任的。"这堂课让我更加明白，灵性是一个心灵对另一个心灵的唤醒。对于教师来说，要想让你的学生充满灵性，首先你要做一个有灵性的教者。

高：张老师的高明之处还体现于在漫谈式的交流中，时而有学生间的争论，时而有老师的点拨，或剖析文本，或联系背景，或谈及作者为人，其广度、深度和厚度无须多言。这种"涵泳"式的阅读，恰如剥茧抽丝、披沙拣金，此为真阅读，张老师为我们树立了标杆。

贾：整堂课看似毫无设计感，随意问文，随性答之，但招招切中要害，问题设置牵一发而动全身，攻一点而全通，着实高明，我想这正是张老师教学智慧的体现之处。能以无招胜有招，源于对文章深刻的领悟及对全局的把握。没有深入细致的研究，绝没有课堂上的气定神闲、大开大合。"潭"清如许，此为源头活水。

黄：张老师的课总是貌似随意，就像是在和学生"闲聊"，不刻意雕琢教学环节。此种随意所至、随性所谈的方式，让学生可以轻松自由且有序地表达观点，潜移默化地成长。他主张立足于方便学生学习的教学，而不是方便教师教学的学习。课堂上，张老师引领学生开始了一场探寻之旅。学生在学习过程中产生了高峰体验，明白了阅读时应该抓住文眼。这是一种幸福快乐、欣喜若狂、心醉神迷的感受。

王：张老师的这节课拓宽了学生的文化视野。我认为，语文教学要依据课文背景趋向于文化视野的上位。叶圣陶说："课文无非是个例子。"然而这个例子在不同教师那里发挥的作用大不相同。这个例子，可以是基础知识的例子，阅读的例子，习作指导的例子，精神思想的例子。听了张老师这节课，我感受到了张老师把这节课变成了学生学习思想形成的范例，让学生在学习中找到了发现的乐趣、学习的自觉与自信。

主持人总结：听了这节课，我们都有如沐春风之感。张老师这节课把"教学合一"的理论体现得活灵活现。我想这节课启发的不只是学生，还有更多的教师与教学研究者。

孙老师在深圳现场听课，以《一堂真正的语文课》①为题，写了听课感言。

2017 年 5 月 28 日，"全国初中语文名家精品课堂展示活动"于深圳市龙岗区实验中学落下帷幕。短短一天半的时间里，余映潮、黄厚江等八位语文教学名家为全国各地的初中语文教师展示了八节文体纷呈、风格迥异的示范课。他们的课堂上有

---

① 孙默：《一堂真正的语文课——观张玉新老师〈小石潭记〉课有感》，载《中学语文教学参考·初中》，2017(20)。

激情洋溢的朗读，有抽丝剥茧的分析，也有条理清晰的总结。课如其人，给我留下最深印象的是张玉新老师真性情的论坛发言以及他的一堂"真正的语文课"。由此，就张老师讲授的《小石潭记》一课浅谈我的个人感受。

一、"真正的语文课"首先要"真"

一节课，若想"真"，要以"真正的教"为初衷。在课程准备阶段，张老师充分了解学情后，发现学生们早已学习过《小石潭记》，便临时将展示课的内容调整为《小石潭记》复习课，并在上课伊始告知学生："我知道，我今天要讲的你们都已经学过了。我们不能虚假地表演学习，那我们今天就真实地展现一次《小石潭记》的复习课，好吗？"

学生在课前便清楚这节课是真正用来学习的，而不是用来"表演"的。这样的课堂才是有生成的，才是灵动的。临场更换课型，这不得不说是一种勇气，同时也是教师的底气。这是一种"打假"，这种"打假"是出于对学生"学"的尊重，也是对在场的各位教师的尊重。展示原汁原味的课堂、原汁原味的教师引导方法、原汁原味的学生学习过程，这才是"展示课"的意义所在，也是与会教师观课的意义所在。正如张老师经常说的："我没有刻意准备过哪一节课，任何课都是依照学生的学习，有话则长，无话则短。"

二、"真正的语文课"其次要是"语文课"

真正的语文课应该有它自己的特点，能够通过语音传递情绪，能够通过语言表达情感，能够通过逻辑传递思维。我们提倡"用语文的方式教语文"，张老师的课为我们提供了很好的范例。

（一）用声音感知语文

语文是语言与文字的综合。好的语文课堂，一定会有琅琅书声。朗读的过程能够使作者之言入学生之心，出学生之口。朗读指导可以引领学生以直观的形式体味文言音韵之美，体悟文章内涵，受到言有尽而意无穷的熏陶。

张老师的课堂上，不但有全班学生集体背诵，还有个别学生朗读及互相评价。就是在这样的评价与各抒己见中，学生们将自己对文章内容的理解带入其中。在学生互评环节中，张老师引导学生从"最突出之处"与"不足之处"两方面评价他人的朗读。学生评价："我觉得他的朗读比较有感情，尤其是在'潭西南而望，斗折蛇行'往后的两段，他读得有点伤感，把作者想表达的那种情感读了出来。但是，我觉得他还有点不足的是，语调有一点平常。"张老师趁热打铁，让这名同学范读，果然非同凡响，引人入胜。虽然学生朗读效果极好，但张老师并没有笼统评价、一笔带过，而是进一步追问与总结，指出："直至'潭西南而望'开始读得缓慢，你是有意要突出后半部分……节奏、强弱都处理得非常好。……比如，我要指出一句'水尤清冽'，逻辑重音一定要放在哪里？'尤'。""……'以其境过清，不可久居，乃记之而去'，尤其是这位女同学强调的'以其境过清'，逻辑重音找得特别好。"学生在这一过程中明白，张弛缓急的语速、抑扬顿挫的语调能表达出作者的情感变化。于是接下来的齐读便收到了很好的效果，学生很快掌握了朗读中强调逻辑重音的技巧。在朗读指导中，学生将对内容的理解落到了实处。方法朴实自然，学生顿悟得道。

（二）用语言解读语文

"以语文的方法教语文"还要引导学生"以语文的视角解读语文"。何为"语文的视角"？文章是作者运用语言文字来表达情感、思想的成品，文章中的情感、思想固然是学习语文的一个方面，但作者是如何通过个性化的语言将其传达出来的，这才是语文学习的关键。解读文本的方式可以有多个层面，由内到外可以是与表达方式直接相关的解读方式（如品味语句、赏析细节等）、作品以外却与作品本身相关的解读方式（写作背景、时代背景等）、作品以外且与作品本身不相关的解读方式（剧情表演、借助工具等）。所有的解读方式中，最本质、最直观的方式就是触及核心——语言。

在学生已经学习过基本内容的基础上，一节复习课的目标在于引导学生深入文本、厘清文脉后收获解读、理解的方法。张老师课前布置了问题："从课文中找到一个字概括全文特点，你找的是哪个字？"

在学生所选"美""潭""凄""折""寂""幽""游""静""寒""清""澈"十一字中，张老师先引导学生分批次排除。在第一轮，学生很容易发现"美""游""静"等字是没有出现在文中的，不符合要求，应删掉。在第二轮，学生首先找到"折"，并说明它只写出了潭的一方面特点。张老师顺势引导学生，以同样的思路排除，很快"游""潭""寒""凄""澈"也被剔除掉。最后学生在"幽""清"与"寂"三个字上产生了分歧，各抒己见，场景如下。

【教学片段1】

生1：我觉得"寂"比较好……因为我觉得作者当时特别伤心。……后面告诉我们虽然有同游者，但是"坐潭上，四面竹树环合，寂寥无人"，表达出他的心情和周围环境的孤寂。

生2：我会选择"寂"……环境是为了烘托作者在被贬之后的那种心境，心境是悲凉的，"清"和"幽"只是烘托出的气氛，不是作者内心的那种情感，所以我认为"寂"才能概括全文的特点，是作者写《小石潭记》所要表达的情感。

排除"幽"。

师：……到底是"清"还是"寂"？这位男同学刚才的回答有一个非常精彩的地方，我不知道同学们发现没发现，他把本课的最终集聚点落在了心境的"境"上。他认为前面所有的写景，都是揭示心情的一个陪衬，这一点认识得非常深刻。但即便是这样，我们再想一想，我们找到的这个字不仅概括心情，还要概括环境，对吧？否则，我们就只有心情没有环境了。而心情是由环境引起的，是不是？刚才这边有几位男同学想要表达自己的意见，小伙子，你来说。

生3：刚刚我们各位同学都在表达自己的观点，但是我找到了文中的一句话，柳宗元最后写"以其境过清"。我觉得这句话总结和概括了这个环境。因为"过清"，所以才不可久居，才"乃记之而去"，所以我认为是"清"。

师：……同学们再往前想，前面还有个"清"，是什么啊？"水尤清冽"，这完全是写小石潭水的特点的，对吧？那么这个"清"字肯定能概括小石潭水的特点，而"以其境过清"又足以概括他的心境的变化，因此我们选择了"清"，同不同意？好，这个"官司"我们就断定了……。

几名学生回答后将理解引向更深层次。他们不但要考虑字是否出自原文，还要考虑这个字能否概括全篇，能否涵盖环境与心境两方面，进而排除"幽"与"寂"，最后在张老师的指导下留下了"清"字。

在这一环节中，张老师引导学生从柳宗元的直接表达入手，从文章的核心——语言入手，让学生直接从文章中的这十一个字出发，通过生生之间的互动和启发，经过逐一删减，让学生品出了"清"字蕴含的味道，感受小石潭的特点，从文中直接找到作者表达情感的字词，品咂出作者外显情绪背后的感动。整个语言学习活动一直围绕着学生徐徐展开，收到了良好的教学效果。没有花哨的设计，没有过分的解读，甚至没有特意的背景交代，就在静静的品读中与作者衔接，使学生体悟。课堂上充分品评语言文字，学生在这个过程中亲近文本，有了自己的解读与感悟，这才是真正地学语文。

（三）用思维品析语文

好的语文课不但要引导学生在微观阅读时咀嚼语言，还要引导学生在宏观阅读时掌握行文思维；不但要见其树木，还要见其森林。张老师在执教《小石潭记》一文时，从"小石潭记"四个字入手，带领学生进行了一次思维训练。

【教学片段2】

师：今天张老师就和同学们共同探讨一下，怎样读像《小石潭记》这样的古文。怎样看题目与文章内容之间的对应关系。请同学们读，读到相应的地方我说停，大家就停，好吗？开始读，"从小丘西行百二十步"一！二！

（学生齐读至"下见小潭"）

师：停！这个时候题目当中的什么字出现了？

生："小"和"潭"。

师："小"和"潭"，这个小潭的特点是什么啊？接着读。

（学生齐读至"水尤清冽"）

师："水尤清冽"这是总写吧？好，接着读。

题为文眼，文能对题，通过这样的环节，学生了解了文章内容与问题的照应关系，无形中增强了读文章时的章法意识，进而在自己写文章的过程中形成统筹与呼应的能力。

三、"真正的语文课"最终要是"课"

（一）"课"的出发点是学生的体察

真正的教学需要用问题来切入学习内容，这些问题都要建立在学生体察文本的基础之上。引导学生充分预习与自读，是以学定教的起点。根据课前的四个预习问题，张老师充分了解了学生对文章内容、作者情感及文章主旨的理解程度，由此展开教学。在学生"知困"的情况下，教师引导学生解决问题，课堂才是有效的，学生的"学"才是真实、有效的。

（二）让学生在"课"的过程中去体验

"学生的学习体验不仅是教学设计的依据，同时也是课程生成的诱因与资源"（王鹏伟老师语）。学生是课堂学习的主体，教师不能用自己的讲授来替代学生的体验，学生的感受才是课堂教学的意义所在，学生的体验也往往会引发教学的开展与深入。

　　张老师面对学生各抒己见，并没有过多地参与，只是重复与明确学生的观点，给予学生充分的回答空间，将学生的"误读"转化为课堂生成，感受学生回答背后的思考，进而对学生进行引导。张老师尊重学生的体验与观点，导而弗牵，自然而然。

　　最终，"课"的落脚点是学生的体悟。

　　从叶圣陶先生的"教教材，还是用教材教"，到"教的是一课，还是用这一课教"，主要取决于教师重视的是学生学习的效果、效率还是效益。

　　本课的几个教学目标都指向学生对语文学习的认识与体悟。在有限的学习时间里，解决三个问题收到了很好的效果，都能启发学生更加宏观地看待语文学习，而不是学习某一篇文章。

　　活动已经结束，但它带给我们的启发远不止于此。任何一堂课，无论在哪一个时间、哪一种场合，必须以学生的先拥知识与困惑为出发点，以学生的习得和养成为落脚点。在课堂仅有的时间里，教师应以学定教，充分尊重学生的"学"。一堂真正的语文课，应该以培养学生的语文能力与语文素养为目标，借助这堂课引导学生学习解读某一类文本的方法。立足学情、品析语言、培养思维，张老师上的一节朴实的《小石潭记》复习课使我领会到：课，必须是实用的，必须是真实的。

全怪那一缕月光：《记承天寺夜游》教学示例

　　吉林大学附属中学初中部在放寒假之前搞了一次教师培训，请我上了一节课。当时学生期末考试刚结束，基本没有预习的心情，但任课教师王帮阁是特级教师，给学生打下了良好的语文基础，培养了学生很好的语文学习习惯，尤其是带领学生读了很多书。这是我上课的重要前提。当时听课的不仅有吉林大学附属中学的全体教师，还有它的联谊学校的教师、长春市及周边学校的语文教师。因此，我这节课不仅是给学生上的，也是给在座的语文教师上的。

教学设计

课前准备

　　学生课前预习，借助工具书和课下注释，初步扫除文字阅读障碍。在此基础上，反复诵读，力求弄懂文句的含义，将没有弄懂的知识点作为课堂学习的重点。

　　这篇短文言简义丰，要弄清楚文字的言外之意须尽量多地占有相关背景资料，因此课前可印发苏轼生平的相关资料，要求学生阅读，进一步掌握相关文体知识和作者生平。

　　教学目标

　　1. 积累"户""念""庭""为"等文言实词，"与""遂""盖""但"等文言虚词，"无与""相与"等文言词语。

　　2. 深入理解关键语句"但少闲人如吾两人者耳"，从而品悟其言外之意。

　　3. 探究文章的写作特色。

　　教学重点

　　深入理解关键语句"但少闲人如吾两人者耳"，从而品悟其言外之意。

　　教学难点

　　探究文章的写作特色。

　　课时安排

　　1课时。

　　教学过程

　　一、导入

　　第一，检查课前预习情况。学生齐读《记承天寺夜游》，个别同学尝试背诵。

　　第二，导语。苏轼是宋代文学家，当时的文、诗、词都在他的手中达到了高峰，他的叙事记游之文更是在文学史上为后人树立了典范。他的游记中，叙事、抒情、议论三种表达方式常常水乳交融。今天我们就来学习他的一篇著名文章《记承天寺夜游》。

　　在中国古代文坛上，一家父子、兄弟都享有盛名的，除了"三曹"就是"三苏"。"三苏"以其卓越的才能和辉煌的文学成就同登"唐宋八大家"之列，千古文章辉耀古今。"三苏"在文学上造诣极深，既同出一源，又各具特色。"三苏"立身操守，光明磊落，关心国家命运，同情民间疾苦，为民众做了不少好事。眉山三苏祠有一副对联——"一门父子三词客，千古文章四大家"，高度评价了"三苏"的文学成就及其在文学史上的地位。

　　二、赏析课文

　　(一)赏析第一段，在师生互动中完成对关键字词的品析

　　1. 教师范读，学生齐读。

2. 你能从本文首句中读出哪些信息?

明确:"元丰六年"点明时间,此时苏轼因"乌台诗案"被贬至黄州,为团练副使。"十月十二日"点明这是初冬将近月半之时,也暗示月亮该是接近满月。一个"夜"字,为下文的"月色入户"张本。"解衣欲睡",本来是人在夜晚的普通行为,本来没有什么可说的,而且既然衣服已经脱下,本应入睡了。可是就在这时候,"月色入户","月色"已经有了具体的日期和夜晚的铺垫,关键是"入户"。户是单扇门,苏东坡不说"入门",而说"入户"。门户如果是紧闭的,月色何以入?初冬时节开门睡觉不合情理,那么就是门户不严,可见其居所的简陋。而通篇的兴致都是由这"月色"引起的,所以第一句主要是点出题目中的"夜"字。"欣然起行"落实题目中的"游"字,其中"欣然"表明苏东坡兴致颇高。在黄州的贬谪生活中,苏东坡能够因为月色入户而感动,并且起身夜游,这可看出作者的洒脱与浪漫。这些都是需要用心去体会的。

首句点题"夜游",又不经意流露出作者的居住环境和心境,耐人寻味。

3. 第二句"念无与为乐者,遂至承天寺寻张怀民",除了点出题目中的"承天寺"外,还透露出什么信息?

明确:"念无与为乐者"流露出作者的孤独寂寞。"为乐"表明其淡定和随遇而安,对贬谪生活有所适应。"寻张怀民"不仅能表明苏轼同张怀民的关系很好,而且能说明张怀民与其性情相投。东坡的月夜造访,是他乡遇故知的欣喜,也是高山流水般的情谊,这些都是他作为不速之客的理由。"寻"字用得十分传神,若是"找"就没有这寻觅的味道了。

4. 第三句"怀民亦未寝,相与步于中庭",这一层叙事有何韵致?

明确:行文朴素、淡泊而又自然流畅。张怀民和苏轼同被贬至黄州,两人友谊笃厚。妙在当晚张怀民也未入睡,他是因月色入户而不睡或是感觉到好友要来月下造访?不得而知。总之,二人是一起来到院子中散步了。他们是默默不语,还是高谈阔论?这些留给读者去想象。这种深厚的言外之意尤其让人揣测,甚至有一种要到庭中一探究竟的冲动。

第一段共三句话,记述"承天寺夜游"之事,而牵动读者思绪的却远超过字面的三句话。

(二)赏析第二段,对关键字词的分析在师生互动中进行

1. 教师范读,学生齐读。

2. 第二段写了什么，在写法上有什么特点？

（三）赏析第三段，对关键字词的分析在师生互动中进行

1. 教师范读，学生齐读。

2. 怎样理解"闲人"一语？

明确：起笔写"月色入户"，收笔写"闲人"情怀，结合作者当时的处境，"闲人"究竟"闲"在哪里？理解苏轼写此文的背景，才能理解"闲人"一语中蕴含的作者内心的复杂情感。此时作者被贬黄州，满腹经纶却无用武之地，满腔报国豪情不得舒展，无法为国效力，郁郁不得志，实在是闲得失落、闲得无奈。"闲人"，即清闲的人。首先，"闲人"指具有闲情雅致的人。月夜处处都有，有了人的欣赏才有美。只有此时此地的月夜才是最幸运的，因为有情趣高雅的人欣赏它。其次，"闲人"包含了作者郁郁不得志的悲凉心境。作者在政治上有远大的抱负，但是被一贬再贬，流落到黄州。在内心深处，他又何尝愿意做一个"闲人"呢？赏月"闲人"的自得只不过是被贬"闲人"的自慰罢了。

第三段转入议论。作者感慨"何夜无月？何处无竹柏？"两个反问，引人深思。可是有此闲情雅致来欣赏这番景色的，除了他与张怀民外，恐怕就不多了。文章的点睛之笔便是"闲人"二字。苏轼谪居黄州"不得签署公事"，所担任的只是个有名无实的官，与儒家的"经世济民"之理想相去甚远。"闲人"委婉地反映了苏轼宦途失意的苦闷。从另一个方面来看，月光至美，竹影至丽，而人不能识，唯此二人有幸领略，岂非快事！苏轼的思想横跨儒、释、道三家，这便使他的处世态度有极大的包容性，可以说是宠辱不惊、进退自如。这篇短小的文章折射出他在逆境中的人格魅力，所以说黄州出了个"苏东坡"。

（四）小结

苏东坡的文字洒脱流畅，文字中隐藏着逆境中淡泊的心。要通过阅读相关资料进一步了解作者其人、其事、其时，走近作者才能走进文本。

三、作业

自选苏轼写《记承天寺夜游》同一时期的 3 篇作品阅读，抄写在摘抄本上，最好能点评感兴趣的句子。

附板书设计

记承天寺夜游

苏轼

记，夜，游，承天寺

夜游之因——记叙——月色入户

夜游所见——描写——承天寺夜游

夜游所思——议论——"闲人"点睛

课堂实录（节选）①

（学生齐背诵《记承天寺夜游》）

师：背得很好。在上课之前同学们就已经先行进入了文本，在课堂上就不是第一次看到这篇文章了，这是语文老师期望达到的一种境界。这样我们就可以在课堂上谈更多课本上没有的，不然可能这堂课就只能解决文本的内容啦。

同学们想没想过，读了这短短的80几个字，是喜欢还是一般还是不喜欢？什么感受？

喜欢的请举手，不要从众啊。喜欢的，还好，将近一半。觉得一般的请举手，有三分之一。不喜欢的有吗？没有，那我很高兴，就是说同学们最低标准顶多是无所谓，也没说出怎么好，也没觉得喜欢。那我想问问同学们，觉得说不出喜欢不喜欢的、无所谓的，你的理由何在？有没有，没有。喜欢的同学能不能说出理由呢？

生：他的描写特别真实，运用比喻的修辞方法，描写出来让读者有种身临其境的感觉：自己面前有一个院子，月光洒在院子里面，竹柏映在月色中非常美丽。这篇文章有起因、经过和结果，人物、时间、地点都非常准确、全面。

师：就是说你喜欢的理由，首先在结构上，它完整。其次呢，它的描写感人。是不是这个意思，简单地说就是这俩理由，是吧？好，请坐。这两点可以成为理由。其他同学有什么理由？

生：我喜欢的理由就是话语有意境感，"水中藻、荇交横"就像中国的山水画，有画面感。

师：好，非常好，和第一个同学说的相关，他说的是描写，没说画面感。你实

---

① 李崇良整理。授课时间：2015 年 1 月 17 日。授课对象：吉林大学附属中学八年级 1 班。长春版国标教材八年级下册。

际是对他描写的进一步陈述，画面感。好，同意，还有没有不同意见？

生：景物描写虽然没有一个字来写月，没有明确写出月色，但句句都在说月的意味，而且最后一段有画外音的感觉。

师：好，画外音，我得记一下，要不然一会儿忘了。你说这个最精彩的就是有画外音，而刚才那几位同学更注重的是画面感。

（教师板书画面感，画外音）

师：三位同学表达了两个层面的意思：一个是画面感，另一个是画外音。还有没有不同的？

生：这篇文章在叙述过程中结构鲜明。可以看出他前半部分是在记叙，讲述原因；后半部分更注重描写，描写月色和环境。

师：你和第一个同学说的第一个问题是相同的，结构完整，结构方面以及整个行文方面。还有没有同学能够补充？

生：我觉得最后一句的画外音包含作者对人生的感慨。

师：对人生的感慨，好，非常好。这位同学肯定了画外音，又对画外音做了具体解说。还有没有？好，没有了。同学们自己读了文章后能指出这篇文章的画面感以及画外音，这无疑说明你们的语文老师对同学们的培养是比较好的。

这堂课的重点就出来了，我们从哪儿入手呢？我觉得还是先从画面感入手，去寻求它的画外音，可不可以？由画面感到画外音，请一位同学来读一下。好，谁来？

（学生读元丰……盖竹柏影也）

师：这些都是画面感吗？

生：庭下如积水空明……盖竹柏影也。

师：也就是第二个自然节是吧，那你说的这个画面感具体是什么样的呢？

生：我觉得它写出了月色的皎洁，同时我也觉得它渲染了一种静谧的气氛。

师：好，也是围绕月色构织出的图案，还有就是我们自己的感受。好，那位同学，你的画面感是什么？

生：我觉得是身临其境，我看到月色带有一种特殊的光辉洒在我面前的庭院里，上面又有一些像藻荇一样的竹柏的影子，看起来非常静谧、美丽。

师：好，同学们发没发现这两位同学的共同点？这位女同学更多是描绘文本本身的画面，这位男同学是感受之后抒发自己的感受。他们俩有不同的角度，女同学更多是忠于文本，男同学除了忠于文本外还有自己的感受。我觉得这两位同学的解读构成了文章的基本思路：先要读懂文本内容是什么，然后再读出自己的感受来。

当然不是说你们俩谁高谁低，而是就一个问题而言，你谈的是入口，他谈的是出口，是两个端点，都非常好啊。

同学们你们同不同意张老师的观点？但是说实在话，我就觉得这个画面感不足以打动我，这是我跟你们说的实在话。看这句话，"庭下如积水空明"，尤其用了一个"如"，这肯定是打比方了，积水空明，明，当然是明亮了，空就是空静，那么水中呢，还有水藻和荇菜交织在一起，但实际上并不是水藻和荇菜，那原来是竹和柏的影子在月光下映到庭院中而已。这就是本文最有画面感的地方，我觉得我没被打动，那张老师被什么打动了？关于画面感的问题师生之间存在争执，但通过我这么一说之后是不是也觉得没什么画面感了？

这没关系，我们从头再看。有同学说它写夜游起因、经过，还有描写等。我们重点看看这个因是什么。

（学生一起读"元丰六年十月十二日夜，解衣欲睡，月色入户"）

师：停，用俏皮话说"全怪那一缕月光"，是不是这个意思？能不能进一步补充？

生：我觉得作者当时被贬官到黄州，看月色照进来之后觉得特别美丽。

师：打断一下，被贬之后，看到月亮就美丽了？

生：被贬之后心情不好，想出去排遣愁绪。

师：你提到了很关键的一点，对，解决画外音的重要入口就是贬官、谪居，这句话非常重要，这就是画外音。你再想一想，它这个年月日有什么特定的信息含量？

生：他被贬的时候应该是元丰二年，他现在说是元丰六年十月十二日，与他被贬的时间特别近。

师：同学们看一看啊，这位同学十分清楚地了解了"黄州出了个苏东坡"。人家是到了黄州才变成了苏东坡，原先叫苏轼，东坡的号是到了这里才有的。他知道苏东坡哪年被贬，也知道被贬好几年了，已经待了好几年了，这是他在这里住的最后一年了。即便是这样，他也给出了文本之外的信息，说明这位同学阅读了，寻找到了作者写作的背景，这是很可贵的。好，还有没有同学继续说。我给一些提示啊，元丰六年，农历的十月相当于阳历的十一月，那么十二日离哪一天很近呢？

生：十五。

师：你是怎么知道的？看来你数学不错。

生：因为赏月嘛，十五的月亮圆。

师：十五的月亮十六圆。是不是前几天就开始圆了？这回问题明白了吧？苏东坡写这个日子就像记日记，还是在夜间，不是夜间哪有月亮，还是冬月的十五，还是解衣欲睡，要睡觉了，就在这个时候，月色入户。苏东坡不写月光入户，那什么叫"户"啊？

生：门。

师：有没有会写繁体的"门"的？好，你写。

（学生到黑板处写）。

师：你能不能把这个"门"写得再紧一点，这个"门"开了。好，非常感谢。同学们看一看啊，这就是门，我把这个门框拆掉，然后把这个门框上面冒出来一点，下面再擦掉一点。这个就是门的轴，我们说"户枢不蠹"。那么把这个"门""踢"掉一块，这就是"户"，"户"是半扇门，这给大家什么信息？大家想想冬天的时候，大半夜的，月光居然能从门缝照进来？

生：开门……

师：开门，那苏东坡可能燥热？冬月的时候半夜开门，你说这说不说得通，尽管黄州那个地方不是很冷，但也不是很热，也不至于开门。你看看现在深圳也就是十摄氏度到二十多摄氏度，武汉也就是零摄氏度。南方的冷是阴冷，所以开门不可能。

生：我认为体现了家里的残破，他的官很小。

师：对啊！他的居所简陋，可能是门户不严。张老师还有一个推断，为什么不说月色入窗啊？可能是挡着窗帘，门好像不太可能挡门帘，于是就给月光留下了一席余地。这位同学说得特别好。我们知道此时的苏东坡被贬于黄州。被贬于黄州是苏东坡人生当中的一次低谷。这是不是就接近画外音啦？画面根本不让我感动，让我感动的是画外音。接着往下看啊。"元丰六年十月十二日夜……步于中庭。"这就有趣了啊，我去找你，你已经睡了，可能已经没那么有兴致了。巧就巧在、妙就妙在这个时候两人都没睡。你说这回是不是有点趣味啦？同学们再想一想啊，从苏东坡的居所到承天寺应该还有一段路途吧，这段路途应该也有月色吧？但是没写，这是为什么啊？

生：我认为是为了在后面重点写和张怀民在庭院里赏月。

师：你非常了解苏东坡。苏东坡此时目的明确，就要寻一个相与为乐的人，所以此时不在月色，于是一路上有话则长无话则短。此时无话可说直接就到那儿了。是不是看出了苏东坡行为的俏皮？他自己说，我那文章该写的时候就写，该停的时候就停，我不管什么章法，我就这么写。上堂课和另一个班的同学说，我就这么任性，我就是苏东坡，我觉得该写的我就写，不该写的我就不写。于是，两个人就在庭中散步。到了这儿啊，我们可能就逐渐地接近画外音了。

"户"解决了，还有"念无与为乐者"，以及"相与步于中庭"。学习语文一定要重视文言文中的实词和虚词。"与"作为语气词，通"欤"。作为动词的时候，它有四个意思：第一个是给予、授予，第二个是帮助，第三个是结交、联合，第四个是允许、赞许。作为介词的时候，有跟、向、回、替、给的意思。作连词的时候，主要是和、及、同。同学们想想我们以前学的《湖心亭看雪》中有一句"与云与山与水"。同学们知道了语言现象之后再总结语言规律，不要根据语言规律去硬套语言现象。大家看看这个"与"，"念无与为乐者"，实际是"念无与之为乐者"，因此这个"与"是跟、从。它实际是个介词。还有"相与步于中庭"，这个"与"特别麻烦。解释这个词，首先要解释这个"相"。

多媒体展示：

相 xiāng，副词。1. 互相（相爱）。2. 表示动作偏指一方（单相思）。3. 相继，一个接着一个（父子相传）。

相 xiàng，动词。1. 审视，查看。2. 相面。3. 辅佐，帮助。

相 xiàng，名词。1. 相貌。2. 宰相。3. 傧相。

相与：1. 彼此交往。2. 交互。3. 共同。

这里"相与"应该是什么意思？

生：共同。

师：好，应该是共同。这个"与"实际上也是动词，"相"是个副词，副词可以修饰动词，不可以修饰介词和连词。"与"是交好、结交的意思。结合在一起就是动词。

这是老师给同学们展示的学习方法，初中阶段你要学会做卡片。对于这一课最重要的"与"和"相"，你做个卡片，以后再学到呢，你再做个卡片，积少成多。把今天学的记到卡片上，以后自己做卡片，张老师使用的是标准、权威的《古代汉语词典》，商务印书馆出版的。你们手里至少要备一本学生用的《古代汉语词典》《现代汉语词典》，遇到生字就要去查，这是学习语文的一个重要习惯，能帮助你把语文学得越来越好。

把这几个字解决以后，同学们再看第三个段落。"何夜无月？何处无竹柏？"苏东坡自己的话就把自己上面的描写给否了。仅仅是画面感是不是不足以让我们觉得它有多好啊？支撑我们喜欢的是不是更多的是画外音啊？同学们直点头是真的假的啊？真的啊？

大约有三分之一的同学一开始觉得无所谓，学与不学没什么了不起的，有没有点改变，也是说真的。

刚才觉得无所谓现在有点改变的请举手，不用勉强，起码有三四个。通过共同学习和探讨，有的同学已经放弃了自己初读时的立场，接近于喜欢了。喜欢的同学是不是更加喜欢了？举下手我看看，有十多个。现在我们再看一看为什么苏东坡否定了自己的"何夜无月？何夜无竹柏？"。

大家现在能不能觉察到"但少闲人如吾两人者耳"是什么意思？那位女同学请你说。

生：很少有清闲的人像我们两个一样。我读出的苏轼想表达的画外音就是既感到很欣喜，因为能空出时间赏月，又有被贬后的那种难言的凄苦。

师：好，既看出了欣喜，又看出了难言的凄苦，最关键的两个字是"闲人"，最想表达的是闲人觉得的闲趣，这个闲趣又是因为我穷和困。穷是指政治处境不佳，"穷则独善其身，达则兼济天下"。苏东坡此时就是穷东坡。他被困守在哪里啊？黄州。做的什么官啊？黄州团练副使并且着本州安置，这个着本州安置就是画地为牢，你不能离开黄州，而这个官是个闲职，什么事也没有，还告诉他不许签发公文。这很残酷啊！是给你个官，但我告诉你，这个官啥也不是。我们往前推，同学们都知道这个背景了，因为苏东坡犯了案，乌台诗案，乌台诗案是个怎么样的案子啊？你来说。

生：被人诬陷……

师：等会儿，这个乌台诗案的"乌"是诬陷的"诬"吗？

生：不是。

师：那是哪个？

生：乌鸦的"乌"。

师：为什么是乌鸦的"乌"？

生：那个地方乌鸦特别多，就叫乌台。

师：御史台因为乌鸦特别多，所以就叫乌台。你刚才说得非常好，请坐。苏东坡愿意创作，愿意写诗，又对王安石的新法不怎么"感冒"，于是就有人把苏东坡写过的一些诗编撰在一起，就说他讽刺新政，实际上这种做法是政治诬陷。于是他就被打入死牢了。还有一个说法，说他和儿子说好了，送饭要是送鱼，就代表杀头，结果那天他儿子正好有事，就派一个朋友给送，那个朋友送的是鱼，苏东坡一看知道自己要死了，吓得够呛，后来知道送错了，虚惊一场。

后来苏东坡在他人的帮助下躲过一劫，但是死罪可免活罪难饶，让他到黄州去。就是在这个背景下，苏东坡看到一缕月光入户就这么高兴，你说这个人是不是神人啊？一般人在处境不佳的时候，首先感到的是沮丧、悲观、失望，甚至是脾气暴躁，总之是心绪不佳。但是苏东坡不那样，到了晚上就睡觉，解衣欲睡，是不是好玩啊？张老师喜欢苏东坡就是喜欢他的好玩，都被贬到儋州了，还给他儿子写信说这个地方的羊肉特别好，可别告诉别人，要不他们全都上这儿来了。是不是表现出一种好玩啊？同学们本着好玩去读苏东坡，获得的远比好玩更好玩。

你们也可以把苏东坡在黄州写的诗词和文章抄到一起，高中要学的《念奴娇·赤壁怀古》《定风波·莫听穿林打叶声》《赤壁赋》都是苏东坡在黄州时写的。还有一些非常好的词，你们都可以把它们抄写到一起，然后，把苏东坡这个时期的作品作为一个"黄州专题"去读，你会发现你的阅读能力、鉴赏能力远远超过了同龄人。这就是张老师要和你们分享的专题阅读，借着我们讲的这个多读一些，同学们不妨回家试一试，肯定会奏效的。《记承天寺夜游》表现了苏东坡的洒脱。因为同学们接触的少，我就多给大家介绍一下。"但少闲人如吾两人者耳"，就是我们两个是闲人，才有心情看到这样的月色。言外之意这就是我的偏得，无论什么样的处境，他都能将其变得更符合他的心境。苏东坡没有办法改变自己的环境，尤其是为官的环境，但他不断调整自己的心境。他让任何环境都被他的心境战胜。一位作家写过一篇《苏东坡突围》，文章写得真不错。

本堂课作为了解苏东坡的一个切入点，课下大家收集整理他的作品，一定要抄写，不要在网上下载，写字很重要，一定要好好练字。

　　总结一下，他这个画外音是他处于穷困之中，因穷困得闲，因得闲能看到月色。从头来看，画面感就是宾笔，画外音才是主笔，目的是通过我简单的记述，看到我的画外音。谁读懂了画外音谁就是苏东坡真正的知音，读没读到，没关系，人生阅历太浅。张老师在20多岁时也读不到，30多岁读得也不怎么好，40多岁觉得读到那么一点，50多岁觉得越读越有味儿。语文学习不存在讲深讲透，所谓深透必须随着人生阅历的增长才能实现。作为文面讲到这里就可以了。还有一个词最后提一下，那就是"但"，什么意思，只是。我们学过"但闻黄河流水鸣溅溅，""但坐观罗敷，"也是这个意思。

　　以上就是我和同学们共同对这篇80多字的文章做的赏鉴性剖析，也希望同学们根据这节课的学习弄明白作者要表达的主要心愿及志趣所在，这就是画外音。我们齐读文章。

　　（学生齐读）

　　师：好，请一位同学简单概括学习的过程和方法。

　　生：概括的方法就是先说喜欢的原因，从画外音和画面感入手。找画面感，主要找画外音。我找到了林语堂的话语："不管在什么情况下幸福都是一种秘密，但是评苏东坡的作品，以研究内在的本性，借此窥探他那幸福的秘密，并不是难事，苏东坡不管身在何处，总能把稍纵即逝的感受赋予不朽的艺术形式而使之长留人间。在这方面他丰裕了我们的生活，他现在过着流浪汉式的生活，我们很难看到是一种官方的惩处或监禁。""他享受这种生活时，写出了他笔下最精的四部作品，一首词《赤壁怀古》，调寄《浪淘沙》，也以《大江东去》著称；两篇月夜泛舟的《前后赤壁赋》；一篇《记承天寺夜游》。人生在宇宙中表现得渺小，正如中国的山水画，山水画里山水的细微处不易看出，因为已消失在水天的空白中。这时两个微小的人物在月光下，由那一刹那起作者就失落在那种气氛里……"

　　师：好，非常好，都读林语堂的《苏东坡传》了吗？

　　生：只读了与课文相关的。

　　师：这就是寻找与课文相关资料的方法，有了这个方法你还能走得更远。那老师问你在刚开始上课时你对这篇文章是什么态度？

　　生：有一些喜欢，觉得描写景物有诗意感、画面感。学完后再看画外音，感觉又有另一个层次。

师：那你的境界也提升了是吧？

生：是。

师：我坚信所有同学都把境界提升了，这就是一个巨大的进步。谢谢，同学们再见。

生：老师再见。

教者有话说：捕捉"画外音"

背景资料的恰当引入与画外音的捕捉是我自认为的一个亮点。长期以来，语文教学中的"知人论世"被简单地理解为上课之前先由教师按照《辞海》的词条详细地介绍作者生平、代表作品，然后寻找作者创作时的社会背景，以此为文本分析的前提。这种从外部分析作品的方法，一方面受中国传统"知人论世"习惯的影响，另一方面受 20 世纪 50 年代流行的凯洛夫教育思想的影响。背景资料在解读文本时当然有其特定的作用，但呈现方式与引入时机大有讲究，并非一如上面说的那样，"开板儿"就先介绍。

本课在背景资料的使用上有值得借鉴的地方。首先是选择时机，当文本解读出现障碍但从字面上没有办法觅得"篇外之意"时，恰当引入的背景成为解读文本的要素。具体来说，就是通过对"户"的追问与解释，激活了学生的创造性思维，激发了他们的联想与想象。其次是学生在养成良好语文学习习惯的前提下，主动与读过的作者生平和文本建立关联，在协同思考的作用下获得了文本的创造性意义。最后是选择恰当的呈现方法，不要把词条打在屏幕上，自己读或者请学生读，更不要让学生背这些内容，而是用叙述的语气去讲故事。

动态生成也是本课的一个亮点。我按惯例事先给学生发放了调查问卷，学生对苏东坡以及对本课的内容了解得都比较清楚了。虽然我预设的也是感悟"闲人情趣"，但是并没有想好用什么特定词语。而在课程进行中，学生提出了感触最深的是画面感，这对于初一上学期的学生来说已经很不容易了。由画面感到画外音的转接，是从学生熟悉的话语开始的，这样就把学生已有的理解向前推进了一步。

评课沙龙：全在那一缕月光

主持人：任燕（东北师范大学附属中学净月实验学校）

参与人：王爽、李游（东北师范大学附属中学净月实验学校），姜乃毓、冯晶（北京师范大学附属中学长春附属学校），赵恬雨、张秀霞（东北师范大学附属中学北京

朝阳学校），杨杨（东北师范大学附属中学新城学校），李百芝（长春市三十中学）、莫艳秋（大安市安广中学）

形式：微信群交流研讨

任：亲爱的老师们，古诗有云，"海内存知己，天涯若比邻。"我建此群的目的就是让我们这些或相识或不相识、分散在天南海北的老师，有机会在一起通过评课研讨，来提升我们的教学技能、教学理念。作为群主，我想说的第一个话题是亮点。一节课并不是从头到尾都要你激动不已。在听课或看教学实录时，哪个环节让你有豁然开朗之感？

王：我用八个字来形容这节课：疏经通络，一脉相承。中医讲究望、闻、问、切。远观而查其貌，详听而体其状，细问而解其疑，亲切而知其疾。张老师在这节课中就如一位老中医，步步精心、步步为营、步步生莲。望，远观之，是喜欢还是一般还是不喜欢？闻，详听之，学生碎碎谈，百花齐放，百家争鸣。问，细问之，画面感与画外音的交织与解读。切，亲切之，由字入理，窥探东坡人生。张老师给《记承天寺夜游》开了一剂画外音的良方，给苏东坡开了一剂身境即心境的良药，给学生开了一剂知人论世的偏方，给我们开了一剂疏经通络、一脉相承的秘方。

赵：张老师的课让我印象最深的是后面由文本分析切入知人论世，将历史知识和文学常识巧妙地镶嵌在一个个东坡被谪迁的故事里，通过合理的想象还原当时作者的写作情境，通过一个"户"字、"途中有月不写月"写出东坡豁达的文人性格；又将文言知识在不经意间引入，引发学生思辨，学会分辨词义，达到和其他所学左右勾连、融会贯通的程度。最后课外延伸以兴趣为激发点，教方法，持续的课堂推进使学生一点点体味、感受直至由衷喜欢上千古名篇。相信兴趣的种子会成为孩子们学习中最大的动力。

姜：张老师的课着重培养了学生在语文活动中提出问题、探究问题的能力，鼓励学生运用多种方法，从不同的角度进行探究。最难能可贵的是张老师不仅能引导学生运用富有表现力的语言品味作品，而且在教给学生学习方法的同时让学生积累、感悟、运用语言，提高欣赏品位。整堂课浑然天成。

冯：开头导入给学生以平静和实在感，不乏轻松幽默的语言，让学生很快进入情境。教师注重评价、引导，给学生以方向感；能因材施教，关注每一名学生，充分调动学生的积极性。师生互动，学生参与度高。

张：张老师的课生成的内容很多，如画面感、画外音都是学生发言中提到的。张老师借力打力，因势利导，既容易让学生接受，又会让学生有一种被尊重的满足感。学生自然而然地聚焦于课堂，这样的课堂自然是有效的。

李：画外音是这次散文教学中最具有价值的课堂生成，又是多数学生不易理解的。如何突破这一难点，使其成为有力的教学抓手？在这一课中张老师做了很多精彩的教学示范。新课开始，张老师问："喜欢的同学能不能说出理由呢？"而后围绕画外音推进教学："我觉得还是先从画面感入手，去寻求它的画外音。"课堂就转向分析夜游所见。师生紧扣文本，适时补充背景，知人论世，走进了苏东坡复杂的内心世界。整节课围绕画外音这一主问题，由浅入深，由表及里，水到渠成。它就像一粒种子，会发芽、生长、开花、结果。更难能可贵的是，张老师教读一篇，能带动一系列苏东坡在黄州时期写的诗词和文章的阅读，以及林语堂写的苏东坡的作品。真正是授之以渔。

莫：张老师的解读带我们回到那个年代，那时的情景。尽管不是亲眼所见，但这种文本回读、角色回归的读法似乎更易让人读懂，值得我们思考、学习。

杨：《记承天寺夜游》与《湖心亭看雪》被梁衡先生称作"两轴精品"（《秋月冬雪两轴画》，《青年文摘》1984年第2期）。对此研究者众多，但大多是从月光下的景致入手，然后是对"闲情"的分析。一节课下来，文本的皮毛就令师生疲惫不已。这样的课堂是生硬的课堂。而张老师上的这节课关注到了之前人们忽视或是略讲的首段，从"相与"等细枝末节处入手，探求苏东坡的内心世界。尤其是其中对"户"字的解析，更是精细。他先是让一名学生写出门的繁体字——門，然后又提到"'踢'掉一块。这就是'戶（户）'"；继而结合"十月十二日"的季节特点，自然就能使学生分析出苏东坡当时处境的艰难。其实，这个环节的设计既包含了古汉字的使用，又包含了背景的引入，但是并未令学生感到乏味，也没有让在场的教师感到是在炫技。语文教学，首先要有语文的味道，但更要注意的是对文本的挖掘，而不是单纯的技巧的使用。这就是张老师一再强调的"道"与"术"的关系。如果我们只是在大屏幕上打出对"户"的解释，或是"户"字的写法，学生少了与"门"的对比，那么学生"单扇门"的感觉就不会那么强烈，更不会产生这是一道"残破的门"的想法，自然，后面的一切都想之不及。苏东坡在黄州经历了他人生中的第一次大坎坷，"乌台诗案"险些让他一命归去。此时的他虽苦闷，却再也不敢"狂野恣肆"，但是又改不了"有话就要说"的脾气。

自己生活处境艰难，最终化作一个"户"字。此字一出，全盘开解。语文课堂不应该是技巧的堆积，更没有什么套路可以遵循，有的只是授课者对文本的不断挖掘，对细枝末节的不断咀嚼，以及对画外音的不断探究。

芝：从"元丰六年十月十二日夜"这个极容易被人一带而过的句子入手，启发学生这里不仅交代了夜游的时间，也点出了文章的写作背景和作者当时的处境；从"月色入户"的"户"字入手，让学生联想到苏东坡在黄州的居所简陋。这种咬文嚼字的读书方式，这种由文字构成的画面感读出文字背后的画外音的方法，不但再现了教师的备课过程，而且体现了学生的学习过程。张老师的"原生态"课堂，起点是教材，终点是学生。教学就是"教"学生"学"，主要不是把现成的知识教给学生，而是把学习的方法教给学生，学生才可以受用一辈子。如果说苏轼用文字呈现的是一轮空明澄澈的月亮，那么，张老师的课堂就是一轮"原生态"的月亮——原创，生本，真实。

任：是啊，苏轼因那一缕月光成就了一篇传世佳作。在授课中画面感、画外音的引导，以及一个"户"字的背景引入，恰恰也全都源于"那缕月光"吧。

阅读教学"三部曲"

阅读教学"三部曲"是"原生态"语文教学的操作范式之一。所谓"三部曲"即宏观阅读—微观阅读—归纳或比较阅读。此范式是针对长篇文本或长篇节选文本的操作程序。宏观阅读关注"写什么"，微观阅读关注"怎么写"，归纳或比较阅读关注"为何这么写"。

"三部曲"并非固定、封闭的流程。初中低年级教学宏观阅读、微观阅读所占位置比较重要，归纳或对比阅读相对次要；初中高年级宏观阅读比较次要，微观阅读、归纳或比较阅读比较重要。高中低年级教学宏观阅读应该课前通过预习完成，微观阅读是主体；高中高年级归纳或比较阅读是主体。

图 3-7 大连留影

《林教头风雪山神庙》备教策略①

随着信息时代的到来，媒体越来越丰富，电子媒介的读物开始成为阅读的重要组成部分。沿着阅读文章的基本思路，厘清文章的脉络，弄懂文章的主旨，体会文章的妙处，赏鉴文章的得失，是语文教师这个课文的先行阅读者的个体阅读经历。我在阅读的时候十分重视个体阅读经验的积累，总结出了以下阅读教学方法。

学情分析

高二上学期的学生，需要适应课前充分阅读文本、适当拓展阅读面的要求。他

---

① 张玉新：《〈林教头风雪山神庙〉备教策略》，载《语文教学通讯·高中》，2008(7—8)。

们在课前已基本了解了林冲在《水浒传》中的情况，并对本课的主题有了一定的认识。这为进而探究《水浒传》全书提供了条件。

文本定位

学生在初中学过《鲁提辖拳打镇关西》，小学学过关于"武松打虎"的故事，对电视连续剧《水浒传》也比较熟悉，因而对《水浒传》的基本情节有了一定的把握。对于中国古代白话章回体长篇小说，学生在必修3中刚刚学过《红楼梦》选篇《林黛玉进贾府》，对白话有了一定的感性认识。《林教头风雪山神庙》在必修5第一单元。学习本课一方面要探究本课的主题思想，另一方面应该探究《水浒传》全书的主题思想。某一篇的主题可能是确定的，但一部长篇巨著的主题可能是复杂的、多元的。学生可以根据从前接触过的《水浒传》选篇进行主题归纳，比较与本课的异同。

目标确立

我国传统白话章回体长篇小说十分重视情节的完整性，注重环境描写对情节发展的推动作用，注重动作、语言、肖像描写对刻画人物性格的作用。然而，无论是展开情节还是刻画人物，都是为了表达作者对社会、人生的认识，这就是作品的主题思想。因而通过对艺术手法的分析、对语言风格的鉴赏，来了解作者塑造人物的目的，进而探究作品的主题思想，乃是本课学习的主要目的。

教法选择

《水浒传》这样的白话小说使用地道的宋元白话，表达出了我国传统白话的魅力。白话浅近，小说内容不难理解，除了现代不再使用的一些词语须着重了解外，感知语言的表现力应该是学习的重点，这必须以朗读来完成。先让学生了解《水浒传》，预习中做到一是熟读课文，二是提出自己在理解课文时遇到的问题。教师介绍与《水浒传》有关的文学常识及与林冲的故事相关的故事梗概，为学生将课文的内容与前面的故事内容进行很快衔接扫清障碍。教师在教学中可引导学生从问题或有关情节寻找突破口，深入体味人物的特征和命运，从而理解作品的思想内涵。

文本解读

人们对事物的认知总是先情节后事理。情节是具体的，事理是抽象的。对叙事类作品的解读最基本的就是厘清情节。

《林教头风雪山神庙》一课的基本情节：开端——沧州遇旧；发展——买刀寻敌，接管草料场；高潮和结局——山神庙复仇。

可以补充课文之后的主要情节：林冲在柴进的引荐下投奔梁山，为白衣秀士王伦不容，林冲又是委屈求安。待晁盖、吴用等人劫了生辰纲上梁山后，王伦又不容这些英雄，林冲又在忍无可忍的情况下杀了王伦，却把晁盖推上了梁山首领之位。

在以上情节中，林冲的性格由委曲求全、安分善良发展到刚烈、反抗但不坚决，再到随遇而安，最后发展到奋起反抗。

《水浒传》刻画了众多形象生动的人物。整个故事以林冲的主要性格特征为线索，表现了林冲由忍辱负重到奋起反抗的思想发展过程，有力地突出了"逼上梁山"的主题思想。它具体地向我们展示了在封建统治者一逼再逼、被逼得无路可走的情况下，林冲终于由逆来顺受、委曲求全到拔刀而起怒杀仇敌，走向反抗的道路。林冲被"逼上梁山"具有典型意义。这一点我们可以同鲁达、李逵对比，看看鲁达的落草与"逼"的关系不大，他很有积极主动的意味。至于李逵，则颇有些巴不得呢。这里蕴含着深刻的生活哲理，不同的生存境遇和性格特点决定了个人的命运以及对命运的选择。这一点是需要分析、探讨的。

由此也可以引出这样的问题：梁山好汉都是被"逼"上梁山的吗？有人说《水浒传》是写农民起义的，梁山一百单八将有几人是真正的农民呢？

即使课堂解决不了这些问题，起码可以引导学生在课外阅读原著，养成独立分析问题、不人云亦云的思维品格。

描写风雪的笔墨虽不多，但却是故事发展的重要因素。"风雪"的描写推动了情节发展，渲染了浓重气氛，烘托了人物形象。作者笔下的风雪似乎一直伴随着林冲由惶惑走向反抗。《林教头风雪山神庙》中的风雪描写的确具有"神韵"，体现了我国古代小说中景物描写的艺术特色，这也是我们在阅读中应该认真体会、反复咀嚼的。

流程安排

第一课时

第一步：宏观阅读

首先扫清文字障碍，如宋元白话中常用而今天不用或意思发生变化的词语：不合、过卖、下饭、将、汤、伴当、物事、结果、转背、消耗等。其次弄清楚朗读时要注意的读音，如有的需要儿化处理，有的要读轻声：酒生儿（儿化）、过卖（轻声）、下饭（轻声）、伴当（轻声）、物事（轻声）等。最后弄清楚残留的话本语言特点，如话说且把闲话休提、只说正话、话不絮烦、只说、再说等。

一、情节归纳

在课前充分阅读课文、课堂朗读（教师范读、学生朗读）后，归纳情节。

第一部分——引子（第1自然段）：林冲沧州遇故交。情节主干包括插叙李小二的情况和林冲、李小二的对话。作用：交代主要人物、事情起因，点明林冲与高俅的尖锐矛盾，说明林冲、李小二的亲密关系，埋下李小二感恩图报的伏笔。

第二部分——开端（第2～5自然段）：林冲买刀寻仇敌。情节主干包括林冲刺配沧州后，高俅派陆谦追踪而来，密谋策划，新的冲突酝酿。

酒店来人，是通过李小二夫妻的观察写出的：来人鬼鬼祟祟，说话偷偷摸摸，手段卑鄙阴险。再写林冲根据李小二提供的有关来人的身材、相貌、年龄等断定是陆谦，使故事情节引人入胜。林冲买刀寻仇敌，矛盾进一步激化。

这一部分体现了林冲的性格特点是逆来顺受，委曲求全，对仇人认识不清，复仇心理并不强烈。

第三部分——发展（第6～9自然段）：林冲接管草料场。情节主干包括接管草料场—交割—沽酒。本部分是由陆谦的谋害到林冲杀人报仇的过渡，表面上看紧张形势缓和下来，实际上事态正按照陆谦的预谋发展。表面上的平静掩盖着一场生死搏斗，预示着矛盾即将进入高潮，为后文埋下了伏笔。

这一部分体现了林冲的性格特点是随遇而安，委曲求全，心存幻想。

第四部分——高潮和结局（第10～12自然段）：林冲山神庙复仇。情节主干包括破庙借宿、偶听真情、报仇雪恨。

林冲性格变化的转折点，与前文照应，即让陆谦等人通过对话把阴谋的主使者、原因、内容、执行经过，不打自招做了全盘交代，促使林冲性格发生了根本转变。

这一部分体现了林冲的性格特点是忍无可忍，彻底绝望，终于出手。

林冲由安于现状到奋起反抗，完全是被一步步逼出来的。本来他有一个幸福的家，但就是因为妻子漂亮，被高衙内子弟看上了，导致自己被百般陷害，最后家破人亡，终于被逼得无家可归，走上梁山。这个环节不必过细分析情节和人物，大体上把握，使学生对情节有一个大致的了解即可。

二、人物归纳

在朗读课文、归纳情节的同时，设计规范的板书，顺便写出涉及的人物。

林冲：主要人物，一切矛盾纠葛都围绕他展开。

李小二夫妇：过场人物，属于招之则来、挥之则去的次要人物，他们的出现从侧面表明了林冲性格中的善良，他们的感恩行为在情节发展中起重要作用。

陆谦、福安：未出场人物高俅的爪牙，献计迫害林冲者兼实施迫害者，其中陆谦还是与林冲交往多年的朋友。

管营、差拨：同李小二夫妇一样的过场人物，同林冲无仇无恨，却在利诱下成了帮助陷害林冲的主谋。

从以上人物分类中可以看出人物安排的特点。

第一，两个阵营，林冲一方是弱势群体，没有靠山，无人帮助，处在明处，不能把握自己的命运，只能任人宰割。按照这样的逻辑，他本应该走向死亡，结果却是报仇雪恨，雪夜出奔。

高俅一方是强势群体，身居高位，爪牙成群，但主脑并不出场，出场的都是小喽啰，他们为非作歹都是经过主脑批准的。按照必然的逻辑发展，其阴谋应该得逞，结果却是毒计败露，喽啰被杀。

第二，人物的对称性。一个是两个阵营的对称，一好一坏；一个是出场的对称性，林冲一出场，引出李小二夫妇，李小二夫妇引出陆虞候等人的同时高俅就在暗中出场。从这种特点可以看出话本和戏剧的痕迹，好处是简洁、严谨。

第二课时

第二步：微观阅读

对描写手法和语言特点的品鉴，同样是在品读课文的基础上进行的。教师提出要求，学生朗读课文时把相关描写勾画出来。

一、景物描写

首先分析景物描写的作用。

直接描写风雪。课文有三处直接描写风雪的。

第一处："正是严冬天气，彤云密布，朔风渐起，却早纷纷扬扬卷下一天大雪来。""纷纷扬扬"，写雪花之大；"卷"，写朔风之烈；"一天"，写范围之广。这是林冲初到草料场时的情景，写风雪初起为全文情节发展定了环境景物基调。

第二处："雪地里踏着碎琼乱玉，迤逦背着北风而行。那雪正下得紧。"这是林冲去市井沽酒时，雪势正大。

第三处："看那雪，到晚越下得紧了。"这是林冲沽酒返回时的场景，进一步突出雪势之大。

这两处的两个"紧"字，还有"正""越"两个字的修饰，把一场越下越大的雪描写得非常清楚。

其次分析用侧面描写衬托风雪。

第一，通过环境描写衬托风雪。

林冲看住处时，只见：

四下里崩坏了，又被朔风吹撼，摇振得动。

林冲沽酒回到草料场：

那两间草厅已被雪压倒了。

写的是草屋，给人的印象却是风很猛，雪很大。

第二，通过人的动作、感觉衬托风雪。

例如，写林冲在草屋内"向了一回火，觉得身上寒冷"，是用人物感觉暗写风雪。写林冲在山神庙里，"先取下毡笠子，把身上的雪抖了"，白布衫也"早有五分湿了"。因为风雪大，天气冷，所以吃酒时，林冲"把被扯来盖了半截下身"。

总之，作者在描写人物的动作、感觉时，时时不忘风雪二字。

以上分析、归纳必须在朗读的基础上，通过对文本的品读自然归纳，切不可生硬灌输、简单举证。

还要恰当地分析环境描写和景物描写的作用。

课文中虽然描写风雪的不多，但非常精彩，对推动情节发展、渲染气氛、烘托人物形象都起了很好的作用。

　　雪大天寒，迫使林冲外出沽酒以抵御严寒，因此躲过一劫——未因草厅被雪压倒而被压死。大雪压倒草厅，又迫使林冲只能到山神庙住宿，因此又躲过一劫——未被陆谦等烧死。雪大风劲，又迫使林冲用大石头靠住庙门，陆谦等人放火烧草料场之后也来到山神庙避风雪看火势，因推不开门便立在庙门外谈话，冤家路窄，狭路相逢，隔门相对，林冲又意外得知真相，于是报仇雪恨。

　　风雪的描写为情节发展提供了合理的条件，推动了情节发展。可以说风雪把情节推向高潮，渲染了苍茫、雄浑的气氛，映衬着人物形象。

　　二、细节描写

　　细节描写是文学作品中对人物的言谈举止、心理活动以及对细微事件的情况进行细致、具体描写的一种手法。细节描写是刻画人物性格、叙述事件发展不可缺少的手段。

　　主要分析有关林冲的细节描写。

　　林冲要去沽酒来吃，离开草料场时：将火炭盖了……把两扇草场门反拽上锁了。

　　草厅被雪压倒后，林冲恐怕火盆内有火炭延烧起来，便探身去摸，火盆内火种都被雪水浸灭了，然后把门拽上，锁了。

　　这些细节描写，一方面表现了林冲安分守己、办事谨慎的性格；另一方面告诉读者，草料场起火的原因并不是林冲疏忽，使情节发展合情合理。

　　再看林冲进了山神庙：入得庙门，再把门掩上。旁边止有一块大石头，掇将过来靠了门。

　　这个细节描写为下文"用手推门，却被石头靠住了"埋下了伏笔。陆谦等人只好站在庙外边看火边说话。林冲躲在庙内听得一清二楚，知道了事情的真相，完成了性格上的重大转变。这是一个极其重要的细节。

　　除了连杀三人又很讲次序的一连串动作之外，还有一个省略的细节，就是：

　　把尖刀向心窝里只一剜，七窍迸出血来，将心肝提在手里。回头看时，差拨正爬将起来要走。林冲按住喝道："你这厮原来也恁的歹！且吃我一刀。"又早把头割下来，挑在枪上。回来，把富安、陆谦头都割下来。把尖刀插了，将三个人头发结做一处，提入庙里来，都摆在山神面前供桌上，再穿了白布衫……

　　教材编者可能顾虑林冲杀人太过恐怖故而删去，却也删去了林冲性格变化的有力证据。林冲并非不会杀人、不敢杀人，只是没被逼到份儿上，实在逼急了，杀几个人易如反掌。一旦出手，就已经忍无可忍了。我觉得这个细节要比按顺序杀仇人更精彩。

有的细节描写生动、具体地表现出了人物的性格；有的细节描写使故事情节前呼后应，使作品布局更加严谨；有的细节描写同时兼有以上两方面的作用。

三、语言特点

一方面是人物对话：品读庙外三人的对话，体会其妙处。这个描写对以前的情节进行了巧妙补充，交代了整个阴谋的策划过程，并由陆谦等人亲口说出，这就比别人介绍更易于使林冲认识到仇人的残忍，更易于激起他的满腔怒火，从而促使他毅然做出了手刃仇敌的壮举。这是促使林冲思想性格发生剧变的关键，因此要详加描写。

另一方面是作品叙述的语言。大量的宋元白话口语化，贴近生活。有的词语现在还在使用；有的词语虽然已经不用了，但在作品中保留了当时的语言原貌。前面列举的词语要在朗读中细加品味。

第三步：归纳或比较阅读

本课主题归纳：通过人物分析、景物描写、细节描写，师生对林冲性格变化的原因已经能够达成共识。林冲是被逼上梁山的，这也具体揭示了官逼民反的社会现实。

《水浒传》主题质疑：如果根据了解的《水浒传》中其他人物上梁山的原因、经过，就会发现很多人不但不是被逼上梁山的，反而是主动上梁山的。

如鲁达，他因为抱打不平打死镇关西而丢了官位，跑到五台山当了和尚，变成了鲁智深；又因为醉酒闹事在五台山和尚也当不了了，被师父遣到东京相国寺当和尚，也没当上像样的和尚，只做了看管菜园地"等外"和尚；又因为在野猪林救林冲，连和尚都当不了了，于是他就快乐地上了二龙山当山大王，直到后来上了梁山。

如果说林冲杀人是被动的，是为了保住自己的性命的话，那么鲁智深杀人是为了帮人，帮助弱者，完全是主动的，是出于"路见不平拔刀相助"。没有人逼迫鲁智深先上二龙山后上梁山。

再如李逵，嗜赌如命，打伤人而亡命天涯，在江州劫法场救宋江又大开杀戒，滥杀无辜，于是伙同大家上了盼望已久的梁山，没人逼他。

又如武松，因打虎而名扬天下。他不打虎虎要吃他，所以他打虎是主观为自己，客观帮别人；他杀嫂、杀西门庆，是为哥哥报仇；醉打蒋门神，是为施恩出手，属以暴易暴，并不光彩；血溅鸳鸯楼也是好坏不分。

如果从出身看，林冲、鲁智深属有一定社会地位的下级军官，武松属市民阶层，李逵属农村阶层。再看宋江、卢俊义、李应、柴进等人，或刀笔小吏，或大贵族，或大地主，都不是农民。

那么，是否可以说《水浒传》是写农民起义的书呢？能否根据《林教头风雪山神庙》一个个案是揭示官逼民反的就断定整个《水浒传》也都是如此呢？这是应该拓展探究的问题。

其实，历来人们对《水浒传》的主题都有不同说法，感兴趣的同学可以课后查阅相关资料了解，还可以根据自己的分析尝试提出自己的观点。

四、布置作业（任选一题，为将来选修课学习积累经验）

1. 课外选读《水浒传》中关于某个人物（如林冲、杨志、武松等）的精彩章节，改写成故事或剧本。

2. 尝试写《水浒传》文学评论，或收集相关资料写关于《水浒传》的文献综述。

教者有话说：追问的执着

20世纪70年代，我开始读《水浒传》。因为读的遍数多，所以我对情节了如指掌不说，对一百单八将的绰号、所属天罡地煞也烂熟于心。当年在初中教过《鲁提辖拳打镇关西》，在高中教过《智取生辰纲》《林教头风雪山神庙》，都没能留下课堂实录。对《水浒传》的兴趣是我愿意教《水浒传》选段的直接原因，也是我能教好的底气。为了引起学生的阅读兴趣，讲《鲁提辖拳打镇关西》时，我给学生背诵鲁提辖的肖像描写，还写了关于鲁智深性格的文学小评论"下水文"《一个和尚的罗曼史》，时在20世纪90年代；讲《智取生辰纲》《林教头风雪山神庙》时，我对比几个梁山好汉的性格，质疑课文主题和原著主题，引导学生写文学评论，时在世纪之交。这里刊出的《〈林教头风雪山神庙〉备教策略》形成于2008年。从我作为十几岁的少年读者读《水浒传》，到成为三十多岁的青年教师教《水浒传》选段，再到成为四十多岁的中年教研员盘点自己的读者、教者经历的感悟，时间跨度达30多年。其间我由少年经由青年、中年，一晃到了"后中年"阶段，走过了生理青春期、教学青春期，进入教研青春期。我对《水浒传》的阅读和教研没有停止，便把这不曾停止的部分写成了几篇关于《水浒传》的札记。该札记显示的是我不懈的追问，这也是我对备课、教学、教研的一贯立场。

教学札记：情义无价豹子头　勇猛有名小张飞

林冲家喻户晓，一般认为他的性格中有懦弱的因素，遇事逆来顺受；更为普遍的观点是他身上集中表现了《水浒传》要表达的"官逼民反"的主题。

对此我一向不以为然。试想，八十万禁军教头的身份说明他根本不是"民"而是"官"，充其量也不过是"大官逼小官反"，这种反法仍然是"统治阶级"的"窝里斗"。而"窝里斗"和社会制度、阶级阵营没有必然的关系。在这个意义上说，"阶级斗争"式的"一分为二"太过简单。

且把这番话题打住，看看《水浒传》是如何描写林冲的吧。

林冲是被鲁智深给牵连出来的。在第七回"花和尚倒拔垂杨柳　豹子头误入白虎堂"中，鲁智深正在演练武艺，林冲在围墙的缺口处看了以后由衷地叫好，引起了鲁智深的注意。鲁智深首先是看他的穿着：

头戴一顶青纱抓角儿头巾，脑后两个白玉圈儿连珠鬓环。身穿一领单绿罗团花战袍，腰系一条双搭尾龟背银带。穿一对嗑瓜头朝样皂靴，手执一把西川扇子。

那官人生得豹头环眼，燕颔虎须，八尺长短身材，三十四五年纪。

穿戴上没有什么可说的，穿单袍，拿纸扇，因为是暮春时节。最值得说的是林冲的长相。

"豹头环眼，燕颔虎须"是何长相？这属于"摹形"的写法。许多老师认为"像豹子脑袋一样大的头，环形的眼睛，形容人长相威武或形容人的面目威严凶狠"。我对"像豹子脑袋一样大的头"的解释存有异议。试想，要是从大小的角度解释，"虎头"岂不更大？关键不是大小，而是形状。林冲的江湖绰号就是"豹子头"，就是说他的脑袋像豹子，是相对小而不是很大，但是有狰狞之状。再看看他的"环眼"吧，环形的眼睛是写其极圆。"燕颔"从词义上分析，主要还是摹形；"胡须"好理解，是指胡子坚挺且横向长；回头再看"燕颔"，不是描写他的下巴颏的，而是描写下巴颏上的胡须的。燕子形态上的特点一个是黑色，一个是尾巴如剪刀分叉。"燕颔"应该着重指下巴上的胡须如燕尾般纵向分叉，兼指胡子是黑色的。综合起来看，"豹头环眼"

侧重其头和眼睛的形状，"燕颔虎须"侧重其胡须的形状。

林冲的"尊容"绝不是儒雅的书生气的，而是狰狞的或威猛的。单看《水浒传》，林冲的相貌并没有给人留下多么深刻的印象。

看看《三国演义》中张飞的"尊容"：

身长八尺，豹头环眼，燕颔虎须。

身高和长相二人几乎完全相同。从肖像描写与人物性格的相关度而言，张飞脾气火爆、性格刚猛、武功高超，对张飞的描写无疑取得了巨大成功。

而对林冲的肖像描写与性格之间的相关度却很小，远没有张飞的相关度那么大。这难道是作者的笔误吗？

张飞威猛、暴躁、武艺超群，这些描写都很成功。可是，在《三国演义》中，你看到张飞的婚姻生活以及柔情的一面了吗？没有。

这一点正是《水浒传》对林冲塑造的绝妙之笔。一个貌如张飞的"猛男"，却有着一颗细腻的心，他的一切屈辱原来都是为了一个女人。所以说，读懂林冲，首先要从他的相貌入手。

对其相貌有了认识之后，我们再来看他的性格。

他一出场就是同妻子偕行。婚后三年无子，故而到岳庙里许愿求嗣。岳庙离东京大相国寺的菜园很近，故而得以见到鲁智深。结婚三年无子，纳妾不就行了吗？不行，因为夫妻感情笃深，二人之间容不得妾。

林冲出身枪棒师家庭。我们从鲁智深的口中知道他父亲是提辖，他的岳父是教头。他是八十万禁军教头，过着安分守己的生活，有一定的社会地位、经济地位，也是社会既得利益集团的外围成员，兼夫妻和睦，这是一桩门当户对的婚姻。只要能说得过去，他没有必要去反叛这个并没有亏待自己的官僚体制。

然而，一个偶然的变故改变了他的人生命运。林冲的妻子长得太漂亮了，这应该是他爱妻子的原因之一。从情节发展看，她又是一名节烈的女子，这也说明林冲没有走眼。

林冲的妻子被自己的上司高俅之子高衙内看中。高衙内因为没有得到而开始与父亲合谋迫害林冲。林冲因为身份低微不敢得罪高氏父子。但他们泯灭人性，为达到霸人妻室的目的，不惜一切手段，甚至要人性命。林冲再三忍让他们也不罢手，非把他置于死地不可。于是，一连串的打击倾泻到林冲头上。

　　另一个八十万禁军教头王进，因为自己的父亲在高俅没有发迹的时候与之有所瓜葛，这回高俅来让他"父债子偿"。他非常明智地意识到这个体制从此不能再和他有瓜葛，便带着老母亲一路向北逃难去了。在《水浒传》中，王进虽然不知所终，但他无疑比所谓梁山好汉都明智而隐忍，仅以遭受点皮肉之苦就全身而退。

　　林冲如果没有一位美丽而节烈的妻子，他会怎样呢？难以假设，但从他刺配沧州之前与妻子的告别中可以看到一点端倪。

　　当时叫酒保寻个写文书的人来，买了一张纸来。

　　那人写，林冲说，道是：

　　东京八十万禁军教头林冲，为因身犯重罪，断配沧州，去后存亡不保。有妻氏年少，情愿立此休书，任从改嫁，永无争执；委是自行情愿，并非相逼。恐后无凭，立此文约为照。年月日。

　　休书内容主要就是两层意思：第一层说自己犯了罪，一去生命无着；第二层说妻子年轻，不要因为等待一个指望不上的人而耽误青春。可以看出林冲明明爱得刻骨铭心、不忍割舍，却果断割舍，不是为自己，而是为了所爱的人。

　　当妻子赶来送行时：

　　林冲见了，起身接着道："娘子，小人有句话说，已禀过泰山了。为是林冲年灾月厄，遭这场屈事，今去沧州，生死不保，诚恐误了娘子青春，今已写下几字在此。万望娘子休等小人，有好头脑，自行招嫁，莫为林冲误了贤妻。"

　　那娘子听罢，哭将起来，说道："丈夫！我不曾有半些儿点污，如何把我休了？"

　　林冲道："娘子，我是好意。恐怕日后两下相误，赚了你。"

　　林娘子是精细的人，她一语道出林冲心中可能存在着的疑虑，所以说"我不曾有半些儿点污，如何把我休了？"林冲知道在自己生死未卜的情况下，最好的结局就是断绝关系。其心中的不忍令人感动。林娘子不肯接受休书和老丈人虽然收了休书但保证女儿不嫁别人，给了林冲这个服刑之人最大的心理安慰。

　　对妻子的态度，体现出了林冲的情。

　　有了这颗定心丸，就能够理解林冲为何在去沧州的途中对董超、薛霸百般忍让了。就连鲁智深要结束两个公差的性命，林冲还要为他们开脱、求情。他不想把事情闹大，因为家中有娇妻望眼欲穿地等待着自己。

　　其实根据在柴进的庄上，林冲和洪教头比武一节，我们就知道林冲是一个心思缜密、不与人交恶的人。洪教头对林冲低三下四的示好并不买账，还心存狐疑。而林冲觉得洪教头是柴进的师父，不能轻易让人下不来台，因此一再推脱比武。当柴进把话说开时，林冲才露出一点儿真本事。

林冲想到："柴大官人心里只要我赢他。"也横着棒，使个门户，吐个势，唤做拔草寻蛇势。洪教头喝一声："来，来，来！"便使棒盖将入来。林冲望后一退，洪教头赶入一步，提起棒又复一棒下来。林冲看他步已乱了，被林冲把棒从地下一跳，洪教头措手不及，就那一跳里和身一转，那棒直扫着洪教头臁儿骨上，撇了棒，扑地倒了。

林冲何以只打他的臁儿骨？当头一棒或拦腰一棒岂不更好？不行，那不是林冲的性格。打在臁儿骨上，乱了平衡，也就是倒在地上，不至于大伤。要是当头一棒或拦腰一棒，问题就大了，洪教头可能因此终身残疾。在林冲眼里，洪教头也就是个靠并不精湛的武艺混口饭吃的人，又不是什么恶人，不必伤害他，教训一下也就算了。

从林冲对洪教头的态度可以看出林冲对"同行"的一个义字。

在沧州的牢营之中，林冲算得上是过得如鱼得水，上下都喜欢他。他肯周济别人。从这也可以看出林冲为人仗义。

当店家李小二这个过场人物机警地嗅出东京来人的消息后，林冲的命运出现了"欲擒故纵"的转机。这里不能不提一下李小二，他曾经偷了东西要送官府，林冲替他还了钱又给了他一些钱让他逃难去了。这是林冲的大气与仗义，他不肯看到一个生活无着落的人因一时的失误而遭受牢狱之灾。同情弱者是他性格中的重要组成部分。

当草料场那把大火让他连做个囚徒的希望都破灭的时候，他才体现出不可遏抑的英雄气概，手刃仇家干净利落，杀人顺序井然有序，最后剜出陆谦的心脏的娴熟手法堪比庖丁解牛的手法。

至此，林冲的性格发展历史基本完成。他从隐忍到出手，体现如绰号"豹子头"的威武来。

上山后，寨主王伦嫉贤妒能，多方刁难，要林冲献投名状，结果林冲与青面兽杨志打得难分高下。林冲虽然在梁山安身了，但内心十分压抑，活得十分憋屈。他念在收留之情的份上，仍然忍耐着。

当晁盖等上山入伙时，王伦又托词推拒。林冲在吴用的智激之下，火并王伦。推晁盖为大头领，开拓了梁山的局面。如果说，山神庙的出手是血刃仇人，属于报私仇，那么火并王伦的"窝里斗"则是出于江湖道义。

妻子张氏被高太尉威逼亲事，自缢身死。岳父张教头也染患身故。

完成林冲性格变化的主要回目如下。

第七回　花和尚倒拔垂杨柳　豹子头误入白虎堂

第八回　林教头刺配沧州道　鲁智深大闹野猪林

第九回　柴进门迎天下客　林冲棒打洪教头

第十回　林教头风雪山神庙　陆虞候火烧草料场

第十一回　朱贵水亭施号箭　林冲雪夜上梁山

第十二回　梁山泊林冲落草　汴京城杨志卖刀

在《水浒传》中，林冲上了梁山，他的性格发展就已经结束了，这是很遗憾的事情。

值得一提的是，作者何以除了长相，就连兵器也让林冲使一杆和张飞一样的丈八蛇矛？第四十八回林冲出马擒捉扈三娘时，书中有诗说"满山都唤小张飞，豹子头林冲便是"，或许作者一开始可能是想把林冲写成"水浒版"的张飞，甚至还可以推断，在《水浒传》成书前民间流传的水浒故事里，说不定林冲真就是个"张飞型"的人物。《大宋宣和遗事》里有林冲的名字，绰号就已经是"豹子头"了，但没有他的独立故事。《水浒传》有了个"猛张飞型"的李逵，元杂剧《李逵负荆》中李逵的形象已与《水浒传》中的十分接近。于是，作者就重新写了一个八十万禁军教头的人生故事。

这样看来，使用丈八蛇矛对林冲武功的帮助并不明显。作者将林冲的兵器固定为丈八蛇矛，是另有深意的。林冲骁勇善战，"军中呼为翼德"，但在东京做教头时并没有彰显这分才能，那里没有他的用武之地。让林教头使用这种兵器，是为了完成对他外观的塑造。因为林冲是被逼上梁山的，大家印象中的林冲有些怯懦，他的传统造型清秀多于凶猛。实际上施耐庵笔下的林冲是一个外貌与内心颇为矛盾的形象。豹头环眼丈八矛，他应该是一个凶悍威猛的武人而不是翩翩公子。

金圣叹评林冲："算得到，熬得住，把得牢，做得彻，都使人怕。"可谓道出了个中滋味。

我觉得，上山后的林冲已经乏善可陈。虽然他的英勇是为了突出"小张飞"的功劳，但毕竟难以像上梁山之前那样有血有肉。故此对上山后的作为不做更多剖析，权将主要回目和事迹简列如下。

第十九回　林冲水寨大并火　晁盖梁山小夺泊

上梁山后的业绩：

一打祝家庄——林冲为第二拨人马领军统帅。

二打祝家庄——林冲神速生擒扈三娘。

三打祝家庄——林冲为主力之一，击败祝氏三杰之一的祝龙。

高唐州救柴进——林冲为主力之一，消灭高廉的所谓"神兵"。

大战呼延灼连环马——林冲为第二阵主将，与呼延灼大战五十多回合不分胜败。

曾头市救晁盖——晁盖不听林冲劝阻，中计失败，林冲断后，拼死救回受伤的晁盖。

攻打大名府——林冲为主力之一，后军主将。

收官之战——林冲为主力之一，与秦明大战关胜，率部击败关胜副将郝思文并生擒之。

二攻大名府救卢俊义——林冲为主力之一，第二队主将。

东昌府收张清之战——林冲为主力，活捉张清副将龚旺，并率军将张清逼下水，由水军活捉。

死亡回目：第九十九回

原因：风瘫（百回本）。

《水浒传》对林冲的塑造，从很多方面看都是独特的：狰狞或威武的面孔，却深藏温柔体贴的心；脾气火爆，却又能忍常人难忍之事；通情达理、周济弱者、善解人意，却又果敢威猛、出手不凡。

我觉得，"情义无价豹子头"是他性格的主流，也是作者要表达的。关于"勇猛有名小张飞"，虽然文中也做了比较细致的描写，但要比前者逊色很多。

作文教学"两步走"

作文教学"两步走"是"原生态"语文教学的重要范式之一。所谓"两步走"，是针对作文教学无效甚至出现负效的现状提出的操作程序。第一步"以水附形"，指教师先要有写作经验之"水"，才能根据学生作文的现状给予相应指导，即"附形"；第二步"装水入瓶"，指学生具备一定写作能力之"水"，教师根据其特点，打造其个性化的风格，即"装瓶"。

　　教学生会，教师要先会。现实情况却是教师基本不写、不会写，却要教学生写。"以水附形"是"装水入瓶"的前提。教师要写"下水文"，体会写作的甘苦，获得体验，再将体验形成实践性知识与学生分享，而不是一味地讲写作知识。有了此前提，"装水入瓶"才有着落。即便教师有写作体验，也不可以以己度人，把自己的想法强加给学生，要针对学生的习作"点石成金"，使学生更像他自己，而不是成为教师的影子。

图 3-8　执教《议论文写作》

教师要写"下水文"

　　自己不会写文章，怎么教学生写？语文教师写"下水文"，是教学的要求，是教师自身语文素养的体现。即使不能各体兼备，起码要会一种。不然怎么能做到"以水附形"？

我坚持写"下水文"，以身作则。

我与李怡教授不曾谋面，尽管他在所研究的领域是名人，但因专业无关联，之前也不相识。李煜辉老师为了给高三学子的应试作文提供不同角度的修改意见，建了一个群，天南地北地约了七八个人。我与李教授均在其中。今天要交第三次作业，任务为写今年高考的"下水文"。我刚交稿，李教授刚好看到，便写了对拙文的点评。也许不太熟悉吧，李教授未对拙文之不足指点一二，竟是褒之有加。我知道这自然是出于礼貌，不能完全证明拙文不拙。但无论如何，这样的交流是有益的。我愿以拙文为靶，诚挚欢迎同行批评。

我看张玉新老师的"下水作文"

"下水作文"一般都是老师所写，与在读的中学生有较大的差异，学生有时难以效法，但这不等于说"下水作文"就没有特殊的指导意义了。在我看来，其最大的价值就是对中学生业已形成的思维定式形成莫大的冲击——那种迥异于学生的知识结构、写作习惯、文字表达的东西，对学生的日常写作套路是挑战，甚至对教师平时的教学也是某种挑战。我有一个猜测：写"下水作文"时的心态更接近于一位真挚的写作人的心态，"下水"之时的教师与平时教学时有所不同，他们在自我挑战的同时展现出了更多的才华、创造性。

读了吉林省高中语文教研员张玉新老师的高考"下水作文"，我更坚定了上述看法。

2017年全国统一考试（新课标Ⅱ卷）作文题属于"平实"型。命题者给出6个名言警句，要求"以其中两三句为基础确定立意，并合理引用，写一篇文章"。本来这里的开放性还是比较大的，但是平心而论，如果按照我们日常教育的"惯性"，加之题目中"中国文化博大精深"这样的表述，学生写起来极容易陷入"励志""家国""理想情操"等庸常套路之中，虽然政治正确，但往往难出新意。这就是"平实"型命题自带的"深坑"：虽然大家都可以做，不会有太大的跑偏风险，但是没有风险同时也就意味着难逃"正能量"教育下的思维定式，真正的才华反倒容易被掩盖、被羁绊。

这个时候，就期待某种思维的冲击和挑战了。可以说，张玉新老师的"下水作文"正是起到了这种作用。在这里，张老师大胆地跳出了题目可能形成的暗示，在一个开阔的视野中看待所谓"中国文化博大精深"——博大也好，精深也好，都不能仅仅从历史的正面形象来加以理解，更不能流于歌功颂德的肤浅，所谓"名言警句"并不都是自我炫耀、自我欣赏，也凝结了中国人受难的辛酸、挣扎的苦痛及血泪的教训。不能如此冷静地审视我们的民族，透视我们的文化，而一味沉浸在傲慢的矜夸之中，那不过就是阿Q式的精神胜利。在更多时候，我们还是强调对学生的"正面"教育，对中国传统文化也是正面弘扬多，质疑批评少。尤其随着"国学热"的弥漫，仿佛一切国家大事乃至世界未来都可以从中国传统文化中获得宝贵的"指导"。在这个"国学昌盛"的时代重新呼唤现代启蒙、警示批判的意义，在学生那里可能已不合拍，在教师这里也需要某种勇气。

张老师的作文是一篇有勇气的论说，文章一开篇就对当今的思想状况甚至命题的暗示发起了挑战："中国文化博大精深，但一味称颂，逢人就讲'四大发明'却总觉得太阿Q了。"读惯了、写惯了赞颂之作的人或许不无诧异，以致生出些怯弱来：如此挑战，判卷怎么办？其实，怯弱者总是"想得太多"。所有的"暗示"不过都是自己读出来的。命题往往有着超出我们意想的开放性。同样的名言，同样的警句，既可以用作自吹自擂的傲慢，又可以引为自我告诫的审慎。在文字的背后，发挥根本作用的最终还是人自己。我们目睹了太多人随波逐流，也到处可以发现知识分子刚正不阿、坚守良知的典范。用鲁迅的话来说，那些"埋头苦干的人，有拼命硬干的人，有为民请命的人，有舍身求法的人"，那些"单身鏖战的武人，敢抚哭叛徒的吊客"，才是真正的"中国的脊梁"。培养和激发学生的质疑精神、批判精神，让他们不再轻松汇入"祖宗崇拜的大合唱"，而是敢于肩负民族前行的责任，此乃当代教育的时代使命。张老师的写作体现的就是一位当代教师强烈的责任感。无疑，它无论在多大的程度上能够为学生所效仿，都会对中学生的文化立场、价值追求及思维训练产生积极的影响。

（李怡，北京师范大学文学院教授）

开普敦的水·云·天①

在南非旅行的第一站就是开普敦，几天的行程都围着高拔的桌山转悠。我从中

---

① 本文发表于《语文学习》2017年第10期，入选时有改动。

国北方的严冬来，那里是-25℃；这里也是冬天，气温却在 20℃～25℃。巨大的温差让你感受了什么叫怡人的地中海气候。

云，在湛蓝的天幕上总是有的，有时甚至抢占了蓝天在你心中的位置。比如，桌山上那一抹亮丽的白云，就是最令我留恋的上帝的神来之笔。瓦蓝瓦蓝的天空是这幅壮阔画卷的背景，突兀的灰黑色的桌山仿佛浓墨画就。那最亮丽的一抹白云哈达般地舒展、飘逸。这是造化之手任意挥洒的杰作，其构图之简单、意境之开阔、色彩对比之醒目，何止强烈的视觉冲击力，更让你胸膛中回荡着一股子豪气，仿佛吞吐山河，包容万物。

水，肯定是开普敦最有灵性、最值得赞美的了。企鹅滩的水不许你亲近，围栏隔离了人与企鹅、浅滩，水不深。不时涌到岸边的海浪溅起不高的白色的浪花，提醒你这水是流动的。而你的心思都在企鹅身上，是这些驴一般鸣叫、鸭子大小的企鹅吸引你的听觉与视觉。此处，海，大西洋，仅仅是陪衬。

在海拔 368 米的灯塔山上看海，是绝佳的去处吧？烟波浩渺的大西洋以她博大的胸怀包容着一切，甚至天空，甚至你的思想、你的情绪、你的喜悦与悲伤。她最大魔力是让你此时此刻什么都不想，只深情地注视着她，欣赏着她，热恋着她……她端庄典雅，让人不得存有半点邪念；她高贵大度，让人不由自主地心向往之。她出色的姿容与曼妙的身段让人陶醉、痴迷，她不经意的一笑一颦让你觉得是专为你抛出的媚眼。风平浪静，是她凝神注目时多情的容颜；白色的浪花，是她不经意间轻启芳唇露出的整齐牙齿；狂风吹起的巨浪，是她的裙被调皮鬼撩起的一角；巨浪退去，是她包容地信手抚下被撩起的裙摆；碧云扰扰的海面，是她飘扬的秀发……

在近 1100 米海拔的桌山上鸟瞰桌湾，目睹大西洋的变幻，它状如右耳朵舀了一湾碧蓝的海水平放在地面上，涌到岸边的雪白的海浪让耳朵的轮廓更清晰。"耳朵"直线一边是广阔的大西洋，海水由碧蓝逐渐过渡到深蓝，看不到明显的色差，但"耳朵"与大西洋海面上的水有着明显的差别。或许这是一个哲学命题，让人在不断的"相对"中泯灭了差别，又让人在泯灭的差别中顿悟极化对比的巨大差异。

在豪特湾近距离俯视大西洋，有登堂入室的感觉。帆樯林立的豪特湾满是浅蓝的水，如同九寨沟五花海那么蓝，却比五花海大不知多少倍。五花海的水深可见底，广可睹岸，美在玲珑剔透，如小姑娘单纯可人；豪特湾则是深不见底，广阔无垠。她的美在于大气端庄，如成熟的女人固有的母性光芒。在游艇上凭栏俯瞰，近在咫尺的碧水呈现出不同的图案。图案的边缘好似用毛笔细线勾勒的线条，有的是一个句号，有的若祥云，有的如一张"撕碎的脸"，线条里面用乳白、浅蓝、瓦蓝、深蓝的色彩填充，随着波光的流动，起伏的线条与色块有限度地变化着角度，让你的心也随着她的摇曳荡漾着。海豹使这水有了灵性，它倏忽来去，悠游洒脱，成了水的组成部分。

南非之行，最令人难忘的就是开普敦晴朗的天空、悠闲的云朵，大西洋在这里的几个"密室"——开普角、豪特湾的碧水。

"点石成金"金手指

能写"下水文"，能写好"下水文"，指导作文才可能奏效。在新课程改革时代，有人说"得语文者得天下"。套用一下，"得作文者得语文"的命题也是成立的。因材施教是教育原则，作文教学的因材施教原则就是我说的"以水附形""装水入瓶"。下面呈现的案例体现了我的作文教学"两步走"主张。

图 3-9　论道郑州

"议论文之困的归因"课堂实录①

师：吉林大学附中的同学，大家好，我今天不是来给大家上课的，而是跟大家聊天的。我用聊天的方式跟大家探讨一下高中阶段议论文写作的一些问题。昨天王老师把同学们的意见都给我了，我也做了简单的分类。但是我刚才听到昨天有些同学因为参加竞赛没有提出问题。没提的同学请举手。那位女生，这位男生，还有谁？不多，那位女同学，请你先现场提问题。你觉得你的议论文写作的困惑是什么？

生：首先是材料的问题：问题一，有些东西我们知道得太少了，材料也太老了，写出来太不真实了；问题二，我们的文笔不够，写出来有点像小学生写的作文，没有什么提高；问题三，不会分段。

师：那位男同学，你说说。

生：在写议论文的过程中，围绕论点，没有太多语言去展开，只是围绕一个小点来回反复地说。

师：实际上你说的和刚才那位同学说的是一个问题。还有别的吗？这位男同学你说一下。

生：我有两个困惑：第一个是题目如何才能精彩，第二个是第一段如何才能写得简明扼要而且精彩。

师：哦，那你这个简明扼要而且精彩和结构也有关系，就是好钢要往刀刃上用，所以和这部分也有重复。好，请坐。这位女同学你说说。

生：我觉得我的主要问题也是在结构上，议论文的结构是"引提议联结"，我还是不知道如何构造文章。

师：好，请坐。这位男同学，请你说说。

生：做阅读的时候发现，很多议论文里也有不少叙述的部分。我们写议论文的时候是不是也应该有一些记叙？我不知道应该如何把握记叙的部分。

师：你是说议论当中记叙占什么样的位置，占什么样的比重，是不是？广义来说也属于表达方面，实际上和结构也有联系，都有交叉性，是不是？前面同学已经提到了，好，请坐。实际在我得到的这些问题当中，同学们提到的还有一个重要的

---

① 姜雪萍、杨丽伟、王春整理。授课时间：2011年3月29日。授课对象：吉林大学附属中学高一4班。

问题。就是怎样命题。刚才这几位同学是在立意能够确定的情况下提的这些问题，其实还有一个问题在这些问题之前，就是立意怎么办，题目怎么办。如果我们把题目和立意摆在一起，那么我们把这些问题稍微做一个更改，第一个问题就是题目和立意的问题，第二个问题就是材料的使用问题。例如，有的同学说知道得很少，并且很陈旧，表达起来就很吃力。然后就有同学提到了语言表达的问题，表达方法的问题。这是语言能力的问题。再一个就是关于议论文结构的问题。对于这样的问题，张老师也没有做特别充分的准备，因为我离开一线已经八年了。我们现场就议论文写作的思维过程和同学们共同探讨，看看我的这个思维能否给同学们一点启示。我们考虑一下关于题目的问题。

题目的核心是什么呢？我刚才也问王老师了，你们的数理逻辑能力特别强。那我们就转换一下，我们用数理的语言来体会一下写作文的过程。张老师认为，文章的题目和立意，用数学语言来说，就是一个"求证的目标"（板书）。例如，我举个简单的例子，这是北京大学前教授，他叫吴组缃，研究中国古代小说的。他给学生上课的时候提过这样的一个命题，说："吴组缃是人，这是第一个命题；第二个命题是吴组缃是狗。"然后请同学们对这个话题展开辩驳。我们现在不能辩论吴组缃老先生了，这对他不够尊敬。现在我们就辩驳一下张玉新，就是我了。我对自己没有贬义，第一是人，第二是狗。对你来说哪个更有挑战性？显然是狗。（生笑）为什么呢？我们不是理科的同学吗？我们现在就来求证一下，现在提出的这个命题是什么。这个命题就是我们要求证的目标，这能理解吧？这个求证的目标往往就是我们的立意。张玉新是狗，然后我们首先要考虑为什么是，怎么是，到底是不是。这就有话题了吧？如果说张玉新老师是狗，那么好，我们得看看，他有哪些狗行，有哪些狗事。经过验证，那些蝇营狗苟的事他都没做，跟狗沾边的特征他也没有，狗咬人，他没有，看来这个论断是错误的。同学们想一想，这不就是归谬的方法吗？我们假设，5等于某某某，最后得出的结论是5＝3，这显然就是个错误的结论，于是就把一开始的论断推翻了，那么推翻论断的过程是不是就求证了你的假设啊？于是，我只能是人，我是狗这个命题自然就被否定了。

那么同学们所缺的是什么？缺的就是把文章的立意还有题目设想为求证的目标这一过程。同学们明不明白我说的这个意思？我们怎样设定一个求证的目标？怎样设定比较好？谁来随便举个例子，我们把它当作求证的目标。后面那个男同学。

生：我理解，这跟数学的反证法差不多。假如你想论证这个命题正确，你就先设想这个命题不正确。其实我一开始论证这个命题不正确的时候是错误的。

师：是这个意思，这是一种程度，一会儿涉及关于材料的使用的时候这种程度就涉及一个正反论证的问题。我刚才侧重的是一个反面论证。他是人，他长得像人，他做事像人，他种种行为都像人，最后证明他是人。那么反过来，刚才我说了，正反两个方面对比的话，你的思维的角度就丰富了。好，你请坐。有没有同学接着他的话题谈一谈你对这个问题的想法？确切地说就是你如何把一则材料或一个观点设想成你的求证目标。我觉得这个问题理科学生应该更加得心应手。那么这样吧，从我这里找一个相关的材料，同学们看一下，思考一下，看看如何确定这样一个目标。

（PPT 展示）

同学们看，我给大家找了一组图片，这组图片上的东西叫作硅化木。下面我把硅化木的解释给大家读一下。大家想如果这是一则材料，我想用这则材料求证一个什么样的目标。"硅化木也称木化石，数亿年前的树木，因种种因素被埋入地下，在底层中树干周围的化学物质如二氧化硅、硫化铁、碳酸钙等，在地下水的作用下，进入树木内部，替换了原来的木质成分，保留了树木的物质形态。经过石化作用，形成了木化石。因为所含的二氧化硅成分多，所以常常被称为硅化木。"面对这样一组图片，你们认为能够求证什么东西呢？

好，接着看第二组图片。左边是生长着的胡杨，右边是枯死的胡杨。对比这两张图你能否想到一些东西。这里面就可能涉及一些提取公因式、排列组合等方法了。那么同学们再看，这是在延边地区生长了 1800 多年的松树，这是长白山死去的桦树，也是一生一死的对比。再看下一组，这是云南的茶树王。同学们看看茶树王的状况，周围修上水泥的围栏，这是人工干涉下形成的枯死的大茶树。

这些图我们可以设定怎样的求证目标呢？我敢保证同学们都进入了思考的状态。穿格子衣服的男同学，你是怎样想的？

生：每组图片都有一棵活着的树和一棵死了的树。

师：你想得很正确，你启发了大家。这位女同学。

生：事物的发展和环境有关系。

生：胡杨不管活着还是死了，都是不倒的，暗示人在困境中要有不屈服的精神品质。

师：我提醒你，桦树死了就倒下了。我给的是一组照片，我让同学们对这一组照片进行理解。

生：它们全都留着固有的状态。

师：你过两天再看看。

生：除了胡杨，其他树都发生了变化。

生：树死后化为化石。

师：同学们都看到了生与死，更多停留在生与死上，尤其是对死的描述，但是同学们没有从另一个角度思考。

生：不同事物处在不同的情况受到的待遇也不同，如树倒下的就被烧毁，活着的就受到保护。

生：胡杨无人关注，茶树和桦树有很多人关注。

师：思维有拓展，非常贴近正确的思维状态了。

生：这些图片都有死了的树，那我就想它为什么死，它是怎么死的。

师：太聪明了！（师与学生握手，全场掌声爆响）

师：我们往往看到生和死的状态，他深入思考了生和死的原因。好！你接着讲。

生：跟人工有一定的关系。

师："人工"这两个字千斤重，最好的立意。

生：活着的树在自然环境中，死的树是人工所为。

师：也就是人为的干预与自然的选择有什么关系。

师：我们由刚才的一组图片已经可以确定一个求证目标了，这就是关于人祸与天灾的某种对应。也就是我们在纷繁的材料中理出了一条线索，这条线索就是提取公因式中的最小公倍数。它能够统辖每一则材料，按照这种办法去一个一个求证，如硅化木，怎么求证，用这个标准怎么去求证它，能不能对这两则材料再进行一次细分析？

生：硅化木是天灾导致的，桦树是由于天灾，胡杨是由于天灾。

师：同学们对天灾人祸的判定是围绕我给定的材料的，然后我们怎么做？求证的目标我们确定了，下一步是材料的使用以及表达，就是求证的过程。这个求证的过程我们怎么做？给大家一个方法，就是由内到外、由此及彼。刚才同学们局限于老师给的图片，那你能举出图片以外的例子吗？求证的过程就是使用已知条件的过程，我给的图片是已知条件，你还有没有别的。

师：我们不能仅仅停留在这些图片上来思考天灾人祸。我们应该把它推而广之。

生：土地沙漠化。

生：生物灭绝。

生：汶川地震时建筑因为不合格而倒塌，这是天灾人祸。

师：非常好！这样思路就打开了。有一种方法叫借题发挥，在议论文的写作中借题发挥是非常好的思维方式。

师：我们要善于发掘材料的内涵。我们在求证当中，要尽量使用已知材料，这就涉及了同学们的认知能力以及对材料的把握能力。接下来我们稍做一下总结：从设立求证目标到求证过程，也就是使用已知条件的这个过程中，你得到的最大的启示是什么？这就是老师要求的把课堂现场成果化。如果我们会听课、会学习的话，老师现在所提问的才是最关键的，并且可能奏效。你来说，你现在若有所思。

生：通过这节课的学习，我知道了议论文其实很有条理，用我们现学的知识来看题目就是求证的目标，既然提出了求证目标就要有求证过程，过程中要会用已知条件来求证这一目标，然后就是，嗯……

师：你说得没错，是把我说的内容重复了一遍。重复是一种加深记忆的方式。那么是不是还要检验呢？用什么东西来检验呢？

生：用举的那些例子来检验。

师：用你作为作者所分析的这些东西来检验，对吧？

生：对。

师：我们检验的结果要看这两边是不是等式，如果不是等式就说明是证伪，那么就要把证伪抛掉。好，你请坐。非常好。我再给大家举一个初中的例子，你们现在的这个初中教材我不是特别熟悉，你们曾经学习过吴晗的一篇叫《谈骨气》的文章吗？

生：没学过。

师：吴晗是新中国成立初的北京市副市长，写过《海瑞罢官》等，是明史的研究专家。他在文章里说中国人是有骨气的，并举了孟子的那几句话，就是"富贵不能淫，贫贱不能移，威武不能屈"。他又分别举了三个例子来证明。从简单的例证来看，这篇文章一点毛病都没有。我和王帮阁老师前一阶段时间还谈了这个问题。回过头来看，这篇文章用的都是孤证。就等于说二加二等于四，二乘二也等于四，于是他就认为三加三和三乘三相等。这明显就错了。吴晗的论证就存在一个巨大的逻辑漏洞，因为人家可以轻易举出一个没有骨气的中国人做反例，因为中国历代都有没有骨气的人。所以当我们举出一个反例来推翻他的论证时，就说明他的逻辑结构是存在巨大缺陷的。如果想让我们的逻辑证明充满一种逻辑的力量，那么我们该怎么办？我们就要严格地使用语言来论证。

同学们，在你们的数学验证中当，经常要用一个数字来代入验证，看等式成不成立。当你在行文的过程中使用一则材料的时候，你就用张老师的这个办法：这个已知条件能否证明这个等式，能否证明这个求证。你们都是理科生，我用这种数理逻辑的推导，相信你们都能听懂老师说的意思。我是昨天晚上才接到王老师给的你们的这些问题的，并没有做十分充分的准备，只是随机想到了这样一些问题。那么还有一个问题，同学们不是讲到了结构问题吗？实际观点、题目的问题都属于求证目标的问题。材料、表达、结构属于求证的过程，是验证已知条件的过程。其实还有一个问题，那就是什么样的文章才是高考阅卷老师认可的文章。这就是关于好文章的标准的问题(板书：好文章的标准)。那么同学们看，好文章的标准，我为什么把它放在最后？你得到上面这些条件都能成立的时候，才能有下面这个结论。这个结论是什么呢？就是再一次验证后证明你的假设或目标(板书：再次证明目标)。同学们看一看，从确立一个目标，到证明你这个目标是否成立，中间的这个过程就是使用论据求证的过程。这个过程既有论据又有论证，然后是结论，这样的结构就是一个圆合的结构。我先提出假设，然后经过运算来证明这个假设，最后我证明假设的确成立，或者假设是不成立的。对刚才这样一个推论的过程，我们再做一下归纳，如在这个部分，同学看一看，这都是我们提出的关于议论文写作的问题(板书：议论文写作的问题)，这是我们语文的问题，这边我要给同学们归纳的是一个逻辑问题(板书：逻辑问题)，这样我们就把语文这个学科和数理逻辑整合在一起了。同学们可以将逻辑推理应用于议论文写作，包括结构的设定。那么同学们想一想，要是知道这样一个大的环境、大的步骤，是不是就可以把语文和数学打通了？我一向认为哪科和语文最"亲"呢？数学。因为数学给我们提供的是思维的方式，语文提供的是思维的载体。二者正好互为表里。这位女同学，你有什么想法？你刚才在说什么？自言自语都是课程资源，请你说一下。

生：我是感慨数学太重要了(众笑)。

师：好，那你可能马上想到的就是那我以后真要好好学数学了，于是就把我们语文扔在一边去了？

生：没有(众笑)。

师：好，那么我们再具体地说这么一个问题。你们想一想，你们知道哪些重要的逻辑推理方式？

生：假说演绎法(众笑)。

师：是数学当中的吗？

生：虽然是生物书中提到的，但应用于数学中也是可以的。

师：可以认为是演绎法，非常好，请坐。还有没有？

生：反证法。

师：反证法就是归谬法。

生：归纳法。

师：我们的议论文写作中经常使用的就是归纳法、演绎法和类比法。我们没有时间展开，大家可以查阅相关资料。什么是演绎？什么是归纳？什么是类比？

生：归纳就是从例子中得到一般性结论。

师：你所说的例子是什么？

生：特殊的例子，是个案。

师：对。这名同学是男同学，那名同学是女同学，我们就可以得出一个一般性结构，那就是我们班是由男女同学组成的。那么演绎呢？是不是正好相反？

生：演绎是先一般，然后再推出特殊。

师：那怎么推，你推一下。

生：我班男同学女同学都有，我先找出一个是男同学，再找出一个是女同学。

师：这就是演绎吗？

生：因为有男同学，有女同学，那么我肯定能找出一个男同学、一个女同学，我找到了(众大笑)。

师：这个问题从三段论角度来讲倒没有什么毛病，但是不是语文上使用的那个演绎推理呢？请这位男同学说说。

生：假设地球是转的，所以有黑天和白天。正因为存在昼夜交替，所以我的结论是对的。

师：这叫假言判断，但你这是一个充分条件的假言判断。这是个数理逻辑的问题，形式逻辑的问题。这个我们不必过多地去讨论，但你说的是对的。类比推理有什么特点？

生：别的班有男同学也有女同学，同样是班级，我们也有男同学和女同学（众笑）。

师：那不一定，有的就是女子学校，那怎么办呢？

生：两个很像的班。

师：那你说的是由一个个别到另一个个别，比较精彩的例子你们学过，就是初中学过的《邹忌讽齐王纳谏》。

生：啊！（众恍然）

师："吾妻之美我者，私我也。"这是一个集合。我们可以用映射的关系来表示。甲集合是"吾妻之美我者，私我也；妾之美我者，畏我也；客之美我者，欲有求于我也"。然后得出结论，可是他们都骗了我。徐公一来，我就露馅了。大王您呢？乙集合是"宫妇左右，莫不私王；朝廷之臣，莫不畏王；四境之内，莫不有求于王"。所以，注意，前面已形成的一一映射，大王您可能像我一样，也受骗了（生鼓掌）。

师：但是这种推理得出的结论都是或然性结论，而不是必然性结论。所以邹忌的讽谏才能成功。

那么同学们把我们共同演绎的东西整理一下，我们在议论文写作之中存在的问题不可能一堂课都解决。那么，我们做的是什么？就是（板书）"议论文之困的归因"。今天的讨论只是一个开始并非终结。希望同学们回家思考一下张老师说的这个道理，然后寻找已知的条件来验证这个假设，让我们的议论文写作更成熟。好吧，这堂课就上到这（掌声）。

附板书设计

议论文之困的归因

议论文写作 {
1. 题目　立意——求证的目标
2. 材料（少、旧、假）
3. 表达（认识力）
4. 结构
5. 文章的标准——证明的目标
} 求证的过程　逻辑推理

教者有话说：关联数学的议论文写作

　　吉林大学附属中学高中部的老师说学生普遍反映不会写议论文，不会论证，观点不鲜明，请我上节作文指导课。我把这节课当作去成都七中上课的试讲。为了体现"原生态"主张，这节课也是根据要求随机而为的。上课时现场我问学生写议论文有什么困惑，然后有针对性地解决问题。吉林大学附属中学特级教师赵秋雨写了听课感受。

　　张教授开口道："吉林大学附中的同学，大家好，我今天不是来给大家上课的，而是跟大家聊天的。我用聊天的方式跟大家探讨一下高中阶段议论文写作的一些问题。昨天王老师把同学们的意见都给我了，我也做了简单的分类。但是我刚才听到昨天有些同学因为参加竞赛没有提出问题。没提的同学请举手。那位女生，这位男生，还有谁？不多，那位女同学，请你先现场提问题。你觉得你的议论文写作的困惑是什么？"同学们积极回答，提出了有关题目、立意、材料、表达、结构、标准等诸多方面的问题。面对乱麻一般的问题，张教授语出惊人，让学生辨析张玉新是人还是狗。他让学生运用理科的思维，确立写议论文的求证目标——论点。大家恍然大悟，如梦初醒。随后，他拿出一组材料，从硅化木的演变到胡杨树的生死，启发大家确定"求证目标"——天灾与人祸的辩证关系。于是，自然过渡到下一步骤"求证过程"。班级场面热烈极了。大家发散思维，纵展联想。张老师与同学对话，纵横捭阖，收放自如，讲到兴奋处，几乎是手之舞之足之蹈之。同学们听了张老师的阐释，将"痛苦"的作文"求证过程"变成了愉悦的精神享受，自然而然地过渡到了最后一个阶段，即"求证结论"的得出。他从议论文的结构方式，讲到逻辑思维方式，讲到演绎法、归纳法、类比法时说，数学与语文亲如一家，数学提供思维的方式，语文提供思维的载体。他由此及彼，由表及里，解决了本课的核心问题"议论文之困归因"，浑然天成，天衣无缝。

"记叙文之困的归因"课堂实录①

　　师：上课，同学们好！

　　生：老师好！

---

　　①　王春整理。授课时间：2011年4月9日。授课对象：成都市第七中学高一1班。

师：昨天我一下飞机就收到了我们班级 41 位同学交给我的关于作文有困惑的小纸条。这堂课，我想和同学们共同探究一下作文有困惑的原因。我的主要的"原料"就是同学们提出来的问题。

大家看一下，同学们提的困惑一共有七个大项，我向在座的老师展示一下。（PPT）

困惑一，平时不太重视阅读，导致写作文时无话可说。

困惑二，虽然有想要表达的素材、事情，但语言无法达到清晰，使老师眼前一亮的程度。

困惑三，在考场上因为怕字数不够，所以在前面会写一些无关紧要的文字，但到了最后却因时间、卷面问题，要把自己准备好的写进去就没法表达了。

我们班有百分之八十的同学提的问题都是针对在应试的现场怎么去写文章的。这位同学提的，我画了一个着重点号：平时不太重视阅读。还有一个问题，也是我很感兴趣的，他写的是不知道写什么。这个问题很严峻啊！

还有说不知如何将作文写得有深度，选材该如何选，如何使自己的文笔变得更好。这都是很具体的问题，我在旁边做了一个旁批。

还有一位同学，字写得非常好。他的问题如下。第一个问题是考试的困惑，考试时间较短，也比较紧张，构思作文不严密，有逻辑错误。我给他归纳的就是逻辑线索欠清晰。第二个问题是考试时心情比较平静，感情不饱满，作文也没有感情，涉及怎样表达自己真实感情的问题。第三个问题是下笔之后往往很难和构思的相同，有的地方没话说，有的地方说不清、说不完，无话可说以及有话难说。这个同学最大的困惑就是大部分都是无关的废话，这就是中心不突出。还有，结尾后呢，有的时候总喜欢重新想一个结尾，但是时间来不及。

下面这位同学是最典型的，提出了关于应试作文评价标准的问题。他说得很实在，自己觉得还不错，但是老师就是不给高分。这是为什么呢？

这位同学的字写得很好，他写的第一个问题就是词不达意，心中有所感却无法真切地表达；第二个问题是所知事例太少，文章显得单薄，即内容贫乏；第三个问题是把握不好中心的突出点，就是中心不突出。

下面这位同学的困惑是写作文时不能生动准确地表达自己的情感，也是词不达意的问题，点面结合做得不好，文章框架死板，行文思路没有新意，作文中的情感流露太直白。创新不"高",应该是创新度不够,旧话题难以出新。这是个关于立意的确定问题。

还有一位同学说,有灵感时不用写作文,写作文时却无灵感。这个问题同学们记住,很有价值,涉及了很多问题,我们一会儿再探讨。还有就是心中想了很多,手上写不出来,积累的素材太少。

以上这些内容我做了一个归类,请同学看一下,全班一共有41位同学,一共提出了114条困惑,其中有14位同学提出了35条成功的经验。一会儿我要给同学们展示。现在,我把刚才抽样给同学们读的做一个归类。

第一个方面,是内容方面,有26条,典型的问题是没有或想不出素材,材料陈旧,无话可说,不知道写什么。

第二个方面,是表达方面,也是有26条,典型的问题是想感动人却弄巧成拙,废话多,心中有手下无,空洞,不切实际。

第三个方面,是关于审题立意的,共17条,典型的问题是偏题跑题,不知从何下手分析题目,立意不新,俗套。

第四个方面,行文思路,有7条,典型的问题是行文思路不连贯,毫无思路,思路混乱。这是同学们提出的典型的关键词(实物投影)。

下面一条,好作文的标准,括号应试,自己觉得好却不得高分。

下面一条,感情虚假,总觉得写出的没有办法恰当地表达自己的感情。

还有6位同学提出他们的书写和积累不过关,经常有不会写的字,换个字眼之后就不是原先的意思了。还有其他比较零散的,如平时没有写作的习惯,考场上时间不够。

这是同学们写作有困惑的归因,我现在想和大家做个交流,大家认为在这些归因当中,哪一条是最重要的、非解决不可的、排序第一位的?请大家自由发言。

生:倒数第二条。

师:不会写字词的问题。请坐。同学们,这个问题在我们班是普遍的吗?如果从问题的归因看,有六位同学提出这个问题,是普遍的吗?可能这个问题对这位女同学是最主要的,你一定要加强这方面的训练。

师:别的同学有什么观点?

生:第一条。

师：差不多占了我们班的半数，同意这位同学观点的举手（大部分举手）。显然是大多数。同学们想想，张老师和大家学习一个多小时的时间，如果张老师把写作问题解决了，那张老师就是神仙了（学生笑）。

不可能！不可能怎么还要上这堂课呢？我要给自己一个定位，探究一下我们能不能找到一条解决问题的路子，这就是我要和同学们交流的最核心的问题。同学们举手的程度已经表明可以把这堂课的重点放到第一条，关于内容的，关于素材的，关于题材的，关于事例的等。或者突出张老师写的那几个字，不知道写什么的问题。大家同不同意？同意的请举手（大部分举手）。

看来是同意了，我可不是强求大家啊（学生笑）。因为这的确是我们班最重要的问题。我再问一下，第二个问题不重要吗？也是26条啊？那位男同学。

生：第一条更重要些，因为第二条是表达方面，是废话多，第一条是连废话都编不出来。

师：同不同意？有没有不同意见？

生：我就想反对他一下。虽然不知道写什么很重要，但是知道写什么了，写出来的却是废话，那还是没有用的。

师：这位同学的逻辑思维是很严密的，他说如果你写出来的都是废话，那还写它干什么呢。

怎么写更重要，是不是？那我们班的同学出现了两个观点，这位男同学的观点是不是带有普遍性啊？

也有普遍性，但是没有第一个重要，我们把它放在第二位。我们班哪位同学字写得漂亮？大家推举一位。请你到黑板前，按照刚才同学们说的，写上第一，写什么，黑板这个位置写第二，怎么写。好。

师：请问，你现在对这两个问题是怎么想的？

生：其实刚才说这两个问题的时候，我都没举手，因为我对这两个问题都处理得比较好（教师笑）。

师：那你就谈谈为什么处理得这么好，给大家一个借鉴。请你在这边写上"经验"两个字，然后把你刚才说的话用条款的方式简明地写出来。

生：（在黑板上写）第一阅读量，第二自我感悟，第三自信。

师：非常感谢，如果我们班的同学都像这位同学这样，张老师这堂课就是堂废课了(学生笑)。但是，看来这位同学的情况不是特别普遍。那这堂课对你来讲就屈就了，因为你要重复一些你已经处理好的问题。你随时给老师和同学提个醒，不要让你的思维受抑制，好不好？

请大家看一下，这位男同学，你解决了我一个问题，我正好想要展示大家的经验，你就说出了自己的经验。大家看(实物投影)。

第一条，先静下来想想，根据当时的心情，奠定全文的基调。

张老师给他做了个批语，叫作"打腹稿"。这是张老师非常赞同的办法。再看，有同学写打底稿，张老师也给他批语，"时间不够还打底稿？"在应试现场还写草稿，等于干两倍的量。这位同学写的是考场作文字数要够，卷面要工整，要不断地点题，格式还要准确，这更多是从形式的角度说的。张老师也同意，我给他加了个批语，叫作"何止考场作文？"平时写非考场作文，这几点也要做到。还有这位同学的经验叫作多用修辞，多做细节描写。这位同学写的是详略得当，结尾要精彩，处处点题，多分段，描写手法要多样化，多用修辞，要求高分就要求新，但风险也不小，易偏题，大众的文章不容易出彩，但不容易低分。开头结尾要写好。多用小标题，段首点题，结尾来句很有亮点的句子。还有同学写的是发卷时先看作文，有大致了解，写前先拟提纲。这个也很重要，拟提纲和打腹稿都很重要，但就不要打草稿了。还有这位同学说题目是亮点，开头结尾很重要，应该加入修辞手法。还有同学说看到题目时一下子就想到的题材，就是不要落俗套。你想到的，别人也想到了，因此你的就不精彩了。再一个就是将平时随笔转化为作文，这是张老师特别赞同的，所以我在这下面画了着重号。还有，写作文前一定要先构思全文的主要内容和大概结构。这个我也很赞同，选材贴近生活，文章富有生活气息，富有文采。

这是这几位同学提出的成功经验，现在就从刚才这几位同学写的这些开始，大家琢磨一下，认为写什么很重要，我们能不能在现场就确定一个写什么的任务？哪位同学来给大家出题？不是不知道写什么吗，张老师告诉大家，现在，我们就要写上课的现场，这是不是就解决了写什么的问题啊？请命题，大家讨论一下。

(学生讨论)

师：刚才我问了几位同学，他们都有自己的真知灼见，哪位来说说？我们内容已经定下来了，也就是说我们知道写什么了，在知道写什么的情况下，我们拟个题目。

生：可以拟个比较朴实的题目，三个字，就叫"公开课"（学生笑）。拟个比较长点的题目，就叫"一场别开生面的公开课"（学生大笑）。

师：同学们不要笑，他的思维已经展开了。他先抓住一个核心词，然后对这个核心词进行拓展，拓展的时候就把核心的问题加上了对属性的判断，是不是啊？我们平时写文章也是这样的，要累加，先写核心的，然后拓展，最后写成全篇。我非常赞同你的观点，好，你接着说。

生：我还想到一个就是，万一公开课这个题目太大的话，可以写公开课上的某某某，然后只写他一个人，写他的所作所为。

师：那我要问了，某某某你觉得写谁更好？

生：我的同桌。

师：写同桌不错，还有没有更好的？

生：老师。

师：好在哪儿？

生：好在你说的话要多一点。

师：什么？我没听清楚。

生：好在同桌一直坐着，可老师要滔滔不绝地讲一些东西。

师：你想到了我在这儿说，他不说，所以写我就比写他好？

生：还可以写自己。

师：还有没有其他想法？

生：暂时就这些。

师：好，他把特写镜头定到某一个人，经和他交流，他马上把这个特写镜头转移，由同桌的你转到讲台上的他。就他这个题目，我觉得仍然有未尽之意，没有完全表达清楚。这位男同学。

生：这堂课是有关作文的，我就想到了"我和作文有个约会"。这样就限定了范围，可以一直深入下去。

师：那你打算怎么约会？

生：就是写作文的时候写那两个问题如何解决。

师：那解决那两个问题有没有具体的思路？

生：还没有。

师：好，请坐，还有没有？这位同学。

生：我们小组讨论后，拟题为"红地毯之上"。

师：非常有台面感是不是？（学生笑）

生：这样，这一堂课就有很多角度可以抓，以前老师说过切口不能太大，这样就会导致文章没有中心。

师：好，那位男同学。

生：因为内容是写这堂课的，我就想写空军礼堂。重点不是写课的内容，而是写周围的环境。这样写就和那么多写这堂课的不同了，老师读起来也就更新鲜了。

师：他抓住了新鲜的内容，谁说没有素材啊？这不就出现了吗？还有没有同学要表达？

生：我觉得内容已经确定了，如果题目不好拟的话，可以从作文的格式和体裁来写，如可以用新闻报道的形式，用第三人称来写，可以写台上的精彩内容，也可以写听课的老师。

师：好，现在我要强行压制大家，我们先不谈这个问题，因为大家在谈写什么的问题时，已经自然而然地谈怎么写的问题了。那么好，现在我们就研究怎么写，请同学们拿出纸来，现场写200字，根据刚才大家的讨论和自己的思考，稍后我们用实物投影展示，请大家做好准备，同学自己宣读自己的作品。写好的就请坐好，看着老师，老师就知道你写好了。如果你迫不及待就可以自己走到讲台上来，大家认真地写，我们不限定时间。

（学生现场写作）

师：同学们可以先停一下，我刚才看了一下，也和一些同学做了交流，他们仍然觉得自己没有思路，那这说明什么问题呢？我们弄明白的道理要真正转化为一种能力，这中间还有十万八千里。我们记住了某些知识，如果没有把这些知识转化为一种见识，那么知识就是一种静态的东西，还要占你大脑的内存。所以这就要求我们要活学。我也看到几位同学写得差不多了。这位同学，你到前面给大家宣读一下你的作品。

生：刚才因为我上来讲了一次课，我就把我刚才讲课时的心理活动给大家讲一下，这算不上作文（实物投影）。

刚才站到了黑板面前，感觉很不错，平时喜欢用粉笔头扔别人的我拿起了粉笔，这时候却没有扔人的冲动，只想教育教育人。下面的老师望着我，下面的同学也望着我。我望着下面的师生，一种自豪之感油然而生，我想这个舞台真是伟大，它让你心中的责任清晰起来，让你的……

就写到这儿。

师：这样，你可以接着说。

（学生迟疑，思考）

师：你刚才说得已经非常好了，让你有一种成就感。

生：我觉得这个讲台就是为老师设计的。一个人，只要站上了，就有一种教育人的冲动（全场大笑）。

师：非常好……（笑）你这里包不包含我？

生：老师，我觉得是，我想肯定你的能力。

师：我们两个不是要辩论，我是说我们两个对某些字眼的表达有歧义，让我感觉到你好像是话里有话，但我知道你不是这个意思。那么你是否可以修正你刚才的字眼？这就是修改的过程。

生：对，所以这个作文仅仅可以作为一个草稿，至于要誊到卷面上就要下狠功夫了。我当了一个反面的例子。

师：这位男同学现场用不到五分钟的时间，写出了他自己最真实的感受。我们很多同学说文章没办法写出自己的真情实感。他自己说了，他就是不断地自我感悟，他有相当大的阅读量，因此，他充满了自信。其实这位男同学，如果你要是鲁迅的话，你这一笔就非常精彩啦！为什么呢，因为鲁迅先生写文章经常忙里偷闲踢别人一脚。当然，你的那句话不是针对张老师的，也不是针对你的老师的，但你这句话在表达上产生了歧义，在修改的时候就要加以润色，这个同学们都赞同吧？

师：还有哪位同学要宣读一下自己的作品？这位女同学。

生：我抓住了一个细节，我可不可以邀请一位同学来读，我觉得我读起来没有那种效果，我邀请一位当事人来读。

师：好，那请当事人到前面来读。

生：短文的标题叫"举起手来"。

师：此处让人联想到别的是不是？（学生笑）

生：噌地一下，前面的座位迅速地抖了一下，一手擎天而举，还晃晃悠悠，似乎前面有他最爱的泡面。他就是班上的活宝，举手也透着活力，好，你带回来（自语：他写的是什么呀），我疑惑地回望，没人举手啊，以一目六列的眼速，看见一只手，只见手掌在桌边屹立着，这简直是举手掌，又看了一下，眼前一亮，这娃以前从不举手啊，今天是 UFO 降临吗？以下省略 600 字。

师：好，省略 600 字，那就够 800 了是不是？（学生笑）这篇文章就完成啦！非常幽默，并且他对这位同学做了一个细致的动作刻画。非常精彩。谁说我们同学没有什么可写的啊？你认为他写得怎么样？

生：我觉得平时写还可以，考场这样写就完蛋了（全场大笑）。

师：何以见得？

生：因为非常口语化，很不正式，字数不够（学生笑）。

师：加上省略的 600 字还不够吗？

生：但是考场上老师不是这样想的（学生笑）。

师：这位同学有非常强的应试情结，这也难怪大家。我可以和大家说句实在话，我一直没有正面回答什么样的文章是好文章。说实在的，因为吉林省的高考我每年都进现场，我实际还给同学们带来了高考满分作文。如果一会儿有空，我给大家展示一篇。2005 年有一位学生的作文，从开始就破口大骂，骂命题者弱智，骂了 60 分，满分。批卷的老师绝不是大家想象得那样不近人情，那样鸡蛋里挑骨头。他们都很善良，我们从哪儿能判断出来呢？2003 年，就是智子疑邻，感情的亲疏与认知的关系那个命题。关系的话题，跑题率在全国要达到百分之六十以上，但是平均分还在 47 分。同学们想一想，如果跑题了，平均分还 47 分的话，也就是说批卷的老师都有好生之德（学生笑）。真是这样，这个我在现场都看到过，所以同学们千万不要把批卷者想得那么卑劣，不是那样的，他们是很善良的，一看那个孩子写了那么多，有的居然不知所云，我也带来了例子，也不是给了零分。一看真是很辛苦的，也是给了一些分的。你们一定要从心里减掉这么一个应试的枷锁。并且我做过跟踪调查，凡是平时作文好的同学，在高考中得高分的可能性也是非常高的，张老师今天想解开你们的一个心结。如果他就这么写你，我就是那个批卷者，那么让我写评语的话，就是语言幽默，刻画生动，观察细致，满分，还写了省掉下面 600 字，更绝！我就给加上——此处无字胜有字，妙诀！（学生鼓掌）相信张老师，张老师不能骗你们。

师：还有没有？好，那位同学。

生：我写的是现场的一个细节，就是操控摄像机的两位帅哥(实物投影)。

在我们上课过程中，有两位一直专心致志工作的帅哥，他们在今天上午就已经站在那儿了。在这之前，他们可能还有忙不完的准备工作，可见是十分辛苦的。但不易的是，他们却表现出了青年人的从容与自如。工作中，他们专心地将摄像机对准老师，不留一点差错，偶尔笑而不语，仿佛已参透玄机，还不时甩头发、抛眼神。在这如此枯燥的环境中，有着如此自信的表现，我们应为他们鼓掌。

师：好，请你自评一下。

生：我觉得这篇文章从细节入手，对两位摄像的帅哥的描写体现出整个会场非常严肃的气氛，给人一种带有人文气息的感觉。谢谢。

师：谢谢你，另外啊，张老师要给他鸡蛋里挑骨头，这两位帅哥只照张老师吗？

生：我观察得还不够细致(学生笑)。

师：啊，观察还不够细致。好，同学们想一想这两位帅哥，为什么前面一个后面一个啊？后面那个可能主要对张老师，前面这个主要对大家，所以我们说话不能偏心啊(学生笑)。

师：还有没有想说的？好，那位男同学。我们班好像男同学比较活跃。

生：我写了个题目，"公开课"(学生笑)。

上午上了两节语文课后，我拖着疲惫的身子走上车，脑袋里全是董老师给我们传授的各首诗词。吃饭的时候，我还在念叨，"葬我于高山之上兮，望我故乡"。下午又风风火火地来到了这节作文课堂。我喜欢听作文，不喜欢写作文。上课的张老师很给力。这位专家老师仿佛很有经验，说得我很有感觉。希望通过这节作文课，我的作文分数能涨啊涨(学生大笑)。

师：(笑)很现实啊，你评一下他的文章，你有什么感觉？

生：我觉得最大的亮点就是用了"给力"这个词，我很喜欢这个词。

师：但是同学，说实话，张老师真就不喜欢这个词，没关系，你接着说。

生：他用了"给力"这个词，我觉得他结合了现在所发生的一些事情。

师：是不是叫贴近生活？

生：对。

师：是不是这位同学对生活也是有所感悟的？好，这位同学，你来说一下。

生：我想评价一下刚才那位同学，刚刚我也反对了他一次，现在我要再一次反对一下。

师：你们两个是论争上的宿敌吗？

生：我们是很好的朋友，但我觉得好朋友这个时候应该扶他一把（学生笑）。首先，我觉得他身上的某一种东西让我觉得还是很不错的，他很善于把内心想要表达的东西表达出来，如他刚刚写"葬高山之上兮"，很能写出他的心情。他这个人就比较喜欢这个样子，东想西想的，的确他心里有这些东西，他就可以写出来，这一点我还是很赞许的。但他刚刚的那篇作文，太儿戏了。我觉得，这一点不太好，我们写作文也要像做人一样，正经比较好（学生笑，鼓掌）。

师：哦，这的确是一个难题，为什么这么说呢？我同意你的观点，但只是一部分。张老师写文章就跟那位同学很接近，经常用一种嬉笑怒骂的方式，甚至有一点玩世不恭，图个幽默风趣。我觉得风格可以是多样的，你表达出了真实感受，就是喜欢四平八稳的、正襟危坐的，甚至有些凛然不可欺的那种特点。你可以发展你的这种风格，那就是厚重，可以。你有什么想法？

生：哦，我只是，我没有想法。我想的是我能不能念一下我的？（学生大笑）

师：可以啊，张老师很期待，同学们也很期待。请你到前面来。我觉得你很庄重，甚至觉得你有点紧张了，是不是？

生：对。大家气氛这么欢快，所以我就想，我能不能用剧本的形式来表现一下这次的公开课。但是可能我的功底不够吧，我没有把矛盾说出来，也可能是没有写到矛盾。

师：我们先不要评价，先读完再评，好吧？

生：好。

第一幕，空军礼堂之中，红地毯上，万人瞩目之下，老师端站于第一排座位前（跑到台下第一排座位前），手拿话筒，肃立。老师字正腔圆，显得很有气场："同学们，大家辛苦了，上午上了一上午语文，下午咱们接着来，董老师仪表庄重，而我在此略微显得有点微不足道，今天咱们大伙主要来看看对作文困惑的归因。"

同学甲：老师，您是哪里的呀？

同学乙：是啊！

师：我是吉林的，抽空给你露两手。

同学丙：哦，像我这样写什么和怎么写已经搞定了的人，一到讲台上来，拿起粉笔，我就有想教育人的冲动（跑到黑板前，拿起粉笔，学生此时大笑）。

同学丁：（他端庄地站起来说，又跑到台下）同学，你们怎么能这样呢？关键时刻，我是你的朋友，我要扶你一把（学生大笑）。就写了这么多。

师：好，非常精彩（学生掌声）。这位男同学抓住了现场这种生动的、动态的写作资源，这是非常了不得的。你平时有没有记自己随想的习惯？

生：有时候会有吧，主要是受到原来寝室一个同学的影响。我觉得这种习惯非常好，有助于记录自己的灵感。

师：好，所以张老师希望通过今天的交流，你多少得受张老师一点影响，把偶尔变成经常，好吗？好，握握手。如果肯于把自己的随感记录下来，哪怕只是一句话，那这个亮点将来就有可能成为一篇文章。文章很少像王勃那样，倚马可待，下笔千言，我就怀疑王勃肯定是打好了腹稿写的（学生笑）。我一直怀疑，他在肚子里已经酝酿成熟了，刷刷刷，现场就写出来了。这就犹如我们平时，尤其是理科好的同学，在考场上很快就把解题的方案拿出来了，不是你现场有那么多解决问题的方案，而是你平时做了相关类型的题，已经储备了解决问题的方案。看到现场的这个问题，激活了你大脑当中已有的信息，就把整体的方案盘活了。作文也是同样道理。因为你平时不断记自己的随感，在考试的现场，忽然发现那个问题和你曾经记的问题是相同的，你瞬间就产生了完整的解决问题的方案，于是你就洋洋洒洒了。也就是说，没有平时的积累，没有平时的阅读，没有平时的不断感悟，想写这么精彩是不容易的。这位同学起码得益于那位不在现场的室友的启发，可见，我们班级的同学都有热爱生活、关注生活、细心观察生活的特点，课堂就是一个集中表现的地方。

现在啊，张老师觉得有点郁闷。这位男同学，刚才你有个字眼我要说，我说董老师的时候，我没说我微不足道（学生笑）。你如果要说张老师黯然失色，这可能可以，所以说这是用词不够准确。张老师向你提出抗议，希望把这个词润色加工得更合乎现场的情境。

这位男同学的可贵之处在于，他采取一种新的形式，让同学们一下子就能被他吸引，并且他在宣读自己文章的时候还有身体的动作，这就更增加了他表达的愉悦感。他既体验到了愉悦感，又得到了成就感，他写得当然就好了。

同学们想一想，写文章并不是苦大仇深的事，有的时候是非常快乐的。我们吉林省去年的一个满分作文，就和你的这个非常类似。小乌龟刚一出壳，就被一个好心人给扔到海里去了，然后其他的小乌龟都出来了，结果老鹰过来把它们都啄食了，因为人干扰了生物的自然生长规律。我们吉林省的一个考生不知道怎么写，就采取了一种网络语言。他说，一楼，今天我要贴这么个帖子，这个帖子的内容就是他把大致意思一说，然后二楼发言，三楼发言，四楼发言，最后，他作为版主来主持，说大家说得都有道理，这篇文章就写完了。实际上他分别用几楼表达了几个观点，中间还有省略，一直到十二楼。他这个文章得了满分，最主要的原因，就像你今天做的这样，形式上的创新，因为没有人敢写剧本，因为你在今天的语文课堂上第一个吃了螃蟹，结果你就得到了大补。现在还有没有同学想要读一读？好，这位女同学。

生：我念一下我的作文。我写的是我的心理活动，可能文风有点犀利，希望不要得罪到下面的老师。

现在我的心情非常复杂。我端坐在椅子上，脚踏着柔软的红地毯，整个人都是飘的。说实话，在这么多人面前上公开课我还是第一次。台上的张老师正在讲课，虽然没有今早那位董老师的滔滔不绝，也没有罗老师的激情万丈，却也沉稳大气、神采飞扬。台下悦耳的手机铃声接连不断地响起。我突然很想望一望下面的各位老师，喊一声：同志们好。但我明白，作为21世纪祖国的花朵，作为传说中的优秀学生，我必须装得大气沉稳、淡然自若。于是我非常淡定地用余光瞟了台下一眼，又故作镇定地开始转笔。

师：哦，请坐，微言大义，哪位同学说一下她的作文精彩在哪里？

生：我觉得她的文章一般同学都不敢触及，她能注意到这个细节，不是描写课堂上自己收获了多少，而是描写台下的声音，她真是很细心。

师：仅仅是细节吗？

生：还融入了自己的感觉。

师：是不是观察敏锐，语言也不乏尖刻，并且还点到为止，你这个火候了不得呀同学！你写了多少年啦？（学生笑）刚才我们班级那么多同学都非常踊跃地把自己的写作真实地在课堂再现出来了，精彩不断，这就说明同学们并非像给我提的那些问题那样，不知道怎么写。

张老师还想和同学们讲，如果你写，一定要写自己最有把握的、认识最深刻的及别人可能没看到的，并且，真实表达自己的情感。像那位同学，有的老师铃声不断，我就要点，因为我们要是上课铃声不断，老师可能也要批评我们，在人格上我们是平等的。受到同学们的感染，我给同学们读一篇我为了上这堂课改写的一篇文章(掌声)。我写的这篇文章是怀念我的老师的，正好赶上清明节，第一篇我写了五千多字，太长了，我读第二篇，这是怀念语文教育专家张翼健的，题目叫作《为你献上蔡琴的歌》。

(教师朗读，学生鼓掌)

师：这是我在清明节那天写的一篇博文。这篇文章是我发自内心写的。我把翼健先生当做我的老师，我们相处了20多年。他从来不去正面批评别人，总是赞扬别人的优点，我们都没有从他的嘴里听到任何一个人的不是，甚至我们都认为很坏的人，他也从来不说他坏，所以他的品德给我们这些弟子们留下了深刻的印象。我们每年都要用自己的文章对他表示怀念。我后边提到了"悠悠藏香"，我去年清明节写的一篇文章叫作《悠悠藏香为你燃起》。我前一段时间还写了一篇《张翼健，哈哈哈》，因为他集中的表现就是笑，经常大笑。我写了这么几篇文章来表达我的思念，我在这里展示出来。我的意思是说，写文章当然要用真情，要对所写的人或事有深刻的了解，还要把它当成事业，庄重地写。

对于我们同学而言，你的文化的根底主要靠语文学科。同学们通过读书，通过观察生活，得到可能会转为写作的那些素材，并且在观察中形成自己的独特感受，不断获取这样的成就感。希望同学们在欢乐的气氛当中，在充满成就感的气氛当中，拿起你的笔，写下属于你自己的独特的心声。

今天我很高兴，和同学们共同愉快地学习了一个多小时，非常感谢大家，下课(掌声)。

教者有话说：以水附形的开放写作课

继3月29日在吉林大学附属中学上完"议论文之困的归因"一课之后，4月9日在成都七中上了这节"记叙文之困的归因"。本以为高一开始学习的必修3有议论文写作，所以才在吉林大学附属中学上那节课，将其当作试讲。可是，成都的高中不是学完必修学选修，而是学一册必修学一册选修，我认定的议论文写作还没有学到，还是学必修2，是记叙文写作。晚上下了飞机，拿到对学生的调查，我才知道这个情况，之前的所有准备都宣告无效。我连夜整理学生提交的问题，从问题中寻找课堂上要解决的问题。

我事先只提两个问题：

一是作文的困惑，班级共 41 人，提出了 114 条。

二是作文的经验：有 14 人提出了 35 条。

我的统计如下：

	典型问题举例
内容方面 26 条	没有或想不出素材，材料陈旧，无话可说，不知道写什么
表达方面 26 条	想感动人却弄巧成拙，废话多，心中有手下无，空洞，不切实际
审题立意 17 条	偏题跑题，不知从何下手分析题目，立意不新，俗套
行文思路 7 条	行文思路不连贯，毫无思路，思路混乱
好文标准 6 条	自己觉得好却不得高分
感情虚假 6 条	总觉得写出的没有办法恰当地表达自己的感情
字词书写不过关 6 条	有不会写的字词
其他	平时没有写作的习惯，考场上时间不够，平时不注重阅读

统计完已经到后半夜了，第二天还有一上午的准备时间。这是一节空前开放的课，也是一节完全生成的课。如果没有"以水附形"的功底，没有办法在现场"装水入瓶"。

这节课可谓盛况空前，听课者近千人，网易、腾讯网络直播，听课教师短信互动、点评。下面选取部分听课教师的互动内容。

首先，是对本节课的好评，对成都七中学生和我的好评。

※虽然张玉新老师的作文课没有解决作文中的某个局部问题，但他借此堂课极好地传达了他对作文教学与语文教学的观点和看法。他的观点我不敢完全苟同，但他多年来对语文教学孜孜以求、心无旁骛，令人动容。

他回答提问时的旁征博引，他看问题的新颖角度，以及他对"下水写作"的深度体验，无不让人深思。

最后，不得不提及七中嘉祥的学生，他们的表现确实令人感叹万分，得天下英才而教之，实在是人生一大乐事。

※一位可亲近的老师，一堂可复制的课，一片会心的笑声，感谢。

※张老师的课堂引导自然，临场应变，体现了名家风范，我成都一行值。

※教师引导有方，幽默风趣；学生灵气十足，精彩纷呈。

※循循善诱的老师，神采飞扬的学生，别开生面的作文，受益匪浅。

※作文是一条长长的路，我们不可能用一堂课教会学生如何写才能得高分，但我觉得张老的课是在返回作文的本真，那就是写真情实感。

※张老师的课堂太生动活泼了，这节课其实告诉我们作文教学如果能让学生在一次次快乐的写作实践中爱上写作，就成功了。谢谢张老师！

※张教授从容地引导学生通过自己的思维、行动表现去体悟作文的思与写，这样助力更大。拜读文章，思念之情满溢，感悟甚多……

※听一堂课，胜十年书，醍醐灌顶，他山之石；作百字文，评几人书，妙语连珠，抛砖引玉。

※厚积方能薄发，多阅读无疑是写作的前提，老师要写"下水作文"方能带动学生喜欢写作，张老师的文章很能给学生起示范作用。

※找原因，寻对策，切合学生实际；调情绪，动脑手，解决写作困惑。

※平时所见名师是术师，省培所见名师是法师，今日所见名师是道师。

※喜欢张老师的幽默大气，喜欢积极表现自己的这些学生，喜欢你们碰撞出的智慧火花。

※作文课很不好上，张老师的示范文章迫使我重新去审视"要想上好作文课自己就要写好作文"这句话。

※张老师的确是大家，这一节作文课太真实了，帮助学生克服了不知写什么和怎么写的畏难情绪，激发了学生的表达欲望。

※什么是作文？就是表达内心感受的文字。什么是课堂？就是充满思考和思辨的交流。什么是教师？就是能从容应对突发事情而且博学的人。张老师的这堂课让我们看到了成功课堂的本真。也许不够华丽，但让人感动。我相信学生会记住这堂课的，而且终身受用。

※张老师为我们演绎了一堂真正的生成性语文课，这是我期待很久而不遇的，感谢张老师！

※"问渠那得清如许，为有源头活水来。"张老用自己的平易与睿智，引出了一堂

精彩纷呈、掌声不断、笑声四起的作文课，给了我无尽的享受与启发，谢谢！

※这是一堂让人轻松愉悦的作文课，在笑声中脱下了作文苦涩的外衣，显露出了美丽动人的内涵。如果学生能一直这样学习作文，那还有什么比这更幸运的事呢？

其次，是对课堂某些环节提出的问题。

※老师，感谢您呈现了一堂精彩的作文课，您的文章也很好，但作为结尾，是要让学生知道什么呢？

※我认为也许最后一个环节可以换换。一、进行方法总结；二、展示高考作文。

※在课堂结尾展示怀念之文略显沉重，如能和学生现场写的题材保持一致，效果是否会更佳？

※张老师举重若轻，完备课程于教前。注重亲民，经验来源于身边，激发了学生的好胜之心。先定材料后求题文，课堂精彩，亦存几许滑题之嫌。

最后，是希望我解答相关问题。

※专家教精英精彩纷呈，但大多数老师面对的是阅读贫乏、思维欠活跃的学生，怎么引导他们更为有效？请指点，谢谢！

※张老师，你如何看待高中作文的模式化结构问题。我来自农村中学，请你对我们农村中学的作文教学提点建议，谢谢！

※老师你好，我在作文教学中的最大困惑是现在的作文形式重于内容，假大空的东西太多，而这样的作文还常常得高分，你如何看待？

※请问张老师，你的作文教学有一个明确的序列吗？

※听了张老师的作文教学课，我受益匪浅。作文教学要有成效，就必须注重学生真实的情感，充分激发他们的表现欲。请问张老师，如何有效落实高中生的阅读教学？

※率真、幽默的张老师让我知道，原来可以这样真实地面对学生，让他们知道作文求真、做人求诚。这些似乎也在我们的随笔中逐步践行。但一回到考场作文中，我们似乎又迷茫起来，学生造假作文远远多于发自内心的东西。对此，我很困惑。

※你觉得你的课帮学生解决了"怎样把写作知识转化为写作能力"这个问题了吗？

※张老师，如何把班主任和教师两种角色有机结合起来？我现在往往觉得自己的角色不伦不类。

※张老师，面对学生的有口无言，有言无心，有心无情，怎么办呢？高考中作

文要求和立意怎样与自己的实际生活相联系呢?

下课之后，我快速浏览了老师们的互动信息，以及会议主办方提交给我的交流提纲。

写作教学的策略

命题:

第一，高中新课程实施中教师教学行为转变的研究。

第二，怎样的教学与教研状态能够适应新课程的要求?

第三，在新课程背景下的高中语文教学如何正确处理好传统语文教学的经验与新的现实要求之间的关系?

我有针对性地列了下面的回答提纲，可惜没有及时整理出文字。

回答:

第一，只有自己会写，才能教别人写:教师教学行为首先要转变。

首先，先做学习者，然后才能做教师。

其次，常见的几种写作形式(写人、写事、写景，杂感、随笔)。

第二，只有弄清学生已有的状况，才能对症下药

首先，在思维上哪些方面可以直接使用

其次，应该怎样把写作知识转化为写作能力(实践，而不是理论)

第三，只有引导学生去写，才可能写好:写作的自主性与主动性

首先，在内容上:源头何在——生活、读书

其次，在逻辑上:思维的相关序列——归纳、类比(合情推理)

"原生态"教学的社会反响

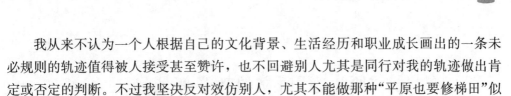

　　我从来不认为一个人根据自己的文化背景、生活经历和职业成长画出的一条未必规则的轨迹值得被人接受甚至赞许，也不回避别人尤其是同行对我的轨迹做出肯定或否定的判断。不过我坚决反对效仿别人，尤其不能做那种"平原也要修梯田"似的亦步亦趋、邯郸学步的做法。学习别人是"法其所以为法"，而不是其具体的做法。

　　有媒体希望了解"原生态"教学而采访我，也有学界权威人士对"原生态"语文教学做了点评，还有一些语文名师描述、评价我的"原生态"教学，"导师工作室"的学员对此更有切身的体悟。

图 4-1　漓江留影

专家学者与特级教师的评价

　　我始终把自己定位在语文教育教学的实践者上，我是从教学一线中走出的，我就是中学语文教师和语文教研员。我的"原生态"教学能够得到语文界著名专家学者的点评，得到特级教师同行的褒扬，尽管我知道其中不乏溢美之词，但心中窃喜也是掩饰不住的。

"原生态"语文的教学新场域

山东师范大学文学院博士生导师　曹明海

应该说，张玉新这部书稿倡导的"原生态"语文和"家常课"教学，既朴实，又鲜活、接地气，读时让人感到扑面而来的是一袭语文清风。认真品味"原生态"语文，透视分析"家常课"教学案例，可以发现它给语文教学创设了一个学语文、用语文的生态场域，其明确指向是引导学生深入语用活动，进行具体的生态体悟，即通过"原生态家常课"的教学活动去激活学生的语用能力并敏锐地品味当下的"语言建构与运用"的语用智慧，突出"原生态"语文教学的语用生态价值。实际上，张老师从教学实践的操作层面拓开了"原生态"语文的教学新场域。

首先，我们得以明确的"生态"是生态学的概念，它被赋予"可持续发展的生态场域"的含义。张老师倡导的"原生态"语文，即用生态的视角透视我们的语文教学，强调"原生态"语文是一个学语文、用语文的生态场域。他对"原生态"语文教学新场域的营构，能促使教师、学生、教材构成的教学整体与语用场域环境和谐共存。为此，张老师大力倡导并构建语文家常课的"原生态"课堂。从其践行的"家常课"教学实际来看，"原生态"课堂在语言运用与生活世界之间建立起了普遍又实在的联系。语文课程标准中指出，学生应能具体明确、文从字顺地表述自己的意思，"具有日常口语交际的基本能力，在各种交际活动中，学会倾听、表达与交流，初步学会文明地进行人际沟通和社会交往，发展合作精神"。"原生态"语文"家常课"显然就是开拓这种语用学习生态场域的有效形式。

其次，在教学考察中发现"原生态"语文"家常课"教学有其特殊性，即要求把握语言，学习语用，彰显"原生态"语文的教学本色：一是"家常课"语用的生态拓展，特别是"原生态"课堂与语用思维的发展紧密相关，而语用思维的发展源于语用活动，这显然是一种语用经验的参与；二是"家常课"语用的习得，借助于特定的语用生活情境和生态场域，特别是语用能力包含实质性的生活经验和语用体验；三是"家常课"语用学习是实质性的，它的教学途径不局限于狭义的生态课堂，而面向广大的语用生态场域，因为生活世界的变化、生态场域的拓展对语用学习具有直接的影响。

这种特点决定了"家常课"要切入教学实际，着力于展现语文的"原生态"追求。实际上，这是张老师"家常课"教研的特色，也是"原生态"语文的教研成果。他出版的专著《张玉新讲语文》《在形下之作与形上之思间徜徉》等，每一本书都有新的突破，都是对"原生态"语文教学的智慧构建，凸显着"家常课"特有的教学魅力。在"家常课"教学活动中，学生语用知识的掌握、语用能力的提升等方面都以开放的生态场域为基础。"家常课"的语用与生活互为借助、相互融浸是"原生态"语文教学的基本特色。

最后，"原生态"语文"家常课"体现在语言运用的教学之中，语用学习就是在语用生态活动中实现的。就"家常课"的语用教学实际来看，无论是声情并茂地朗读，或者写一手漂亮字，还是生动地演讲，都是"家常课"的教学实"功夫"。有了这几项拿手功夫，可以使"家常课"强化语用教学的生态场域，强化语文教师的教学艺术性。在强化这几项教学技能的前提下，张老师还积极尝试不同的课型，力图做"原生态"语文的教学"多面手"。他上得多课型的"家常课"，覆盖面很广。他不上重复课，力图各有突破，且都获得了成功。笔者看到这种"家常课"的多课型教学，无论是诗歌《雨巷》，还是小说《植树的牧羊人》、文言文《小石潭记》，以及非文学文本教学《宇宙的未来》等，无不使学生以掌握语言、学习语用的方式成长，而且不同课型的教学也都潜隐着特定生态场域生成的情感和精神的底色，发挥着促进学生成长和提高语用能力的作用，为"原生态"语文"家常课"教学促进学生整体发展提供了保障。实际上，在"家常课"的教学实践中，学生都以学习主体的身份参与到语用生态场域中，将自身成长置入生态场域来促进个体发展。

总之，"原生态"语文是对生活世界的投射，"家常课"的教学为语文教学展示了一种特定的、鲜活的语用生态。学生在生态场域中拥有了语言，掌握了语用。实际上，这样的"原生态"语文、"家常课"教学与学生的身心成长、情智发展紧依为伴。"家常课"语用活动就是教学的一种生活样态，就是学生与语用生态场域的同构。在这样的"家常课"教学中学生能够豁然认识到"教室的四壁不应成为水泥的隔离层，应是多孔的海绵，透过多种孔道使教学和学生的生活息息相通"①，即将"家常课"教学活动的"触角"延伸到生活世界和语用生态场域的方方面面，使学生与语用的生活世界、生态场域豁然贯通。

---

① 刘征：《刘征文集》第 1 卷，374 页，北京，人民教育出版社，2000。

"原生态"语文在生长

上海师范大学博士生导师 郑桂华

　　2017 年高中语文课程标准以培养核心素养为目标，以学习任务群为语文课程内容的结构单位，为高中语文教育带来不少新气象。2022 年修订的义务教育课程标准，随之推出了一些新的构想，继续推动语文教育的探索。这些探索也许会让部分教师产生这样的错觉：中小学语文教育是不是又要掀起一波概念翻新的浪潮？我怎么才能跟上不断变化的语文教研时尚？可是，实际情况并不是这样的，有价值的教育探索都要遵从教育的基本规律，都要抓住学科教育中一些基本的问题，都要付出长期、实在的努力，如此，才能摆脱具体口号的是非之争，才能超越具体做法的长短之较量，才能不受时尚变化的影响，使自己的探索慢慢对学生学习有效，对他人有借鉴作用，对改善整个学科教育有启发。吉林省特级教师张玉新探索"原生态"语文的过程，就说明了这个道理。

　　按我的理解，张老师倡导的"原生态"语文的第一个支撑是对教育和教师职业的基本认知。教育是关于人成长的事业，教师的主要职责固然是授业解惑，但是我认为他对学生求知权和发展权的敬畏，还应该排在其先。刚走上岗位、初为人师的张老师诚实面对学生的需求，针对自己学养不足可能会耽误学生的恐慌，暗中立下"长能耐，立规矩"的誓言，从此开始练文本解读、练朗读、练口头表达、练写作、练板书，渐渐向"全能型教师"迈进。此外，张老师真实地面对课堂，不为赢得一时的课堂效果去使用"技巧"，也不安排试讲，不背教案，更不会按预先设计的剧本导演课堂教学。这些做法的背后都是一个"实"字，即为师者首先要诚实地对待学生，诚实地对待课堂，然后才谈得上研究和掌握教育规律。张老师自己也说："'必须用他们熟悉的、生活化的语言教他们'——这正是我的朴素直觉的'原生态'教学观的肇始。"

　　张老师倡导的"原生态"语文的第二个支撑是他对语文教学的理解。在语文教育观、语文课程观确立以后，语文教学的基本问题主要是回答"教什么"和"怎么教"。在这两个问题上，国内语文教育界虽然有许多主张和做法，但无非可以从这几个角度来划分，有的偏重精耕细作，有的偏向大语文；有的偏向工具，有的偏向人文；有的偏向阅读，有的偏向写作；有的偏向教师教，有的偏向学生学。张老师的语文教学并不是从理论出发去论证语文应该教什么、应该怎么教的，而是撇开各种芜杂概念的纠缠，直接从语文教学的现场寻找影响语文教学的关键问题，然后找到改善的方法。张老师在教学上有两个特点十分突出。一是以文本细读为切入点，发现教学的契机。他习惯从教学文本的内部入手备课，通常都是把课文抄写下来，在上面批注，形成自己的见解，课堂上与学生交流自己的读书研究所得。二是教学方案围绕学生的疑点来设计，教学过程按学生在阅读中发现的问题走。

从文本细读入手，收获的不单纯是教学抓手，也是师生情感、智慧互动的对接点。正如张老师所说，只有"自己成为读者了，才能体会学生这个读者群体的感受"。这个切入点往往也是学生进入该段学习之旅的动力之源。从表面上看，以文本细读为备课和教学设计的抓手，很容易生出一些担忧，如对一些篇目读得过细、过精，很容易使学生的眼光局限于某一篇课文或某一个具体问题，从而影响学生的视野和思维方式。从张老师的其他教学主张和教学实录反映的实际情况来看，这种担心是没有必要的。张老师不是不知道语文学习功夫在课外的道理，不是不抓学生阅读、写作等积累的数量与广度，这从他的许多教学实录中可以看出来。学生课堂回答中涉及的知识和阅读面很广，我们从一个侧面能看出教师平时对学生这方面的训练质量。只是他倡导的课外阅读是与课内学习融合在一起，为提高语文教学而服务的，而不是作为一种标签在使用。

张老师倡导的"原生态"语文的第三个支撑是他鼓励学生和自己践行的批判意识以及研究意识。生活中处处有疑难，语文学习也不例外。《论语》中有"学而不思则罔"的警戒，但是，要在语文教学中落实会遇到许多障碍，如对课文名篇和名著，师生就常常有崇拜心理，对教学参考和前人的研究资料常常有敬畏之心，对前辈名师的教学经验常常怀崇敬之心，在课堂教学中常常占据主角位置的教师久而久之也容易生出不容置疑的权威心理。如果再加上对考试的畏惧、对分数和排名的追逐，那么本来能展现生命活力、富有生机的语文学习自然会走向"异化"。在张老师的教学和研究经历中，质疑教材名篇中的问题、不盲从教学参考书的现成答案，都是常规的做法。从他的教学实录中我们能发现这样一种现象，如果不是有原则性错误，他不太注意纠正学生回答中的一般问题，尽量保护学生的自尊心和学习主体地位。在带教青年教师的过程中，他主动破除自己的权威形象，鼓励年轻学员给自己的著作挑毛病、找漏洞，这是难能可贵的。他做教研的出发点、他的许多研究成果，也直接来自语文教育中存在的问题。这些做法与他的"原生态"语文教育观也是十分吻合的。

认识玉新老师十余年，工作以外的交往并不多，只知道他喜欢赏花，似乎也不在乎花的品种；喜欢钓鱼，却不在乎是否钓到；喜欢喝茶，好像白茶普洱也都好。不知道这些与"原生态"语文有没有关系。我真诚希望我国的语文教育生态健康且富有活力。

图 4-2　论道珠海

原生态·家常课·大乘语文

——张玉新语文教育理念与实践

华东师范大学教授、博士生导师　张新科

一、原生态

近代以来，西方列强的侵凌引发了国人的屈辱感和恐惧感，一些有识之士学习西方，采取自强的措施，即"师夷长技以自强"。我们在学习西方的过程中也会出现盲目崇拜西方、全盘否定自身的心理，往往会照搬西方的教育理论。结果是中国的实践成了西方理论的注脚，或者是证明其正确的例证。不是说不要西方的理论，而是要将其当作解决中国问题的参照或者工具，因为任何理论都有其产生的时空和对象，换一个时空，换一批对象，也许它在很多方面就难以适应。当下的语文教育也应该探究中国人学习汉语言的规律，并开发出有针对性的教法。在张老师的语文教育论著中，我们很难见到西方的教育理论、概念、模式，其说法和做法立足于中国国情，符合中国学生的心理和汉语言的特点，体现了"语文的民族化"。我研究过清末民初写作教育史，梳理了数十种写作教学模式。我发现自己特别喜欢 1914 年钱基博提出的"作文—讲文—读文"教学法、1934—1935 年吴震春提出的"轮廓抒写合一作文法"、1936—1939 年于在春实验的"集体习作"教学法。这些教学方法是这三位在中小学任教的老师总结十几年甚至几十年教学实践的结果。

张老师提出的主张并不是根据某种现成的理论推演出来的，而是在漫长的实践中逐步归纳出来的。在执教之初，李光琦告诉他"长能耐，立规矩"这"六字真诀"。他面对一群学生，在日常教学中意识到"必须用他们熟悉的、生活化的语言教他们"；"教学生学会的自己要先学会"；"从教学文本的内部入手备课的，通常都是把课文抄写下来，在上面批注，形成自己的见解，课堂上与学生交流自己的读书研究所得"；"努力成为语文教学的多面手"。只有这样学生才愿意听你的课，语文能力才能提高。在成为教研员之后，面对普通的教师，面对各式各样的语文说法和做法，他沿着最初的思考和实践，在公开课的设计、学术讲座的准备以及教研论文的撰写中提炼自己的思想，提出了"原生态"语文教学观。"立足于方便学生学习的教学，而不是方便教师教学的学习。""摈弃雕饰与浮躁，讲求朴实、扎实、真实。""回归到学生真实的生活世界，尊重学生的自然本性，以学生的现实水平为基础，使其在教师的指导下得到普遍的提高。""是学生在场的，真实性参与的，没有虚饰的，诗意、灵性、激情、浪漫、朦胧、神秘的自然真实的课堂教学状态。""学生在自主、自由的学习中体会到学习的快乐，激发学习的热情、内在的潜能，主动地探究、发展，并形成良好的学习习惯。""学生在语文学习过程中经常产生高峰体验，即使人豁然开朗、幸福快乐、欣喜若狂、自我实现的体验。"接下来，张老师的研究领域将由"原生态"教学向"原生态"课程（教材）和评价两方面拓展，进一步完善"原生态"教育的理论体系。我相信这棵种植在黑土地上的种子，经过数十年的生长，现在已经是枝叶繁茂了。

叶圣陶在《吕叔湘先生说的比喻》中说："教育的性质类似农业，而绝对不像工业。工业是把原料按照规定的工序，制造成为符合设计的产品。农业可不是这样。农业是把种子种到地里，给它充分的合适的条件，如水、阳光、空气、肥料等等，让它自己发芽生长，自己开花结果。"[①]"自然生长"的才是真正"原生态"的，教师辅助学生自己成长的语文教育才是"原生态"的语文教育，基于这种理念的语文教育研究才是"原生态"的语文教育研究。就像张老师说的，他要"研究语文学习的一般规律和特殊规律，帮助学生找到适合自己的特殊规律"。

"原生态"的语文教育理念是系统的。在"原生态"教育理念的指导下，张老师探讨的对象不仅是学生、教师、教学、学习，还有课程（教材）、评价；不仅是阅读教学，还有写作、口语教学；不仅是教学目标、内容，还有教学过程、手段和方法，不仅对语文教育的方方面面进行了思考，而且注意到了各方面的相关性，初步构建了一个语文教育的生态系统。

二、家常课

教育学是一门应用型学科，如果只停留在理念和理论层面探讨而不将理念、理论在实践中落实、检验，那么其价值会大打折扣。张老师提出的"家常课"的概念及

---

① 叶至善、叶至美、叶至诚：《叶圣陶集》第 11 卷，286 页，南京，江苏教育出版社，1991。

其在《怎样上出魅力家常课——有效语文课堂的构建智慧》一书中呈现的"家常课"，就是"原生态"语文教育理念在教学上的集中体现。也可以说，可能是早年的"家常课"催生了他的"原生态"教育理念。如果说"原生态"语文教育理念是体，那么"家常课"就是用；如果说"原生态"语文教育理念是道，那么"家常课"就是术。总其特征，有如下四点。

一是朴素不花哨。"家常课"如同家常菜。家常菜和店家菜原料差不多，有时制作工序会有一些差异，有无卖相往往是二者之间最大的差异。张老师的"家常课"注重实效，不追求好看。他说："不加雕饰，原汁原味"；"我按照教学进度上课，从不挑课，而且不计较所谓成功与失败，只管展示我的原生态追求"。别人来听课，"不试讲，不雕饰，全程真实'现场直播'"。

二是求新不立异。张老师反复提出"家常课要本着合乎语文教学之道的'想法'，在'做法'上落实"，要"回到语文教学原点"，要"返璞归真"：学生怎么学（用）语文，我们就要怎么教语文。张老师总结的"懂事儿、知趣儿、品味儿"古诗文教学"九字诀"，契合古诗文的文体、语体特点，符合学生阅读古诗文的一般心理过程。他认为，写作教学要先自己会写，然后总结自己的写法，最后去指导学生的写作。写作教学的整体布局要分两步走："如水附形"（发挥教师会写的优势去引导学生写作），"装水入瓶"（时机成熟时根据每个学生的特点打造其作文特色）。可见，张老师的教学是在强调符合规律的基础上求新，不一味地追求与众不同。正如他所说："有魅力的课各具魅力，总是有共同的因素，这就是规律性的、可借鉴、复制的经验。"他的求新是发现了别人没有发现的常理，发明了别人没有尝试过的做法。所以，即便同样是"家常课"，他的"家常课"也与众不同，他已"形成自己的教学风格"，"注重课堂大容量、快节奏、灵活多变的教学风格，纵横捭阖的论辩气势"，所以上成了魅力"家常课"。

三是讲智慧而不讨巧。张老师说："要努力上有魅力的家常课，这样的家常课需要智慧。"大智慧与小聪明的区别在于前者重道，后者重技。什么是智慧？哲学家冯契认为："意见是'以我观之'，知识是'以物观之'，智慧则是'以道观之'。"[①]这让我们想起了庖丁解牛。庖丁在解剖过无数头牛之后，熟知了牛的结构之"理"，解剖之

---

① 冯契：《〈智慧说三篇〉导论》，载《冯契文集》第 1 卷，10 页，上海，华东师范大学出版社，1996。

"道"。他再解剖单个牛时就能做到"目无全牛",即在其眼前已不存在单个、具体的牛,而是从牛群体中抽象化了的一个"牛",所以每一刀都能切中肯綮。张老师认为,备课时当自己把一篇课文理解透了,"形成一个简明扼要的板书",那么"课堂教学就无论从何处入手,都会圆合。有了这样的功底,我就善于抓住学生触发的动态的课程资源,'切入点'往往新颖独到,成为课堂教学的'一指禅'"。他的"指"犹如庖丁的刀。他的"家常课"注重对整体结构的把握,然后寻找切入点(关键点),不陷入单纯的、局部的精巧设计,所以上得游刃有余。

四是有模式而不僵化。教学模式是教育思想、理论与教育实践的中介,一方面将教育思想、理论具体化,另一方面从教育实践中提炼出符合教育规律的相对固定的程序和稳定的做法。所以,成熟的教师的课都是有模式的。除了上面提到的古诗文教学模式、作文教学模式外,张老师还构建了"宏观阅读、微观阅读、比较或归纳阅读"阅读教学"三部曲"。不过,因为课文、学生、课型的不同,模式也要随之改变,就是不能模式化。他说:"'三部曲'并非固定、封闭的流程。初中低年级教学,宏观阅读、微观阅读所占位置比较重要,对比或归纳阅读则相对次要;初中高年级则宏观阅读比较次要,微观阅读、比较或归纳阅读比较重要。高中低年级教学,宏观阅读应该课前通过预习完成,微观阅读是主体;高年级则归纳或比较阅读是主体。"同样是小说教学,同样是运用"三部曲"设计,《林教头风雪山神庙》与《断魂枪》的教法就不尽相同。

三、大乘语文

在我看来,张老师的"原生态"教育理念和"家常课"的教学主张的终极追求是"大乘语文"的境界。我想比较一下大乘语文与小乘语文以及二者与红尘语文的区别。

为人还是为己,是大乘语文与小乘语文的区别。佛教分小乘与大乘,小乘追求自度(自我解脱),大乘力求度人(普度众生)。语文也是,大乘语文为人,真正是为了所有学生和广大教师的成长,乃至国家、民族的进步。张老师提出的"原生态"语文教育理念及"家常课"的教学主张做到了真正从学生出发,探求学生学习语文的基本规律;为普通教师服务,研究日常语文教学的基本教法。按照他的说法,就是从"'独善其身'式的教学走向了'兼济天下'式的教研"。

张老师践行的大乘语文的教育理念是在黑土地上孕育、生长起来的,以"原生态"为道，以"家常课"为术，追求大乘语文的境界。他以主持"张玉新导师工作室"的形式培养语文教师，以教育部普通高中语文学科吉林教研基地主持人的身份带动吉林省高中语文教学。他还一直参加中等职业课程标准的研制、教材的编写，参加学术会议，举办学术讲座。他的理论和实践从东北向全国辐射。

文（学）如其人。一个人的性格和学问既与其生长的环境（风物）有关，也与其密切交往的师友有关。张老师的语文教育理念的形成也是如此。张老师每年都会数次云游江南，或担任大型教学比赛的评委，或给一线教师做讲座、示范上课，与南方的同行过从甚密。更为关键的是出生于湖南、长期在吉林求学和工作的张翼健先生对他有深刻的影响。张先生比他年长22岁，如师如父般地影响着他的成长。他们先后在附中教中学语文，担任语文教研组长，又先后在吉林省教育学院担任语文教研员。张先生主编了长春版《义务教育课程标准实验教科书·语文》，他始终是主要的编写者。张先生去世后，他成为这套教材的教师用书的主编。这种影响可能不是具体的语文教育的观点，而是一种精神、品性、趣味。2008年，郑国民老师从吉林送别张翼健先生回来后对我说："很多六七十岁的人都在痛苦流泪。"我一直想知道是何等人格能让这么多的人因为他的离去而如此伤心。我在写这篇文章时，让张老师传给我他曾发表过的一篇文章。文章题目我忘记了，我只记得里面他提到自己留下了张先生用过的茶壶。张老师传来的《淡墨痕中君犹在，紫砂壶里茶未凉——追忆翼健先生》，里面写到张先生爱好书法，喜欢喝茶。他引了两副张先生抄录的对联"海纳百川有容乃大 壁立千仞无欲则刚"和"宠辱不惊看庭前花开花落 去留无意望天上云卷云舒"，以及抄录的"与有肝胆者交友 从无字句处读书"和自撰的"留得一副肝胆在 酒壶空了端茶壶"。他围绕这些联语，记叙了与张先生相关的人事。我想摘一些特别让我感动的句段："王鹏伟兄说先生的君子风度是与生俱来的，没法学。听了心里发慌，真是那样我就绝望了。但我宁肯坚信先生的风度是后天的，这样好歹给我等一点学习他的信心。""在长春版教材编写会议上，中间休息。翼健先生和柳玉峰兄坐在相邻的位置上抽烟，还聊着什么。从吐出的烟圈就知道一时谈得入港，但见玉峰兄忘形地脱了鞋，把那双袖珍的小脚放到了桌子上——一个爷们儿，穿三十九号的鞋——正冲着翼健先生。看袜子的清洁度知道不会没有味道。可是先生脸上并无难色，依然谈笑风生，如鲁迅先生写三味书屋的寿先生那样笑得身子拗过去，拗过去。今年9月18日先生祭日那天，玉峰兄对着骨灰盒，一跪，三磕，一哽咽……"

这份情，没有先生之包容，是装不出来的。"翼健先生给人的印象是儒雅，君子风度，中庸公允，绝少桀骜，让人觉得性格偏弱。那你可错了。先生之刚性了得，原则上决不妥协退让。不过顾及生者，对人对事不易明言，一则敏感，二则无益，不能说得太实。""即使这位后来刻意谋财，声名比穿短裤上班还狼藉，但翼健先生说：'他对父母很孝顺。'""翼健先生不仅有容，且有情。他不是很散淡吗？是的，有时我甚至觉得在亲情上也是淡淡的。我又错了。他的情感表达，是淡淡的面子，浓浓的里子，从不张扬。""2005 年 6 月底，我父亲遭遇车祸不幸去世，当我在抢救室无助地悲痛的时候，翼健先生最早到了医院，看着父亲的遗容，他的哀容让我又一次止不住痛哭。虽然父亲已经去世，但那一刻，我又重新获得了父爱。彼时的情景如在眼前。这一次，翼健先生也离开了，我如丧考妣。我和最亲密的朋友说过，这个'如'字贴切得无法形容。""翼健先生之有情，由亲及疏，由家及国，有私情有大爱。""鹏伟兄不是继承了一方端砚吗，我继承了一把紫砂壶。如果说鹏伟兄要在书法上继承先生，眼下还不行；但是我在品茶上继承先生，则有所成矣。怎见得？先生在世时曾对一干人讲：'玉新喝茶是跟我学的，现在超过我了。'然后哈哈一笑，我则会心一笑而深以为然。"然后他花了一千多字谈和张先生喝茶的往事。"若说翼健的缺点，我以为唯一的缺点就是相人往往失准，因为责人太宽。他之相人，惟视其长，不计其短。为何有人说，好人自然说他好，坏人也说他好？""呷一口紫砂壶里的龙井茶，茶正香醇，豆香浓郁。紫砂壶还是那把紫砂壶，一样的龙井茶，却不见先生的身影，只见和先生在欧洲的合影，我不能再想了，我的眼泪又流出来了……"①我之所以大段摘录这篇追忆张先生的文字，是因为这是解读张老师和他的语文教育理念的关键。后来，我请张老师再写一点他和张先生相同的经历，他在最后一段写道："他培养了一批在国内享有盛名的语文教师，这一点我也一样。但是由于我没有行政职位，工作没有他的力度与影响面。他是在副院长的位置并以语文教育专家的身份本着热爱与责任传续语文教育的薪火，我没有这样的地位，是以草根的身份做着相同的事业。可以说，我们都是工作过两个相同的单位，却因为机缘没能成为同事，但是是一脉相承的。我在他逝世之后的 10 年里一直为他扫墓，编辑出版他的著作，直到今年出

①　张玉新：《淡墨痕中君犹在，紫砂壶里茶未凉——追忆翼健先生》，载《语文教学研究》，2009(9)。

版《张翼健语文教育论集》，使其著述遂成完璧。"对于一个读书人来说，没有比传递学术薪火更神圣的事，没有比怀念师友的情谊更让人动容。回归学术的原本，回归教育者的初心，这是驶向大乘语文彼岸之筏。

"原生态"的关东汉子

黑龙江省牡丹江市第二中学特级、正高级教师　董一菲

讲语文如沏茶，讲究的就是坚持茶的原味，把本真的茶味散发开来，这也许正是他的"原生态"语文之道吧。

2000年4月3日那天上午，我在附中的学术报告厅听讲座。主讲者是一位犀利、睿智、幽默的中年男子，他从语文教育民族化讲到教研组建设，讲到京剧，讲到茶文化，讲到语文。

我们听得痛快淋漓，太有思想了，嬉笑怒骂皆成文章。听付琪大哥说，他就是张玉新，附中的语文教研组长。

玉新兄的课简洁利落，他说他的课是"原生态"，那真是元气淋漓、张力十足的"原生态"。

我曾邀请他来二中上观摩课，他真是把我的徒弟们上得目瞪口呆。

他却说："你们听你们师父的课听多了就像是精米白面吃多了，来点粗茶淡饭换换口味。"

这话可是太谦虚了。

他在我们班上了一节作文思维训练课，讲的是逻辑归因。他以一篇文言文《种树郭橐驼传》为例，简简单单，又像是变魔术似的，只需一会儿，一个复杂的逻辑问题就解决了。匆忙中他没带教材，学生也没拿教材，可是教材和学生都在他心中。他就像一个气定神闲的纺织高手，很快就把一团乱麻条分缕析了。

没有惊叹号，没有所谓外溢的激情，他对一切附加和附丽都不感兴趣。

粗服乱头不掩国色。

玉新兄评我徒弟世峰的一节课。他没有满口理念，滔滔不绝，而是发问："世峰，你觉得你这节课上得怎么样？成功在哪里？还有哪里不足？"他一路追问下去，

十几个问题下来这一节课的成败已昭然。

他的"原生态"就是绝不独享话语霸权，绝不让自己的思考代替别人的思考，于是评课成了即兴访谈，问题巧妙却绝不伪饰。

他讲过一节"后朦胧诗"专题课，简单到令人瞠目。他选了大约五首有代表的诗，让学生读读、说说。所谓说也不追求高深华丽，只要能说出与传统诗歌的显著不同就好。

课上得轻松，简直是愉快。他和孩子们都处于极其放松的状态，而触动之大、收获之丰、影响之深远却是远远出乎人的意料。

如果说"后朦胧诗"摈除了一切意象和华美，那么玉新兄的"原生态"语文就是一首"后现代诗"。

粗粝、理性、散装、自然而然，呈现的是语言文字思维的野性生命力和健硕之美。

他几次来我校上课、评课，给我的学生和徒弟带来的都是审美价值的全面颠覆，我们班的男孩子尤其崇拜他。

玉新兄的"原生态"语文是绚烂至极后的素朴。

玉新兄是一个典型的东北汉子，古道热肠，豪爽大气。这一性格不仅成就了他的品格，而且成就了他"原生态"语文的教学风格。

《劝学》上得比"劝酒"还热烈。

《念奴娇·赤壁怀古》从豪放到奔放到笑谈。

《打渔杀家》更是充满了铜锤花脸的豪气。

玉新兄喜欢喝茶，绿茶、红茶、乌龙茶、普洱。他深谙茶道，尤喜沏茶、烹茶。绿茶清冽，红茶浓郁，乌龙醇美，普洱烈烈。他会开心地说："讲语文如沏茶，讲究的就是坚持茶的原味，把本真的茶味散发开来。"这也许正是他的"原生态"语文之道吧。

原生态"野狐禅"的魅力

云南省曲靖市第一中学特级、正高级教师　任　玲

　　与玉新老师相识，是在十四年前到东北师范大学参加骨干教师国家级培训的时候。其时他执教于附中，担任语文教研组长。我们去学校考察学习，参观了富有书香气息的教研组，听了他一节"家常便饭式"课——《劝学》，还听了他一场信手拈来的"聊天散谈式"讲座。其间得知他是第一期国培班学员，算是我们的学长。

　　印象里，那一次考察对我们的冲击很大，好些学员撰写考察心得时都特别言及其课其人其论，我也不例外。他给我们的冲击之一，是敢于呈现"自然课堂"的勇气和大气。说勇气，是因为在我们看来，这样的场合，竟然可以不去求设计的"精致"、环节的"巧妙"，而是坚持课堂常态，与学生自然对话，在点拨中推进课堂。这显然不是取悦参观者的课堂，而是学生需要的课堂。那个时代，仿佛提及名师，总是与"模式""典型"联系在一起。这样不求输出"样板"的名师，不拘泥于"版型"的名师，反而令我们眼前一亮。说大气，是因为他的课上有一种不拘泥于固定章法的自然随意，这番行云流水的从容通常是老教师才具备的智慧。三十几岁的年轻教师，能有这番底气，能超越对"技""术"的追求而至"道"的境界，确实让人吃惊。

　　他给我们的冲击之二，来自他海阔天空的讲座。在我看来，他随意散淡的话语里，信息量相当之大。用几个字形容，可谓之"狂""新""实""活"。狂，是青年才俊面对固有模式、典型样板的无所畏惧的大胆思辨与取舍；新，是现身说法中对教师职业发展不同阶段的恰切把脉，还是切合时代把学生当作"人"看的种种唤醒；实，是对一线教师深有启发的诸多尝试与实践；活，是一个年轻教育者、一个生龙活虎的教研组团队释放出的教育激情与能量。对于骨干班的学员而言，不迷信、不拜倒，自信、自创，这是多么重要的警示。我，得到了这番警示。

　　"原生态"的东西，正是充满生命力的东西。很多年来，那堂课和那场讲座一直佐证着这个判断。后来与玉新老师接触多了，便知道不只是当年的印象如此，他的谈话式课堂、写意式课堂，他的语文教育诸多主张，全都像他的"野狐禅"一般，不刻意造作，不拘泥版型，自然本真，寓庄于谐，蕴藏着生命的能量，充满张力，魅

力无限。

印象中，他有很多启人心智的论断。他说，语文教学要启迪灵性，教师要学会自我解放，语文教师要有自己的个人魅力。关于学习名师，他说，每个人的成长之路都是不可复制的，莫向笼中学百灵。关于作文教学，他说，不要迷恋技巧，莫向指上听琴声。关于文言文，他说，探寻传统文化的现代价值。玉新老师从不信到不服，从独立到独创，从思辨到实证，从做法到说法，一路走来，不拘泥一法，不局限一时，不断超越，但有一些东西却始终不变，就是他的本真和灵性。令人惊讶的是，别人做起来困难的事，到他这里却可以变得简单轻松。他继承和发展张翼健先生"语文教育走民族化道路"的主张，对语文教育的诸多问题发表见解，对现实困境有深刻认识与大胆超越，对教师职业更是能体悟独到、从容面对。他摒弃世俗"功利"，把导师工作室当成"功德"来做，这些无不显现着他的襟怀和举重若轻的大气。

他把自己对语文教育的想法、言论称为"野狐禅"，因为他的文字很少四平八稳，很少板起面孔坐而论道，而是真真假假，虚虚实实，常常冠以阴阳怪气之调，又带点玩世不恭之论。用他的话说，是"散装"习惯了，瓶装不得，否则就失去了原本的味道和灵气了。他一直得益于阅读，且从未中断阅读；他是博学者，且从未停止学习；他多才多艺，口才尤好，且总是翻新出奇不会枯竭。这一切，源自他的率真天性和自然灵性。他自称"散人"，随意散漫而不失灵动，无论为人还是为文，无论生活还是学问。

是的，玉新老师的悠游是令人羡慕的。在政治上没有野心，不加入任何组织；在仕途上不"热心"，不期望一官半职。这一点我们极像，或许正是这样我们才颇为投合。但是，在事业上，我显得比较急切，对教育现实常发沉重之论，付出不少却鲜有建树。而他呢，"用玩的心态对待业务上的那点事儿"，却总是成果不断，令人惊叹。其实我知道他这些年做了不少学术水准很高的事，很是辛苦，只是再忙再累，也总是乐呵呵的，不见苦状，更没有苦不堪言的抱怨。我想，这是境界使然，更是热爱使然。于语文、于学问而言，他是好之者，更是乐之者。

或许可以说，他轻松的状态，本质上是一种单纯率真。他自名"关东汉子"，为人仗义，常存提携他人、惠及他人之心，但对自己反感的人和事又不掩不惧，直言不讳。博客交往中，网友时见其狂放得"哈哈哈"，足见其随性不羁的性格。真性情的随意挥发、恣意挥发、诗意挥发，正是他的文字魅力所在，也是人格魅力所在。

我有时甚至会觉得，一个人的成就总是与性格密切相关的，本真的性格，耕作的正是"原生态"的语文。

"用玩的心态对待业务上的那点事儿。"反正在我看来，他真的把语文玩转了。

"导师工作室"学员和学生眼中的教育家

接受同行评价与学生评价，可以给自己一个非常好的定位。与同行相处，可以耳濡目染，他们能以旁观者清的视角发现自己的问题。我同"张玉新导师工作室"学员之间的交往，除了传帮带之外，他们也矫正我的教学误区，同时构建他们自己的教学规范。自己的学生对我及我的课堂的回忆，从另一个视角再现了课堂的风采。

简论张玉新"原生态"文本解读的四个层次①

通化市教育学院语文教研员　刘　洋

张玉新教授多年来致力于高中语文教学研究，形成了"原生态"的语文教学风格和教研主张。所谓"原生态"，就是追求语文教学的返璞归真，摒弃浮躁与雕饰，从语文学习的根本规律出发，以教师丰富的语文学习经验为引领，引导学生通过读与写等语文实践，提升言语能力，养成正确的语文学习习惯。表现在阅读教学上，就是教师以深厚的学识为基底，对文本进行多层次的深入解读，为学生提供立体化的阅读体验，从而引导学生形成正确的解读文本的思维方式。

张老师的立体化解读主要表现在以下四个层面。

一、文体层面：在解读中渗透文体意识

文本不仅具有自身的独特性，也具有文体上的共性。很多时候，这种文体上的

---

①　本文发表于《语文教学通讯·高中》2017 年 7—8 期，入选时有改动。

共性会成为我们解读文本的钥匙。

比如，张老师在讲授老舍的小说《断魂枪》的时候，就是紧扣小说的文体特征来解读的。这节课解决的核心问题是，为什么不传断魂枪。这个问题指向的是小说的主题。解决问题的过程也围绕小说三要素展开：先从人物出发，结合两次见面的情节，通过细节和对比分析王三胜和孙老者的人物形象，明确为什么不把断魂枪传给王三胜和孙老者，再结合小说开头部分的时代背景（环境）点明不传的原因。而且，张老师的课虽然围绕小说三要素展开，但没有把三要素割裂开来，而是以人物为主线，将人物放在情节和环境中去分析，并通过对比凸显人物性格的差异。比如，在分析王三胜和孙老者的形象时，把人物与情节结合起来，引导学生把握人物随着情节发展所展现出的不同侧面，通过比武这一情节比较二人在武艺与武德上的差异。在分析沙子龙的形象时，把人物与环境结合起来，在相同的时代背景下比较沙子龙与孙老者对于传承断魂枪的不同态度，从而突出二人在武道上的差异。武艺、武德、武道这三个层次，把三个人物有效地区分开了。这样的设计，体现出张老师对于小说这一文体的深刻了解——情节和环境为塑造人物形象服务，人物形象为呈现小说主题服务。

我国的古典文学对于文体的要求更为严格，如律诗和词对字数、句式、格律、结构等有着严格的规定，这些规定也深刻地影响着作品的话语形式。因此，张老师在进行古诗词教学时也很重视文体知识。比如，讲词时，张老师基本会讲到过片这一文体常识，通过对过片的分析，引导学生体会上下片之间意断神连的结构特征，从整体上把握词的抒情脉络。在讲苏轼的《江城子·密州出猎》时，张老师就借助过片，引导学生厘清了上下片之间的联系：上片紧扣题目，描写打猎的场面；下片"酒酣胸胆尚开张"，打猎射虎之后自然要吃肉喝酒，以此与上片相承接，并借醉酒之后的"西北望，射天狼"这一戍边之言，含蓄地表达自己渴望被重用的志向。

文体知识在文本解读中的重要性在于它的可复制性，在解读这个文本时所用到的文体知识往往也适用于同一文体的其他文本。因此，文体知识的学习对于文本解读来说是事半功倍的。但许多老师在教学时，将文体知识与解读过程割裂开来，影响了解读的效果。而张老师则是在解读过程中渗透文体知识，将知识运用的过程真实地呈现给学生，不仅授人以鱼，而且授人以渔。

二、言语层面：生活化的文本细读

言语层面就是对文本中的语言文字进行深入品析。张老师的课重视文本细读，将自身的情感体验融入对文本的理解过程，并进行生活化的还原，使学生更好地融入诗歌情境。例如，在讲授李清照的《醉花阴·薄雾浓云愁永昼》一词时，张老师引导学生梳理文本中的时间词、空间词与情感词，通过这种梳理，还原了作品的抒情脉络，即作品写的是从前一天半夜到重阳节黄昏之间的闺阁琐事，含蓄地表达了对丈夫的思念之情。在解读的过程中，张老师对作品中写到的种种生活细节进行了细致而生活化的还原，使这个千年前的女子如同复活了一般，一低首，一蹙眉，都如在眼前。在讲到"瑞脑消金兽"一句时，张老师解释了何谓瑞脑，继而引导学生想象作者是怎样百无聊赖地望着香炉，看着香料一点一点地烧完的，让学生真切地感受作者慵懒背后浓重的愁绪。而且，张老师还点出，这首词是只写给自己的丈夫看的，因此文本的细节中也许蕴含着夫妻二人共同的生活体验。也许，赵明诚在看到瑞脑一句时，会想起二人相聚时读书点茶的快乐时光。在讲到"有暗香盈袖"一句时，张老师引导学生结合当时黄昏时分，夕阳西下的场景特征展开想象："夕阳昏暗。不明媚，肯定不是永昼。这个'暗'字是与天气相合的，作者用了一个'暗香'。'暗香'幽幽地表达出和当时的天气相吻合的那样一种'香'。并且她可能想起了去年的情景。我们甚至可以想象李清照的丈夫在那时采一朵最美的菊花别到妻子的鬓边这样一种举动。多么浪漫啊！"通过一个"暗"字，将当时的光线、气氛以及作者含蓄的思念之情真切地还原了。其实，这里的重点不在于"暗香"的具体含义为何，因为诗无达诂，每个人对诗歌意境的理解与感受都是不同的，对这一词语的细读，真实的目的是引导学生融情入境，设身处地地体味作者的所见、所闻、所感，通过这种个性化的文本细读引导学生走进作者的情感世界。

学生文本解读能力的提升，离不开鲜活而深刻的感性体验。文学作品的阅读，是一个从感性体验上升到理性思考的过程，感性体验是理性思考的前提。学生首先要为作品所感染、所触动，继而才能休会到其手法的表达作用。没有情感的融入和心灵的共鸣，单纯地进行表现手法的教学，只能是空中楼阁。张老师的文本解读引导学生破解字里行间的情感密码，从简单的语言文字中读出丰富的情感蕴藉，有效地提升了学生的言语能力和文本解读能力。

三、意蕴层面：还原作品的原初语境

意蕴层面指的是作品深层次的情感与内涵。这种深层次的情感与内涵仅从文本内部来理解往往不够全面和深入，需要结合其创作的具体语境来分析。文学作品作为言语表达方式，都是特定语境下的产物。这个语境指的是广义的语境，包括创作语境，即作者创作时的特定情境，涉及作者的生平经历、写作目的等；社会历史语境，即作品产生的时代背景；文学史语境，即文学发展的特定时期，这会影响到作品叙事和抒情的方式以及读者对作品的评价。因此，要想真正读懂一部文学作品，尤其是古代文学作品，就要还原它所产生的原初语境，填平读者与作者在背景信息上的落差。张老师的阅读课就很注重通过自身的学识还原作品的原初语境，引导学生结合作品的创作目的与历史背景理解文本的情感和内涵。这主要体现在以下方面。

第一，创作语境的还原。每一部作品都凝结了作者在此时此境独特的情感体验，要想破解其情感密码，领悟其深层内涵，就必须还原文本的创作情境。比如，在讲苏轼的《定风波·莫听穿林打叶声》时，张老师适时地点拨。苏轼去沙湖的目的是买地，这一行为透露出两个信息：一是苏轼在黄州生活艰苦，连住的地方都没有，只能在禅院里暂时栖身；二是他当时认为自己没有被重新起用的可能了，也许要在黄州住一辈子了，所以才去买地。结合这样的背景，再来读词中的"何妨吟啸且徐行""也无风雨也无晴"等语句时，就更易于理解苏轼旷达淡泊的情怀了。

第二，社会历史语境的还原。许多课文，尤其是古典诗词，与当今时代的语境差异较大，很多当时的常识或重大事件，如今却不为学生所知。因此，教师在引导学生解读文本时就要补充相关的背景知识，还原作品产生的社会历史语境。在讲苏轼的《江城子·密州出猎》时，讲到"西北望，射天狼"一句，张老师联系当时北宋面临边患的历史背景，引导学生理解作者的戍边之志。至于如何能从狩猎联系到戍边，张老师又指出，在中国古代，打猎也叫会猎，君主在打猎的时候就是为了演武，即崇尚武力的意思。结合这一常识，张老师引导学生理解上下片之间的逻辑联系，以及作者借此委婉地表达自己渴望被重用的愿望。在讲《卫风·氓》一课时，学生不理解作者缘何以桑叶起兴。张老师联系古代农桑经济的背景，点明了女子实为采桑女，解释了女主人公以桑叶起兴的原因，突出了诗歌即景起兴的民歌特征。其实，女主

人公采桑女的身份也与她坚强决绝的性格也有着内在的联系，因为采桑贸丝可以使女性实现一定程度的经济独立，不像在纯农耕地区，必须依附男性才能取得土地，这是女主人公勇于走出失败婚姻的经济基础。

第三，文学史语境的还原。以《卫风·氓》一课为例，张老师在讲解诗歌主旨和手法的时候，是把作品放在文学史发展的大背景下讲解的。比如，学生提出诗歌的主旨是讽刺当时那个时代。张老师就引入了采诗说，指出当时的诗歌的确是具有社会教化意义的，以此来印证学生的观点。这是通过当时的文学观来理解作品的主旨。在讲解诗中用到的对比和借代等手法时，张老师指出，这些手法现在看起来很平常，但在当时是具有原创意义的。这是从作品在文学史上的地位和作用的角度来理解的，突出了《诗经》作为我国古代诗歌现实主义源头的文学史价值。

教师在解读文本时，尤其是在解读古代文学文本时，往往需要联系背景知识。张老师的独特之处就在于他呈现背景知识的方式和时机。从方式上来说，张老师所呈现的背景知识不是知识的简单复现，而是鲜活立体的语境还原；从时机上来说，张老师不是像某些老师那样，先呈现背景知识，再解读文本，而是先引导学生进入文本情境，在学生有了初步的阅读感悟的基础上再引入背景知识，以验证学生的阅读体验，深化学生的理解。这就能有效地避免学生以外部解读代替内部解读，突出了文本在教学中的核心地位。

四、审美层面：感受作品独特的写作风格

张老师在长期的教学与研究过程中，总结出了阅读教学的"九字诀"，即"懂事儿""知趣儿""品味儿"。"懂事儿"指的是了解作品的主要内容；"知趣儿"指的是理解作品中运用的各种表现手法；"品味儿"指的是感受作品独特的语言风格，这是文本解读的最高层次，指向的是学生更高层级的言语能力养成，即审美趣味的培养。

张老师在引导学生感受作品的写作风格时，有两种常用的方式：一是综合运用文体知识和背景知识，二是通过对比来彰显作品的风格。张老师很重视学生的学习起点，也就是学生之前掌握了哪些与本课相关的知识，学过哪些与本课相关的作品，以此作为文本解读的依据和比较阅读时可供盘活的资源。例如，在讲周邦彦的《苏幕遮·燎沉香》时，结合作者大晟府提举的身份，引导学生理解周邦彦在创作中对于音

律的重视，继而结合所学过的其他词作进行对比阅读。先将本词与豪放派的苏词、辛词进行对比，突出本词精致婉约的特点；再与温庭筠、李煜、李清照的婉约词进行对比，凸显其词作格律严谨、曲丽精雅的风格；然后出示《苏幕遮·燎沉香》词谱，标出平仄与押韵，让学生结合词谱诵读本词，感受作者在形式上的研音炼字、精雕细琢。这种比较阅读是对学生阅读体验的深度整合。单篇作品的阅读体验是个性化的比较阅读在彰显作品各自风格的同时，将学生零散的阅读体验整合成了一个整体性的参照系。有了这个参照系，学生就可以不断地将自己新的阅读体验吸纳进去，达到"滚雪球"式的效果。

这种对作者写作风格的深入体悟——也就是张老师所说的"品味儿"，凭借的是教师庞大的作品积累。只有品过无数首词的味儿，才能读出这一首的独特之味。正所谓"观千剑而后识器，操千曲而后晓声"，只有当教师的学识积累足够深厚时，其对文本内涵的理解、对文本独特性的挖掘才会有飞跃式的提升。如何引导学生体味作品的风格，则是教师自身的学习体验在教学上的延伸。教师正因为深知学识积累与作品积累在文本解读中的重要性，才致力于盘活学生的已有知识，借助背景知识与比较阅读凸显作品的独特风格。所谓教学，其实就是学习的先行者对后来者的引领。只有自己学好了语文，才能指导学生学。所以张老师总是说，要想做好老师，先做个优秀的语文学习者。

"一堂好的阅读课不应该在一个平面上肤浅地滑行，而应该由浅入深、循序渐进地推进，帮助学生从平面的静态思维走向立体的动态思维。"[①]张玉新老师的"原生态"语文阅读教学就是这样的，从文体、言语、意蕴、审美四个层次展开教学，由文本共性到文本个性，由内部解读到外部解读，由语言积累与运用到思维发展与提升，为学生带来了立体化、多层次的阅读体验，并引导学生形成解读文本的正确思维方式。这种层进式的文本解读和以学生思维方式养成为指归的生本意识，是值得我们广为借鉴的。

---

① 武树峰、楚爱华：《例谈立体型阅读教学的建构》，载《语文建设》，2017(1)。

原点·起点·生活化·书底①

——评张玉新原生态语文教学观

通化市第一中学教师　韩春泉

张老师的书，个性鲜明；张老师的课，风格独特。参加"张玉新导师工作室"后，我对他旗帜鲜明的教育主张，求真务实的教学观念体会更深。我一直试图寻找一个词来概括他的教学观，在一次工作室读书活动中终于找到了——"原生态"语文。

"原生态"语文教学观是指在尊重汉语特点的前提下，回归读书学习的原点，把学生当下的认知水平作为教学的起点，把提高学生的语文素养作为教学的重点，连接生活经验，感悟人生的教学理念。

其教学观具有如下四个显著特色。

一、尊重中国语文的特点

中国语文无论从语言、题材，还是思维、思想方面都与外国语文有着很大的区别，无视这种差别的生搬硬套必然会损伤中国语文教学，所以张老师一直主张语文教学民族化。

具体体现在以下四个方面。

第一，重视汉字的特征。汉字是由象形文字发展而来的，既表音又表意。中国文字胜在形象、韵律上。张老师主张识字教学应利用汉字的象形特点，形象记忆字形、字义；也可利用汉字的韵律感，继承韵语识字传统，高效识记汉字。

第二，重视文体的特征，强调语文教学一定要有文体意识。诗词歌赋、小说戏剧，各有其体式特色。教学从此切入，精巧实用，彰显学科本色。古典诗歌句式有"散偶"之分，章法有"起承转合"之说。张老师引导学生广泛阅读古典诗歌，归纳其句式、章法特点，进而探究高考试题设题和解题的规律，这是一个用文体知识解决

---

① 本文发表于《语文教学通讯·高中》2019年7—8期，入选时有改动。

高考难题的范例。

第三，主张启发式教学。"不愤不启，不悱不发"，即要在学生实在无法明白的时候再去指点他，在学生心里明白但又不知如何表达时再去点拨他。"愤"和"悱"是学生的状态，"启"和"发"是教师的点拨。张老师认为，对学生要引导而不是牵拉，要鼓励而不是压抑，学习就轻快；要启发而不是灌输，学生就会主动思考。主动去送去喂是低效学习，主动去思考去拿来是高效学习。

第四，主张平等对话式交流。中国早期的课堂是崇尚自由交流的，《论语·侍坐》是生动的再现。张老师的课堂就是对话交流的课堂，师生在愉悦的交谈中自觉运用"细读"的方法走向文本深处。张老师的课堂没有板块分割的痕迹，没有硬问强导的笨拙，有的是鼓励下的发散性、启发下的生成性、分析中的逻辑性。他追求一种自然而然、学理自成的境界，这是"原生态"语文教学的风格。

从中国语文特点出发的语文教学，才是尊重规律的语文教学，也是"原生态"语文教学观的根本。

二、学生是教学活动的中心

教学的对象是学生，教学效果体现在学生发展方面。教学设计如何漂亮，教学过程如何热闹，如果不能作用于学生，切实提高其语文素养，则皆为空谈。

张老师认为，教学前一定要了解学生的认知水平，有此前提，教学才能有的放矢。他反对单纯建立在教师认知水平上的教学。张老师常用的教学模式之一——课前学生提问题、上交问题，教师进行分类、合并，然后在课堂上展示（姑且称之为"生本"模式）。知其问题所在，了解学生的水平，教学目标自然就明确了。但有的问题提得太大或者需要高深的学问，非三言两语能说清楚，张老师就指出研究方向，或提供书目，让学生课下去研究。

张老师注重盘活学生已经掌握的知识。他认为从学生的"先拥知识"入手，远比"节外生枝"来得自然合理。这种方法可以很快拉近师生之间的距离，使学生获得自信，最后发现已学知识中竟别有洞天。张老师讲宋词时，将学生学过的词牌名编辑成韵文诵读，既复习了所学知识，又欣赏了诗词的语言之美。再如讲周邦彦的《苏幕遮·燎沉香》时，张老师引导学生将周词和已学过的李清照、苏轼的词做对比，从语言和音韵上探究其异同。结果发现周词和李词的"雅"是不同的，周词和苏词的音乐性也是不同的，从而推论出他们不同的美学追求：周词追求的是文字和音乐的完美结合；李词追求文字和音乐的和谐，且不失其真；苏词重其胸襟境界而不计较音乐性的完美。

张老师还关注学生的年龄、经历与语文学习之间的关系。他认为有些文本的情感深度是学生一时无法完全理解的，如书写爱情的诗歌、漂泊异乡的小说等，教师只能启发他们尽力感受。随着时间的推移、阅历的增长，他们自然会有更深的体会。教师如果在这方面下大功夫，往往是强人所难、事倍功半。承认学生的局限，承认教师的极限，这就是"原生态"语文教学实事求是的态度。

三、文本的生活化解读

文本是教学的凭借，解读文本是语文教学的核心问题之一。张老师认为文本解读要和学生的日常生活发生联系，要接地气。为了让学生走进文本，体会到文本的妙处，张老师主张因"文"制宜地将文本解读生活化。但这种生活化绝不是粗俗地博人一笑，也不是貌似亲切的心灵鸡汤，而是恰如其分地自然发生。张老师讲李清照的《醉花阴·薄雾浓云愁永昼》，先让学生找出词中的时间词和地点词。时间词：永昼、半夜、黄昏、重阳。地点词：薄雾浓云、瑞脑消金兽，当是在客厅；玉枕纱橱，当是在卧室；东篱把酒，当是在园圃。再找出相呼应的情绪词。此时张老师抛出一个问题：作者为什么写这么多的时间词和隐含的地点词？得出一个结论，之所以词人在客厅、卧室、园圃留恋徘徊，是因为处处都有二人美好的回忆，表明词人每一刻、每一地无不在思念自己的丈夫。生活化的理解将一首典雅婉约的词还原到我们熟知的时空，瞬间变得温暖可感。张老师讲《师说》，文曰：古之学者必有师。张老师对曰：今之学者必无师。联系唐之现实和当下的现实展开对"师"的讨论，独辟蹊径，亦不离生活。

虽然说课本中的文学作品多有超越现实生活的一面，但它的超现实性恰恰植根于生活之中，张老师运用自己的学识和经验将它们恰当地还原，使其更易为学生所接受，同时不降低其品位，这是"原生态"语文教学原汁原味的本色。

四、读书是最有语文味道的功课

张老师重视读书对语文学习的重要作用。他经常说的三句话："教师要有书底"，

"当务之急是'啃'读一本垫底的书","书底儿的厚度决定着教师发展的高度"。这对当下语文教师不读书的现象是有警醒作用的。他提出"食补为主,药补为辅"的观点,认为读书是语文学习的根本,方法指导仅起辅助作用。

教师读书是"原生态"语文发展的前提。"原生态"语文对教师语文素养要求很高。首先,教师要有广阔的视野,对中国语文有宏观的认识,这种认识是建立在对东西方语文教育异同认识上的,狭隘的视野会制约"原生态"语文的格局。其次,教师要对本国语文有比较深刻的认识,尤其是古代教育教学思想。教师要多读前辈学人的著作,吸收其研究成果,为我所用,形成自己的"原生态"体系。最后,教师要有独立解读文本的能力。"书读百遍,其义自见",通过读书提高自己独立解读文本的能力,要做到平视、俯视课文,而不是一味地仰视。在工作室学习的六年,我们做得最多的工作就是读书,写读书笔记,做读书汇报,搞读书沙龙。读书让我们的语文教学重回原点。

培养学生的读书习惯是"原生态"语文追求的重要目标。语文学习异化为"训练语文",这早已是不争的事实,也是张老师所深恶痛绝的。语文学习的功课本应是读书,让学生获得人生的感悟、丰盈的情感、理性的智慧。张老师提倡学生读整本书,读自己喜欢的书,读有品位的书,多做读书笔记。他的学生可以在毕业时出七本个人作品集。在一线教学中是否有勇气给学生足够的时间读书,是否有能力激发起学生读书的兴致,是否能使读书从课堂延伸到课外,这直接关系到"原生态"语文是否能真正落到实处;否则,"原生态"语文也仅仅是一种美丽的幻想。

综上所述,"原生态"语文教学观对当下的语文教学具有很强的现实意义。首先,"原生态"语文教学观是对当下某些浮躁、功利的语文教学的有力反击。"原生态"语文追求一种自然、朴实、理性、厚重的教学风格,不是表演性、作秀式的教学,具有强烈的日常性。张老师认为水光溜滑、喧腾热闹的课不一定是好课,很可能是问题设置太简单,或事先安排太周到。其次,"原生态"语文教学观与《普通高中语文课程标准》(2017年版)的诸多变化不谋而合。《普通高中语文课程标准》(2017年版)首次将"思维发展与提升"提高到空前的地位。"原生态"语文从教学设计开始就关注思维梯度的变化,张老师在此基础上提出了古典诗歌鉴赏"九字诀":懂事儿、知趣儿、品味儿。在教学过程中,张老师常用"反证法",在质疑、反证中培养学生的批判性思维。《普通高中语文课程标准》(2017年版)课程结构中,第一次出现"整本书阅读与研讨"学习任务群。早在 2012 年工作室成立之初，张老师就要求全体学员"要有一本垫底的书"，工作室定期开展读书汇报活动。2018 年省培活动中，工作室多位学员向全省教师做整本书阅读教学开展情况专题汇报。倡导"原生态"教学观必然会对课程改革产生积极的推动作用。

总之，"原生态"语文教学观是张老师 30 多年教学实践和反思的成果，是张老师自觉研究和反省当下中国语文教学后的思考，更是他教育教学实践的精华。

生本是"原生态"课堂教学的根本点①

扶余市第一中学教师　王清慧

加入"张玉新导师工作室"以来，借助"近水楼台先得月"的机缘，我有更多的机会聆听张玉新老师为我们上的研讨课、示范课。这些课课型丰富，不拘一格，但有一个共同特点，那就是自始至终都洋溢着一种"素面朝天"的自然与质朴，无论是工笔细读还是粗笔写意都极具"原生态"意味。

这里所谓"原生态"是指教师与学生在课堂上同步接触文本，师生以裸读的方式融入文本，同时进行思考探究的原始教学状态。师生的一切学习体验和认知成果都是在毫无粉饰和雕琢的状况下自然而然地生成或生发出来的。

张玉新老师在其"原生态"的课堂教学中，总能展现出一种平实而不失睿智、真诚而不失深刻、精彩而不失厚重的魅力。他时刻用"以培养学生的语文素养为主的'大语文观'"来展示语文教学的实质，并在了解学生学习基础的前提下，按照学生的认知习惯，从学生的根本需求出发，以人为本，充分肯定学生的个性体验，客观尊重学生的个体差异，从不以教师自身的教学预设来操纵课堂。

结合张老师的课堂教学，我们不难看出"原生态"课堂教学具有如下特点。

一、把学生的学习起点作为课堂教学的起点

学生是课堂教学的主体。张老师始终关注学生的学习情况，进而把学生的学习

---

① 本文发表于《语文教学研究》2013 年第 4 期，入选时有改动。

起点作为课堂教学的起点。

以往我们听公开课时，如果讲课教师采用提问的方式导入新课，那么通常情况下也都是老师向学生提问，很少有讲课教师让学生向自己提问的，因为这样的教学设计无疑会增加课堂教学的变量，这不易掌控的变量会对教师的课堂教学提出更高的要求，教师也会面临更大的挑战。但在张老师的课堂上，情形恰恰相反，张老师会让学生直截了当地提出他们在预习文本的过程中所遇到的难以自行解决的问题。表面看来，这只是师生提问角色的互换，但能够折射出张老师那渗透骨髓的求真之气、务实之风。可以说，张老师在讲课之初就为自己的课堂教学做好了定位——把课堂当学堂，传学生渴望之道，解学生心头之惑。

在讲《师说》时，张老师就亲自实践了这一教学理念。上课伊始，张老师首先出示学生提出的 14 个问题，并与学生一起删减重复的问题，合并类似的问题，保留有代表性或有价值的问题。师生共同探究，共同解答。可以说整节课就是围绕着学生提出来的那些有价值的问题来组织课堂教学的。

其实学生课前预习时针对文本提出的问题，最能体现学生的学习起点，也更能客观、准确地帮助教师确定课堂教学的起点或教学重难点，张老师自然深谙这一点。

有时为了了解学生的学习起点，上课之前，张老师通常会以调查问卷的方式，了解学生对将要学习的课程资源的占有情况；有时为了提高课堂教学的起点，张老师干脆要求学生课前就把将要学习的诗词背诵下来……总之，无论采用何种了解方式，张老师都会以一种本真的教学态度来面对自己的课堂教学，始终把学生的学习起点作为课堂教学的起点。

二、把学生的能力需求点作为学法指导的切入点

张老师一直强调课堂教学中所有的教学问题都应当根据学生的学习情况而生成，否则只能是闭门造车。张老师如是说，自然也如是做。他在授课时处处都能关注学情，尊重学情，并在切实了解学生需求的基础上对学生进行学法指导。

例如，在学习韩愈的《师说》时，张老师在让学生充分诵读文本，并引导学生深度解读文本之后，先让学生尝试着当堂背诵文本的第一部分和第三部分。学生背诵得很流利。在此基础上，张老师又让学生尝试着背诵第二部分。为了便于学生记忆，张老师又帮着学生归纳了第二段文字背诵的关键点，然后又领着学生边读边背。当

发现学生的背诵仍不是很流利时，张老师又因势利导地向学生介绍了学习文言文的一般方法，并以现身说法的方式用PPT呈现自己对文本进行批注式阅读的范例，进而引导学生在学习文本时，要先把课文抄下来，抄完之后再做批注。要抛弃一切教辅资料（仅可参考书下注释，查阅相关的工具书），采用裸读的方式直观文本，圈点勾画，随时记录自己对文本的思考与困惑、理解和感悟。这一学法指导不仅针对性强，而且极具推广价值，更是张老师所提倡的"语文教育民族化"的教学理念的具体体现。

张老师在授课过程中极为重视学生对文本的诵读。当学生的朗读有欠缺时，张老师便向学生强调朗读也是一种创作，一种二度创作；引导学生认识到只有把自己的联想和想象充分融入诗歌的意境，才能有自己的创造性朗读。例如，在讲《杜甫诗三首》时，张老师在以鼓励的语气指出学生的优缺点后，用自己的范读来引导学生关注诵读的方法和技巧，指点学生在高亢和低回中明确逻辑重音、顿挫、起伏、节拍、气韵等在诵读中的重要性，并借此帮助学生深入理解文本。

学生在课堂上回答问题后，往往十分在意别人对自己的评价。张老师便充分利用这一教学契机，指导学生进行自评、互评，从而引导学生正确认识自己，客观评价自己，也促使学生学会合作学习。

总之，在张老师的课堂上，此类科学又极富实效性的学法指导不胜枚举，在此不再赘言。

三、把学生语文素养的培养点作为课堂教学的贯彻点

张老师曾说，高中语文的教学，要相对注重文化的含量，加重人文精神的砝码。

纵观张老师的课堂教学，他始终以"帮助学生获得较为全面的语文素养"为己任，把学生语文素养的培养点作为课堂教学的贯彻点。

例如，在学习《杜甫诗三首》时，当得知很多学生很喜欢《茅屋为秋风所破歌》中的"安得广厦千万间，大庇天下寒士俱欢颜"这一句时，张老师趁机点拨学生理解这句诗所表现的词人忧国忧民的爱国情怀，在教学之初就有意识地引导学生透过诗句关注杜甫诗歌的思想内容，以点带面，带领学生走进杜甫，走进杜甫的诗词。

又如，在讲韩愈的《师说》时，在探讨文中"传道"的"道"是什么含义时，张老师请学生思考韩愈弟子李蟠所擅长的"六艺经传"属于哪家哪派的学问，从而启发学生

领悟韩愈之"道"恰恰就是儒家之道。张老师还提示学生，文中"人非生而知之者""圣人无常师"和"闻道"等表述恰恰体现出《师说》是一篇"文以载道"的佳作，从而让学生借助韩愈的文章进一步领悟了韩愈所提倡的"古文运动"的精髓，以丰富学生的文学鉴赏水平。

在讲李清照的《醉花阴·薄雾浓云愁永昼》时，张老师的教学目的主要在于引领学生如何生活化地走进文本，如何透过文字提取更多的有效信息来理解文本。张老师还强调，在解读文本时，要经过自己的思考形成自己的思维方式，把教材的本意作为主要的阅读取向。

在张老师的课堂上，他从不会选择用一段文辞优美的语句作为课堂教学的结束语，也从不用作秀的方式来展现自己的文字。在教学临近尾声时，他常向学生推荐一些与文本相关的课外书籍。而且张老师还向学生强调："一个人，不管是学文科还是学理科，你的人文素养要是低的话，你的人生层次肯定也很低。那么我们怎么提高自己的文化修养呢？很重要的一个途径就是读书。读什么样的书呢？老师建议你读别人没读过的书，读别人不愿意读的书，读别人不可能读的书，读别人不知道的书。在读书的过程中形成自己的见识，你的见识比别人广了，才表明你的立足点比别人高。"如此切中肯綮的谆谆教导，学生又怎能不受用终身呢？

此时，张老师那质朴却不失灵性的"原生态"课堂教学像电影镜头一样在我的眼前一幕幕地闪过。他始终以一种返璞归真的教学状态来呈现自己实用、高效的课堂教学，他总是以学生的具体学情为依托来组织自己的课堂教学，把学生的学习起点作为课堂教学的起点，把学生的能力需求点作为学法指导的切入点，把学生语文素养的培养点作为课堂教学的贯彻点，真正践行了以学生为主体的教学理念。他对语文教育的责任意识、对语文教育的公德意识、"以培养学生的语文素养为主"的"大语文观"无时无刻不在他的"原生态"课堂中彰显着。

放下笔，不经意地抬起头，发现天空那一轮明月亮得越发纯粹了。

真性情的"原生态"教学观①

东北师范大学文学院博士生　王　春

《文心雕龙·体性》有云："气以实志，志以定言，吐纳英华，莫非情性。"古人早就看出情志需要气质来充实，文辞由情志决定。大凡精妙的文辞，没有不根植于真性情的。真性情之人才能写出真性情的文字，真性情的教师才能胜任需要真性情的语文教学，真性情的语文名师才能力倡洗尽铅华的"原生态"课堂，也只有真性情的语文教研专家才能不计名利，把培养"纯净的语文教师种子"作为职业，不遗余力地帮助年轻教师尽快实现专业成长。手边的这卷长春出版社出版的张玉新教授的《在形上之思与形下之作间徜徉》，正是集语文名师与语文教研专家于一身的张玉新老师对中国语文教育及自身语文人生思考与评判的真性情之作。一卷读罢，更能体会张玉新老师倡行"原生态"课堂的良苦用心，同时也感受到做一名语文人应该有怎样的底气。

全书分"我的专业成长""在教学研究中成长""在课堂教学中成长""在读书中成长"四个部分，既有真实且极具启发性的教育叙事，又有冷峻深刻的职业思考，更不乏理性浑成的课堂实录与教学评价，不可或缺的当然还有张玉新老师真性情的"下水"文章。钱理群先生曾经倡言语文教师要做个有思想的、可爱的杂家。我以为这是对语文教师全能化的要求。做杂家就要求语文教师要有渊博的学识，这对于绝大多数语文教师来说都是一个极其严格的要求，因为大多数语文教师的阅读量是极其有限的，用张老师的话说就是"大于等于教材，小于等于教参"。有思想要求语文教师要有独立思考的能力，除了包含对教材及教学行为的思考外，难道不应该有对教师行业及教育本质的审视吗？一位学识渊博、思想独立的老师，自有其可爱之处。这位老师如果还嬉笑怒骂，质性自然，极具人格魅力，那就必然能够一呼百应，感召后学。读张玉新老师的这本书，我能感受到这位有思想的杂家的可爱之处。

---

① 本文发表于《人民教育》2014年10期，原题为《语文人的底气哪里来——评张玉新〈在形下之作与形上之思间徜徉〉》，入选时有改动。

一、不向笼中学百灵：语文名家成长历程的生动剖析

张玉新老师在附中任教 20 年，这 20 年是从初涉教坛到形成自己独到的语文教育观的过程，更是不断思辨实证、自我扬弃的过程。张玉新老师的语文教育观的形成，是从对现实的语文教育现状的不满开始的。张老师因不满转而开始对语文教育传统进行梳理，始终把自己作为一名语文学习者，以自己的语文学习感悟为个案，验证传统的语文教育可以在现代语文教育中生成的新的有价值的东西，同时也使自身的语文学习的个案得以丰富。可以说这是一个以自身为例验证、阐释语文教育传统的过程，同时又是使自身的语文学习经验得以提升为形上之思的过程。

张老师在书中谈及语文教师的成长一般会经历四个阶段，即模仿教学阶段、独立教学阶段、独创教学阶段、自由教学阶段。成长好比上台阶，很多语文教师的专业成长介于前两个阶段之间。造成这种局面的原因很多，有外在的，也有教师自身的。在模仿教学阶段，"要是你身边缺少高手，都是些'伪高手'，学识并不高，也没有什么见识，又自我感觉良好，你就会感到十分苦恼，看不到自己的方向。""所以，尚处于模仿教学阶段的青年教师，一定要有心计，看准模仿的对象，否则，将付出惨重的代价，导致难以走出较低的教学境界。"张老师自身的专业成长恰恰说明了独立思考是成功跨越各个教学阶段的重要前提。因为坚持独立思考，张老师的教学成长并没有从对别人亦步亦趋的简单模仿开始，而是经历了"从不信到不服，从独立到独创"的过程。"我基本上没有经历模仿教学阶段，直接进入独立教学阶段。我对同行的业务水平的观察主要通过公开课和平时言论、交往。我从一个人家里有没有书断定他的书底，从交谈中看一个人是否有品位，从他的课堂教学判断其业务发展趋势。"这对于青年教师而言，极具启示意义的一点就是专业成长的重头戏是丰富自己的知识底蕴，坚持自己的独立思考，而非把重点放在俯仰随人的生搬硬套上。很多青年教师热切地渴望实现专业成长，但盲目模仿名师而不加以判断和扬弃，所谓捷径可能本身就是弯路。张老师在《如何学习名师：莫从笼中学百灵》一文里写到如何学习名师这个问题，提出三点看法：一名师的成长有不可复制、难以模仿的特点；二你看到的名师已经被包装了，不是本来面目；三没准儿你只学到了糟粕。结论是"与其一味盲目学习名师那样外求诸人，不如刻苦磨炼深思自省内求诸己"。《庄子·天道》所载的轮扁斫轮的故事正能说明这个道理。轮扁七十岁了还在一凿一斧地造车

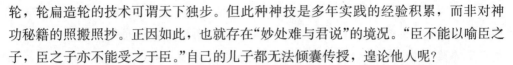

轮，轮扁造轮的技术可谓天下独步。但此种神技是多年实践的经验积累，而非对神功秘籍的照搬照抄。正因如此，也就存在"妙处难与君说"的境况。"臣不能以喻臣之子，臣之子亦不能受之于臣。"自己的儿子都无法倾囊传授，遑论他人呢？

对于语文教师的专业成长，张老师有精辟的论述："书底的厚度决定语文教师专业成长的高度。"对于读书的问题，张老师强调读书该有自己的章法。"我钻研教材，以教材为核心，先自己研究教材，再围绕教材积累资料，从核心到外围。读书也紧紧围绕教材拓展阅读。我至今也没有看闲书、杂书的习惯，我没那时间。比如教材中鲁迅作品多，我就通读《鲁迅全集》；古文多，其中《史记》最多，我就通读《史记》。还利用学校和东北师范大学的图书资源，收集与课文相关的资料。"张老师的读书教研是以教材文本研究为起点的，不依凭相关资料进行文本裸读，能够真正实现以一个语文学习者的身份与文本展开对话，真正有利于独立思考的展开，从而发现真问题，然后围绕产生的问题读相关的书，"竭泽而渔"式地查证大量资料以解决问题。真正解决了基于文本裸读产生的真问题，教学设计就水到渠成了。这样的教学设计必然是基于学生学习的意义的教，是有的放矢的教，是有效的教，是真正有意义的教，而不是张老师所笑骂的"以貌似认真负责的态度误人子弟"。

张老师在书中提出语文教学追求有技、术、道三个境界。我的理解是外求诸人不要迷恋于人家的技和术，更应该留意人家背后的道；内求诸己要扎实锤炼好自己语文教学的内外功，坚持自己的语文教学追求，守护好属于自己的语文之道。张老师正因为坚持扎实读书立根基，深入思考致广大，执着追求个人的语文之道，才会投身于初高中语文教学改革实验，尝试在语文学习的全过程中着眼思考语文教学的诸多问题，沿着语文教育的阶梯，走民族化的道路。正因为有对语文教育的宏观把握，张老师更坚定了对于自己大容量、快节奏、灵活多变的"原生态"课堂教学风格的学术自信。

却顾所来径，苍苍横翠微。张老师这本书对于渴望进步的语文教师的意义就在于他讲的都是真性情的话，告诉你学什么，更难得的是告诉你不应该学什么。

二、基于学的教：大容量、快节奏、灵活多变的"原生态"课堂追求

当教坛花样翻新的教法渐成时尚之际，趋时还是守拙，这的确是个问题。涉世渐深，突然明白一个评课法门，参以古训就叫"乱花渐欲迷人眼，浅草才能没马蹄"。

乱是浅的表现，浅是乱的根源，二者之间是互为表里的关系。判断一堂课的标准应该着眼于这堂课的教学是否符合教育规律，是基于教的教，还是基于学的教。只有基于学的教，才能真正做到以学生的发展为教学的出发点和归宿，去解读教材，设计和组织课堂教学。当然，基于学的教也应该讲求教学品位。针对高中生的思维特点和学段要求，高中语文课堂应该有深度的思维训练、广博的知识扩展，重要的一点是应当有充分的学生参与，这一点直接体现在教学起点的确定上。

张玉新老师倡导并力行的"原生态"课堂，正是基于学的教，且具有大容量、快节奏、灵活多变的特点。张老师依据文本价值确立教学目标，并在课堂教学中注重学生语文学习习惯的培养，因而其教学可以高起点入，高终点收。张老师的书中共收录了《〈短文三篇〉教学实录》《〈唐人七绝鉴赏〉课堂实录》《〈人是什么〉课堂实录》《〈宋词〉课堂实录》《〈苏东坡词二首〉课堂实录》《〈打渔杀家〉教学设计》六篇教学实录（设计），这些基本代表了张老师的语文教学风格。以《〈苏东坡词二首〉课堂实录》为例，便可窥见其教学风格纵横大气、张弛有度。一堂借班上的语文课，在学生没有任何预习的前提下，张老师先是务求简洁，问题导入；继而校音析意，反复诵读；最后方法点拨，归纳概括。张老师这堂课确定的教学目标就是当堂背诵，在熟读成诵的基础上探究鉴赏的一般方法，不追求"术语化"地解读，而追求生活体验式地解读，在解读中共同体验审美愉悦。张老师所确定的当堂熟读成诵的目标在恰当方法的指导下顺利完成。这种方法指导有两点值得关注。第一点是诵读指导，又分两点：一是通过教师暗示、强化，使学生集中注意力，这是提高学习效率的重要保障；二是恰当的方法指导充分体现了语文学科的特点，将课文的散文式排列呈现为诗歌的分行排列，使学生在关注汉语的四声音律中促进背诵成果的生成，这是终身受益的方法。第二点是诗歌鉴赏方法指导，张老师概括为三个层次九个字。第一个层次是"懂事儿"，是对文本"写什么"的归纳概括。通常的语文课堂将这一层次放大到几乎占领课堂的大部分时间。张老师只把它限定在较短时间内，而且主要是通过诵读来实现的。第二个层次是"知趣儿"，就是对文本"怎么写"的剖析。通常的语文课堂总喜欢用比较专门化的术语来解读，学生必须掌握一些超越文本理解程度的概念，然后再验证这些概念。张老师则通过引导学生从生活常识中感悟文本的精髓，使学生没有爬坡的感觉。第三个层次是"品味儿"，就是对文本"为什么这样写"的剖析。通常的语文课堂较少关注这样的问题，或者简单介绍作者的风格，以知识介绍代替风格体悟。张老师则通过适当扩充阅读面，对同一作者的不同作品进行分析，自然归纳其风格的多样性。张老师的这堂课力矫"讲深讲透"占满课堂的流弊，没有细致分析、解读文本，而是注重宏观方法的引领，凸显学生的主体作用，使教学流程呈现"写意"的特点。教学艺术的写意性形成了独立思考的"空白"，正是这个"空白"突出了教学重点的质感，提高了教学效率。

吾师然然[①]

东北师范大学附属中学 2000 年毕业生　李　威

不知是茶的醇香勾起了张先生无穷的灵感，还是中国悠久的文化刺激了张先生喝茶的欲望，总之，课讲得越发精辟了，茶也喝得越发多了。有时，一节课下来，张先生竟能喝出两壶开外。于是，香茗与美文便共同构成了一堂精彩的国文课。只可惜我不能淋漓尽致地描绘出张先生品茗时的神韵，否则准会叫每个人都从心底产生"喝一口茶"的愿望。真的，我们张先生的感召力，真是绝了！

如果说乾隆的诸多物品中最有特点的要数他那把扇子的话，那么，最能代表张先生"风格"的，恐怕莫过于他的那张办公桌了。

一眼望去，一块桌面大小之地，竟被吾师装点成荟萃我国四大地形特征的地理教具了。构成这雄伟奇观的则是张先生最钟爱的财产——书。

瞧吧，全桌以丘陵为主，连绵起伏。时而一奇峰突起，大有冲破云霄之势；时而又出现一片冲积平原，坦坦荡荡，似有向外扩张之意。突然一处竟露出了难得一见的桌面，形成一个盆地。后经推算，大概此处即为摆放茶壶之处。

古语说："有其母必有其子。"而今，则是"有其师必有其生"，一点不假。我们全班的桌面，其乱之程度虽不及吾师高妙，可与其他人比起来，却大可轻松获胜。

据说吾师还有一个特殊本领，即可不费吹灰之力地从乱书丛中抽出自己想要的那本来。这一点可就不敢比了——我们桌子乱之程度恐怕还不及吾师罢，可即使这

---

① 本文发表于《作文通讯》1998 年 5 期，入选时有改动，作者当时是高一学生。

样，若想找点什么，却要费上半天的工夫，看来还是未修炼到火候啊！

有时，看看自己不堪入目的桌面，心里也会生出一丝惭愧。然而，每当想到"张先生是同我们一样的"时候，便又理直气壮起来，那一丝惭愧便也散得杳无踪迹了……

张先生批评人也与众不同，招法甚为高妙。他常会站在教室前面，侃侃而谈。乍听起来机智幽默，似与我们聊天儿一般。可是若细一琢磨，就觉得不是味儿了——他这一席话呀，不知藏了多少枚暗器，"嗖、嗖"地射向班级的四面八方，发发击中要害，把我们的毛病都挑了出来，听得我们个个趴在桌子上，头都不敢抬，真比失声怒骂还难以招架。于是，赶紧趁早把毛病改了，免得日后再被吾师"暗器"所伤。

可有时，张先生也会跟我们一起犯点儿"错误"，而我们心里都明白那全是为了我们。

记得有一阵子，学校的纪律抓得特别严，一天到晚都不让说几句话，这可苦坏了活蹦乱跳的我们。张先生也对我们表示同情，于是，他毅然给我们开了一堂"发泄课"，每周一节，到时，可尽情玩闹。大家欣然，学起来也越发起劲了。

终于盼到了这节课。当时，我们像一群从动物园中逃回山林的猴子，大闹特闹。

谁知，还不出二十分钟，年级主任冲进了教室，横眉立目。我们顿时蔫了。接着，便是一阵暴风骤雨般的教训。于是，我们仅上了半堂的发泄课就这样中断了，张先生也为此受到了批评。

我们深深地为张先生抱不平，不仅仅是因为他给了我们放松自己的机会，更是从他那里，我们得到了真正的理解与关怀。从那以后，我们再未上过发泄课。但我们依然幸福，因为，也许我们是全世界唯一上过半堂发泄课的一群学生。

——吾师然然，吾师爱茶、爱书、爱侃、爱……他更爱的是他的学生。他对他的学生们的爱，他的学生们——都懂……

美的存在与或缺——《米洛斯的维纳斯》课后感①

东北师范大学附属中学 2003 年毕业生　郭　鑫

美的存在与或缺，六十二个维纳斯在六十二颗心里存在着——这是我在上完《米洛斯的维纳斯》后的感觉。不管她的美是完整还是残缺，她的至少一丝的美会在我们心中刻下并且存留。正像品茗回味般的感觉，余香绕口，这节课令人难以忘却。依旧是一个茶壶一本书，张玉新老师踱了进来，开始了这关于"美"的一课。即使是自读课文，要是有指导价值的，他也会毫不吝惜这四分之三小时。从古罗马神话爱与美的女神到米洛斯岛上传奇的故事，最后到法国的卢浮宫，我们的思维在历史的时间长河里纵横穿梭。介绍了背景，照例他调查了一下回家读课文的情况。从举手的情况来看他好像很满意，一边呷一小口茶，一边说道："很好啊，绝大部分同学都读了，你们才是课堂成功与否的主动者，预习是成功的基础和关键。下面我找人再读一遍课文，然后讨论。"

几分钟光景，文章读完了。于是他说："这篇文章由大家来点评，大家可以各抒己见，我不做定论。你怎样理解作者所说的'借舍弃局部来获取完美'？维纳斯失去了双臂，这种残缺到底是不是一种美？你对这种美怎么看？或者阐述一下你对某个精辟句子的理解，说说你对美的认识，我们求同存异，不论是非。来，谁先说？"

同学们的发言我是记得很清的，有的有趣，有的精彩。

甲说："我觉得作者是就事论事，如果现在有胳膊在那儿，作者没见过没胳膊的维纳斯，那他绝不可能说她是不美的，只有失去了两个胳膊才够美。所以我不喜欢作者的观点。"

乙说："残缺美是一种美。'借舍弃局部来获取完美'的偶然追求，是向着无比神妙的整体美的奋然一跃。余秋雨在《废墟》中说，'没有皱纹的祖母是可怕的'，一种事物过于完美，就给人不真实的感觉，就脱离了大众的实际，与人们意念中的感觉

---

① 本文发表于《语文建设》2001 年 10 期，入选时有改动，作者当时是高一学生。

不切合。而残缺美是一种幻想美，一种弥补美，一种在心灵里重塑的艺术。"

丙说："我认为维纳斯缺这两个胳膊不一定美。美应该是由两部分组成的：一是主体，二是背景。这样才能反映出在特定情形下事物的优劣。缺失胳膊则不能十分准确地描摹出她当时的状态动作，这样就不能客观而实在地反映作者、作品本身的主体和背景了，所以我认为她的这种残缺在某种程度上是不美的，甚至是有缺陷的。"

丁说："我对残缺和完整的美有点儿不同的见解。维纳斯的这个雕像虽然没有双臂，在某种程度上是残缺的，但她无可非议地给了我们一种神圣的美的印象，我们无法说她是不堪入目的，即使说了也是自欺欺人。但我又想到了米开朗琪罗的大卫，他可以说是无比完整的。他雄浑的体魄、健壮结实的肌肉、深邃迷人的眼睛无不令我们身心一悦、赞不绝口，可以说这也是美的。所以我想美的事物是不局限于完整与不完整的，只要它存在。"

是啊，只要美存在，它是不拘泥于表现形式的，就像"是金子总会发光"一样。而美的真谛乃是源于自然。维纳斯双臂的缺失是一种偶然，而这种偶然是一种自然的安排。既然她已经被塑造并称之为美，那就不该再用人的思想的必然来加以改变，如加双手什么的。但你可以在你自己心中塑造自己认为美的那种维纳斯，因为美的存在与或缺，皆源于个体审美的心灵。

每个人的审美是不同的，你可能理解"孔雀东南飞，五里一徘徊"的心情，但你可能不懂高山流水的弦音；你也许说维纳斯的美令你销魂，而你可能无法体会大卫的强悍。我们不要求审美者统一，那是徒劳并且是没必要的，但我们提倡美的发现、美的创造和审美水平的提高，我想这也正是老师撒下渔网来，让我们去试着捕获的。

由此我想，不仅美的存在与或缺需要我们从心里去挖掘和体会，知识的积累也大抵如此吧。

这就是我们的语文课堂，这就是我们的张先生。

附录·研究成果索引

　　以教师为职业的人，成为教学专家是其成长的一个高级阶段。这个阶段的标志，除了精彩的课堂教学这样"入门"级的成绩，还有将其思考、感悟诉诸文字，以便把做法变成说法。语文教育工作者更是要多方呈现其学科的专业基本功。

　　1994 年是我工作的第 10 个年头。为了让自己的专业基础更加扎实，我对人教版新教材初、高中的古代诗文进行了系统整理，编著了约 70 万字的《文言文学习手册》。

　　1998 年开始，我参编张翼健主编的长春版国标初中语文教材，任分册主编，后来任教师用书主编，这对一位教师而言是莫大的幸运。

　　2005 年是我教研工作的第 2 个年头。为了使自己从教学走向反思，我编著了《高中语文教育评价》一书。此书目前是国内较早系统研究高中语文学科教育评价的专著。

　　2011 年是我教研工作的第 8 个年头。我已经比较好地从语文教员变成了语文教研员。为了整理教研工作的思绪，我撰写了《在形上之思与形下之作间徜徉》一书，这标志着我教研的突出成绩。

　　2019 年是我教研工作的第 15 个年头。我开始较系统地梳理自己教学、教研的过往，构建个性化的教学系统。我撰写了《怎样上出魅力家常课》，这标志着"原生态"语文教学观及教学模式取得了初步成果。

图 5-1　辅导科研课题

2021 年是我教研工作的第 17 个年头，我将自己近年来在全国范围借班上课的成果结集为《张玉新原生态语文经典课堂 10 例》，这标志着"原生态"语文教学模式的辐射面不断扩大。

在工作的第 3 个年头，我在《现代中学生》上公开发表文章，接着陆续在《吉林教育》《教学研究》《应用文写作》上发表一些文章。1995 年，我第一次在《中学语文教学》上发表文章，此后陆续在专业学术期刊、语文主流杂志上发表文章，包括古代文学论文、语文教学论文、教学设计、散文随笔等，从发表第一篇文章至今已经 30 个年头。作为语文教师，我认为这是学科本色。

著作

1. 初中生文言文学习手册，东北师范大学出版社，1995 年
2. 高中生文言文学习手册，东北师范大学出版社，1995 年
3. 高中语文教育评价，东北师范大学出版社，2005 年
4. 张玉新讲语文，语文出版社，2008 年
5. 在形下之作与形上之思间徜徉，长春出版社，2011 年
6. 语文"原生态"教学模式初探，吉林教育出版社，2018 年
7. 怎样上出魅力家常课，华东师范大学出版社，2019 年
8. 张玉新原生态语文经典课堂 10 例，开明出版社，2021 年

教材、教参

参编的教材

九年义务教育初级中学教科书　语文（长春出版社 2007 年版）
二〇　记·铭·说·志四篇（小石潭记、陋室铭、爱莲说、寒花葬志）（七上）

二〇　传·序·书·箴四篇(五柳先生传、春夜宴从弟桃花园序、上枢密韩太尉书、谨言箴)(八上)

九年义务教育初级中学教科书　语文(长春出版社 2010 年版)

六　木兰诗(七上)

七　唐诗五首(送杜少府之任蜀州、登幽州台歌、望月怀远、逢雪宿芙蓉山主人、闻王昌龄左迁龙标遥有此寄)(七上)

八　词三首(望江南、相见欢、浣溪沙)(七上)

二〇　陋室铭(七上)

二一　爱莲说(七上)

一　陌上桑(七下)

二　古诗二首(十五从军征、迢迢牵牛星)(七下)

八　宋词二首(如梦令、渔家傲)

九　元曲三首(天净沙·秋思、山坡羊·潼关怀古、庆东原·饮马致远前辈韵)(八上)

二〇　小石潭记(七下)

二一　小品二则(湖心亭看雪、胸中之竹)(七下)

一七　邹忌讽齐王纳谏(八上)

一八　短文二篇(名二子说、记承天寺夜游)(八下)

一五　断魂枪(九下)

主编的教参

九年义务教育初级中学教科书　语文　教师教学用书(长春出版社 2012 年版)

论文

1. 试论在求异思维的作文训练中逆向立意的积极作用　中小学教师培训 1994.5

教学设计、课堂实录、案例点评

散文、随笔

后 记

　　2010 年前后，张新洲先生主编、首都师范大学出版社出版了一套"中国当代著名教学流派"丛书。经北京师范大学郑国民教授介绍，我结识了张新洲先生。他也向我约稿。教育科学出版社要出版一套"当代语文名家立场书系"，代周扬编辑也向我约稿。当时我拟定的书名就是有关"原生态"语文教学方面的，但苦于工作繁忙，没有时间撰写，散放的素材凌乱地摊在那里。后来张新洲先生主编"教育家成长丛书"，于 2019 年又向我约稿。我把十年前的思路捡起来，回顾成长之路，重新梳理了三十多年的教学、教研经历，梳理关于语文教育的实践以及在此基础上形成的一些思考的碎片，竟然也呈现出一个大致的轮廓。如果把这个大致的轮廓勾勒、描述出来，或许会对正在努力探索语文教育之路的人有所启发。对此，我渴望在同行的身上得到证明，也不怕证伪。这毕竟是一个真实的个案。经过两年的撰写，我终于在 2021 年 4 月交稿。

　　我的语文教育观就是我关于语文教育的价值观和方法论。我始终把自己定位在语文教育教学的实践者上，我的底色就是中学语文教师和语文教研员。我的"原生态"教学观能够得到语文界著名专家学者的点评，得到特级教师的褒扬，尽管我知道其中不乏溢美之词，但心中的窃喜也是掩饰不住的。在此感谢倪文锦先生，他在繁忙工作中，拨冗为本书写序；感谢山东师范大学原博士生导师曹明海教授、上海师范大学博士生导师郑桂华教授、华东师范大学博士生导师张新科教授撰文助阵；感谢董一菲、任玲两位特级教师对我个人及我的观点点赞；感谢"导师工作室"学员刘洋、韩春泉、王清慧、王春对"原生态"语文教学的解读；感谢我的学生李威、郭鑫对我个人和我的课堂的精彩记录；还要感谢"导师工作室"的很多学员，他们不辞辛苦地帮我校稿，提出修改建议；最后，感谢北京师范大学出版社的编辑为本书付梓付出的辛苦。

从语文教员到语文教研员，这是我的职业轨迹。能教能研，既能当"运动员"又能当"教练员"，这是我追求的特色。但愿本书能为从事教学与教研的同行提供一点借鉴，也欢迎大家赐教，指出本书的不当之处。

张玉新

2021 年 5 月